CENTELHAS

Daniel Bensaïd e Michael Löwy, c. 2008.

Daniel Bensaïd e Michael Löwy

CENTELHAS

Marxismo e revolução no século XXI

Apresentação
José Correa Leite

Revisão da tradução e consolidação dos textos
Mariana Echalar

© desta edição, Boitempo, 2017

Direção editorial	Ivana Jinkings
Edição	Isabella Marcatti e André Albert
Assistência editorial	Thaisa Burani e Artur Renzo
Tradução	Ana Paula Hey, António José André, Carla Luís, Daniela Mussi, Eduardo Velhinho, Emir Sader, Fabio Mascaro Querido, Hugo Dias, João Machado Borges Neto, José Correa Leite, Juarez Duayer, Leonardo Gonçalves, Maria Teresa Mhereb, Renata Gonçalves, Ricardo Lísias, Rodrigo Rodrigues, Sérgio Vitorino, Verônica Gomes (conforme indicado na primeira nota editorial de cada ensaio)
Revisão das traduções, consolidação do texto e preparação	Mariana Echalar
Revisão	Thaís Nicoleti de Camargo
Coordenação de produção	Livia Campos
Capa	Ivana Jinkings (criação) e Antonio Kehl (arte-final) sobre cartaz (1919, capa) e estampa têxtil (c. 1920, internas) de Varvara Stepánova
Diagramação	Antonio Kehl

Equipe de apoio: Allan Jones, Ana Yumi Kajiki, Bibiana Leme, Camila Rillo, Eduardo Marques, Elaine Ramos, Frederico Indiani, Heleni Andrade, Isabella Barboza, Ivam Oliveira, Kim Doria, Marlene Baptista, Maurício Barbosa, Renato Soares, Thaís Barros, Tulio Candiotto

CIP-BRASIL. CATALOGAÇÃO NA PUBLICAÇÃO
SINDICATO NACIONAL DOS EDITORES DE LIVROS, RJ

L956c
Löwy, Michael
 Centelhas : marxismo e revolução século XXI / Michael Löwy, Daniel Bensaïd; organização José Correa Leite; tradução Mariana Echalar. - 1. ed. - São Paulo : Boitempo, 2017.

Tradução de: "Artigos diversos"
Inclui bibliografia
ISBN 978-85-7559-580-0

1. Marx, Karl, 1818-1883. 2. Socialismo. 3. Filosofia Marxista. I. Bensaïd, Daniel. II.Leite, José Correa. III. Echalar, Mariana. III. Título.

17-45189   CDD: 335.4
                             CDU: 330.85

É vedada a reprodução de qualquer parte deste livro sem a expressa autorização da editora.

Cet ouvrage, publié dans le cadre du Programme d'Aide à la Publication 2017 Carlos Drummond de Andrade de l'Institut Français du Brésil, bénéficie du soutien du ministère des affaires étrangères et du développement international.

Este livro, publicado no âmbito do Programa de Apoio à Publicação 2017 Carlos Drummond de Andrade do Instituto Francês do Brasil, contou com o apoio do Ministério francês das Relações Exteriores e do Desenvolvimento Internacional.

1ª edição: outubro de 2017

BOITEMPO EDITORIAL
Jinkings Editores Associados Ltda.
Rua Pereira Leite, 373
05442-000 São Paulo SP
Tel./fax: (11) 3875-7250 / 3875-7285
editor@boitempoeditorial.com.br | www.boitempoeditorial.com.br
www.blogdaboitempo.com.br | www.facebook.com/boitempo
www.twitter.com/editoraboitempo | www.youtube.com/tvboitempo

SUMÁRIO

APRESENTAÇÃO. MARXISMO E REVOLUÇÃO
NO SÉCULO XXI – *José Correa Leite*..7

PARTE I. COMUNISMOS HERÉTICOS: DE BLANQUI E MARX
A WALTER BENJAMIN...11

AUGUSTE BLANQUI, COMUNISTA HEREGE – *Daniel Bensaïd e
Michael Löwy*...13

MARXISMO E RELIGIÃO: ÓPIO DO POVO? – *Michael Löwy*....................33

MARX E AS CRISES – *Daniel Bensaïd*...49

LEON TRÓTSKI, PROFETA DA REVOLUÇÃO DE OUTUBRO –
Michael Löwy...63

MARXISMO CONTRA TOTALITARISMO – *Daniel Bensaïd*.......................73

"A CONTRAPELO". A CONCEPÇÃO DIALÉTICA DA CULTURA NAS
TESES DE WALTER BENJAMIN (1940) – *Michael Löwy*.......................85

A REVOLUÇÃO É O FREIO DE EMERGÊNCIA: A ATUALIDADE
POLÍTICO-ECOLÓGICA DE WALTER BENJAMIN – *Michael Löwy*.....95

A CIDADE, LUGAR ESTRATÉGICO DO ENFRENTAMENTO
DAS CLASSES: INSURREIÇÕES, BARRICADAS E
HAUSSMANNIZAÇÃO DE PARIS NAS *PASSAGENS* DE WALTER
BENJAMIN – *Michael Löwy*...103

PARTE II. DEBATES CONTEMPORÂNEOS: TECENDO O FIO
VERMELHO NAS LUTAS ATUAIS 119

A HERESIA COMUNISTA DE DANIEL BENSAÏD – *Michael Löwy* 121

O ROMANTISMO REVOLUCIONÁRIO DOS MOVIMENTOS DE
MAIO – *Michael Löwy* 127

INTRODUÇÃO CRÍTICA À *INTRODUÇÃO AO MARXISMO* DE
ERNEST MANDEL: TRINTA ANOS DEPOIS – *Daniel Bensaïd* 133

POR UM NOVO INTERNACIONALISMO – *Michael Löwy* 145

O INÍCIO DE UM NOVO DEBATE: O REGRESSO DA ESTRATÉGIA –
Daniel Bensaïd 157

ELOGIO DA POLÍTICA PROFANA COMO ARTE ESTRATÉGICA –
Daniel Bensaïd 177

E DEPOIS DE KEYNES? – *Daniel Bensaïd* 187

A ECOLOGIA NÃO PODE SER DISSOLVIDA NA MERCADORIA –
Daniel Bensaïd 209

LAUDATO SI': UMA ENCÍCLICA ANTISSISTÊMICA – *Michael Löwy* 221

FORÇAS DO COMUNISMO – *Daniel Bensaïd* 227

BIBLIOGRAFIA 233

APRESENTAÇÃO
MARXISMO E REVOLUÇÃO NO SÉCULO XXI
José Correa Leite

Vivemos tempos exigentes, implacáveis mesmo, que rapidamente tornam obsoletas condições, práticas e ideias. Ser contemporâneo de nossa época é um desafio maior, ainda mais para quem intervém politicamente com o objetivo de mudar o mundo estabelecido pelo capitalismo. Esse é um desafio no qual naufraga grande parte da esquerda atual, presa dogmaticamente às ideias recebidas do passado ou em atuação pragmática, sem horizonte estratégico.

Mas não é o caso de Michael Löwy e Daniel Bensaïd, os autores dos artigos reunidos neste livro. Companheiros de militância na Liga Comunista Revolucionária (LCR) francesa durante quase quatro décadas, produziram obras que delineiam rotas para enfrentar os grandes temas do presente. Partindo das elaborações de Marx e Engels e dos revolucionários que deram vida às ideias desses pensadores no início do século XX (Rosa Luxemburgo, Lênin, Trótski, Lukács, Gramsci...), os autores mergulharam no diálogo com o que foi muitas vezes chamado de marxismo ocidental – sempre a partir dos desafios postos pela história para a política da esquerda comprometida com a revolução.

Como mostram nossos autores no texto sobre Blanqui que firmam juntos e que abre esta coletânea, eles dialogam, no contexto da França, com uma constelação intelectual e política sufocada seja pela política centralizadora, estatizante, anticapitalista do Partido Comunista, seja pela política reformadora, democrática, do Partido Socialista. Eles querem dar evidência a uma terceira linha, que por muito tempo ficou "fora do jogo político, parlamentar e ministerial"; uma corrente "cujas estrelas mais visíveis são Auguste Blanqui (1805-1881), Georges Sorel (1847-1922), Charles Péguy (1873-1914) e Bernard Lazare (1865-1903)"[1].

---

[1] Ver Daniel Bensaïd e Michael Löwy, "Auguste Blanqui, comunista herege", p. 13 deste livro.

8   CENTELHAS

Na união de seus esforços, encontramos uma ruptura com as leituras positivistas e evolucionistas do marxismo, uma oposição inconciliável ao capitalismo e sua modernidade predatória, a rejeição da pequena política mesquinha em favor da política com P maiúsculo, profana e laica, e uma recusa da visão economicista da história prevalente na esquerda, que a concebe como uma trajetória ascendente de progresso, alimentada pelo desenvolvimento das forças produtivas. Michael Löwy, primeiro, na virada para os anos 1980, e Daniel Bensaïd, depois, na virada para os anos 1990, vão incorporar a crítica radical à filosofia da história como progresso realizada por Walter Benjamin em suas *Teses sobre o conceito de história*, sustentando uma "concepção 'aberta', não linear, não cumulativa dos eventos, que deixa lugar a alternativas, bifurcações e rupturas"[2]. Vão também pôr em evidência a crescente destrutividade do capitalismo em sua relação com o meio ambiente, destacando que o único socialismo possível no século XXI é o ecossocialismo.

• • •

Michael Löwy nasceu em São Paulo, em 1938, filho de judeus austríacos emigrados de Viena. Estudou ciências sociais na Universidade de São Paulo (USP) e já em 1956 militava na Liga Socialista Independente, organização de inspiração luxemburguista. Realizou o doutorado na França sob orientação de Lucien Goldmann – trabalho que deu origem a seu livro *A teoria da revolução no jovem Marx*. Vive em Paris desde 1969 e trabalha desde 1977 no Centre National de la Recherche Scientifique (CNRS). Mesmo tendo se estabelecido na França, onde atuou na Liga Comunista Revolucionária (LCR), Michael Löwy jamais perdeu o contato com o Brasil e a América Latina, visitando o pensamento de Che Guevara e José Carlos Mariátegui e acompanhando o debate sobre a estratégia revolucionária da esquerda do continente. Sua coletânea *O marxismo na América Latina* é, desde sua publicação, a obra de referência sobre o tema. Nosso continente também lhe forneceria inspiração para dois outros núcleos temáticos que organizam sua reflexão: a teologia da libertação e o ecossocialismo. De seus estudos sobre o jovem Lukács e do encontro com Benjamin, Löwy sistematiza uma análise do romantismo como uma das visões de mundo fundamentais da modernidade, que ainda hoje alimenta a esquerda radical em sua rejeição revolucionária do mundo capitalista.

---

[2]   Ibidem, p. 14.

Daniel Bensaïd nasceu em Toulouse, na França, em 1946. Em 1965 foi expulso da Juventude do Partido Comunista com o grupo que formaria a LCR e teria um grande protagonismo no movimento de maio de 1968; Bensaïd seria um de seus porta-vozes nesse período turbulento. Combinando uma militância política internacionalista (acompanhando os principais episódios revolucionários dos anos 1970 e 1980 na Europa e na América Latina) com a atividade acadêmica (como mestre de conferências de filosofia na Universidade de Paris-VIII, em Saint-Denis), Daniel Bensaïd voltou suas obras, até o final da década de 1980, para a reflexão política engajada, em especial em uma releitura de Lênin e Gramsci que serve de base a uma estratégia revolucionária para as sociedades capitalistas avançadas. *Walter Benjamin, sentinelle messianique*[3] [Walter Benjamin, sentinela messiânica], de 1990, é um ponto de virada em sua obra, dando início a uma releitura original e sistemática de Marx que viria à luz principalmente em dois livros: *Marx, o intempestivo*[4] e *La Discordance des temps* [A discordância dos tempos][5], ambos publicados originalmente em 1995. Lançou, até sua morte, em 2010, quase trinta livros, nos quais retornaria, com seu pensamento enriquecido pelas novas formulações filosóficas, ao terreno das crises e da estratégia revolucionária, além de discutir o significado da política radical em tempos contrarrevolucionários (dialogando fortemente, ainda que muitas vezes de forma implícita, com Hannah Arendt).

Nos textos desta coletânea está presente a maioria das linhas de força em torno das quais Michael Löwy e Daniel Bensaïd organizam suas releituras da política emancipatória contemporânea:

- a crítica radical do mundo mercantil e da lógica social do capitalismo, que destila permanentemente o fetichismo da mercadoria (e, nas palavras de Bensaïd, "espírito de nossa época sem espírito"[6]). Essa é, na opinião dos autores, a raiz de todo tipo de particularismos e fenômenos regressivos;
- a afirmação da história humana como uma trajetória de rupturas, encruzilhadas, escolhas e lutas, como uma história em aberto. As crises que

---

[3] Daniel Bensaïd, *Walter Benjamin, sentinelle messianique: à la gauche du possible* (Paris, Plon, 1990). Ainda inédito em português.

[4] Idem, *Marx, o intempestivo: grandezas e misérias de uma aventura crítica* (trad. Luiz Cavalcanti de M. Guerra, Rio de Janeiro, Civilização Brasileira, 1999).

[5] Idem, *La Discordance des temps* (Paris, Éditions de la Passion, 1995). Ainda inédito em português.

[6] Idem, *Marx, o intempestivo*, cit., p. 11-2.

marcam a temporalidade conflitiva do capitalismo, para Bensaïd, são espaços de incertezas e de oportunidades e, para Löwy, alimentam e atualizam a sensibilidade romântica;

- o fato de que, mesmo com a multiplicidade de sujeitos que se põem em movimento no capitalismo contemporâneo com as lutas das mulheres, dos negros, dos povos indígenas e da população LGBT, entre outras, uma diagonal de classes permanece subjacente a toda luta social que almeje a superação da sociedade capitalista;
- as lutas sociais demandam sua articulação política, ainda que, para Bensaïd, com um corte mais leninista e, para Löwy, com um corte mais luxemburguista;
- as lutas também demandam um agenciamento simbólico e imaginativo, um horizonte utópico;
- a crise do capitalismo é também uma crise ambiental; caso uma alternativa socialista não se imponha, o horizonte é o de uma catástrofe ecológica que jogará a humanidade em um cenário de barbárie.

Os textos a seguir foram, em sua maior parte, publicados em revistas e sites do Brasil e de Portugal. Eles estão organizados em duas partes. Na primeira, "Comunismos heréticos: de Blanqui e Marx a Walter Benjamin", nossos autores revisitam os marxistas clássicos, que delinearam esse pensamento como um campo de ideias comprometido com a emancipação humana. Na segunda, "Debates contemporâneos: tecendo o fio vermelho nas lutas atuais", o horizonte se adensa, e o foco recai nas discussões que emergem no pós-1968. De Ernest Mandel ao papa Francisco, da teoria das crises econômicas à ecologia, da atualidade do internacionalismo à atualidade do comunismo, Löwy e Bensaïd reescrevem a história de nosso tempo a contrapelo.

PARTE I

COMUNISMOS HERÉTICOS: DE BLANQUI E MARX A WALTER BENJAMIN

AUGUSTE BLANQUI, COMUNISTA HEREGE*

Daniel Bensaïd e Michael Löwy

Na história do socialismo francês, há uma corrente subterrânea, herética, marginalizada e reprimida, que constitui uma sensibilidade oculta entre as tendências prevalecentes na esquerda do fim do século XIX até hoje – tendências representadas pelas duplas rivais e complementares Jaurès e Guesde, Blum e Cachin, Mollet e Thorez, Mitterrand e Marchais. Caso se considerasse a história do socialismo pela perspectiva do corte entre a "primeira" e a "segunda" esquerda – uma centralizadora, estatizante, anticapitalista, e a outra mais social, reformadora, democrática –, haveria uma "terceira" esquerda, muito mais radical, que ficou sempre de fora do jogo político, parlamentar e ministerial.

Não se trata de um grupo ou tendência organizada, menos ainda de um partido: é no máximo uma *constelação intelectual e política*, cujas estrelas mais visíveis são Auguste Blanqui (1805-1881), Georges Sorel (1847-1922), Charles Péguy (1873-1914) e Bernard Lazare (1865-1903). Ao tentar redescobrir essa "tradição oculta" do socialismo francês, escamoteada tanto pelo silêncio de uns quanto pelas tentativas de "recuperação" de outros – por exemplo, a tentativa (fracassada) da "segunda" esquerda de se apropriar de Sorel –, não temos a intenção de propor uma nova ortodoxia no lugar daquelas já existentes. Isso seria impossível, aliás, porque esses pensadores apresentam entre si tantas diferenças quantas são suas afinidades.

---

* Texto traduzido do original em francês, "Auguste Blanqui, communiste hérétique", publicado originalmente em Philippe Corcuff e Alain Maillard (orgs.), *Les Socialismes français à l'épreuve du pouvoir (1830-1947): pour une critique mélancolique de la gauche* (Paris, Textuel, 2006), p. 127-48. Tradução de Ana Paula Hey e revisão técnica de Afrânio Mendes Catani, originalmente publicada na revista *Margem Esquerda*, n. 10, 2007. (N. E.)

14 CENTELHAS

Também não nos esquecemos das sérias limitações desses nossos quatro autores, cada qual à sua maneira: a tentação putschista de Blanqui, a tentação nacionalista de Péguy e Bernard Lazare e o curto porém intenso flerte de Sorel com a Ação Francesa*. Embora não as legitimem, essas ambiguidades esclarecem as tentativas de captura do fascismo sobre Sorel ou do *pétainismo*** sobre Péguy – à custa de uma formidável falsificação de seu pensamento.

Para evitar qualquer mal-entendido, esclarecemos que não temos a intenção de apresentar essa constelação como uma alternativa a Marx. Estamos convencidos – contra a última moda do "*prêt-à-penser*", que pretende reduzir o autor de *O capital* a um cachorro morto e enterrado sob os escombros do Muro de Berlim – de que o marxismo continua sendo (para retomarmos a célebre expressão de Sartre) "o horizonte insuperável de nossa época": as pretensões de "superá-lo", ou de juntar peças em um "pós-marxismo" improvável, acabam sempre voltando – aquém, e não além de Marx – ao bom e velho Adam Smith (e sua mão invisível e não menos criminosa), a Locke (e seu contrato para ingênuos) ou a Bentham (e seu senso de utilidade).

É como marxistas críticos que relemos os "socialistas dissidentes", convencidos de que eles podem contribuir para enriquecer o marxismo e livrá-lo de certa quantidade de escória. Apesar da evidente diversidade, heterogeneidade e particularidade, acreditamos que os quatro autores citados compartilham, desigualmente, certas características que nos permitem considerá-los um conjunto:

- a rejeição do positivismo, do cientificismo e do determinismo mecânico;
- a crítica da ideologia do "progresso", de certa filosofia evolucionista da história e sua temporalidade linear;
- a aguda percepção dos danos causados pela "modernidade";
- a oposição inconciliável ao capitalismo, considerado intrinsecamente injusto;
- certa sensibilidade rebelde que conduz à rejeição do reformismo, do cretinismo parlamentar e dos arranjos da política comum;
- certa tendência antiautoritária e antiestatista;
- certo estilo "profético", no sentido bíblico do termo, que atua por meio de previsões condicionais e apelos à ação para evitar o risco de catástrofe.

---

* Organização nacionalista constituída no fim do século XIX, a Ação Francesa rapidamente se aproximou do integralismo e do monarquismo. (N. E.)

** Referência ao marechal Philippe Pétain (1856-1951), chefe de Estado francês no período da ocupação alemã, durante a Segunda Guerra Mundial. (N. T.)

- certa visão "mística" e intransigente – profana e laica – da política, como ação inspirada pela fé, pela paixão, pela moral – em oposição ao horizonte mesquinho e limitado da política cotidiana;
- certa concepção "aberta", não linear, não cumulativa dos eventos, que deixa espaço para alternativas, bifurcações e rupturas.

Não encontramos necessariamente o decálogo completo em cada um de nossos autores: um ou outro aspecto é central em um e está ausente em outro. Não obstante, eles compartilham a maioria desses elementos, ligados entre si por sutis relações de "afinidades eletivas". É o que dá a seus escritos essa qualidade, esse estilo vigoroso de pensamento, esse tom que contrasta com a maioria de seus contemporâneos. Essa constelação socialista pouco conhecida parece dar uma contribuição única e preciosa – apesar de todas as ambivalências e contradições –, a qual foi banida da história da esquerda francesa conforme esta foi moldada por suas correntes dominantes, sob a influência preponderante de um positivismo republicano[1].

Auguste Blanqui, comunista profético e anarquista regular

As críticas políticas comumente dirigidas a Blanqui são suficientemente conhecidas, de modo que é supérfluo repeti-las: putschismo, elitismo revolucionário, germanofobia etc. Entretanto, sua imagem nos persegue: ele não só encarna a vítima de todas as reações – orleanistas, bonapartistas, versalheses e republicanos da ordem se revezaram para mantê-lo isolado – como sua "voz impiedosa" (como diz Walter Benjamin) ressoa muito além de seu século. Se tivéssemos de resumir a política de Blanqui, diríamos que se trata, antes de tudo, da forma mais consequente de um voluntarismo revolucionário, fonte tanto de sua força como de sua fraqueza, de sua grandeza como de seus limites. Ao contrário dos saint-simonianos e, sobretudo, dos positivistas – estes, uns miseráveis que só se distinguem pelo "respeito à força e pelo cuidado com que fogem do contato com os vencidos" e tendem sistematicamente a assemelhar a sociedade à natureza –, Blanqui não acreditava nas pretensas "leis" da política. Para ele, a palavra "lei" somente tem sentido em relação à natureza; o que chamamos "lei", ou regra imutável, é incompatível com a razão e a vontade. Onde o homem age, não há lugar

---

[1] Sobre esse aspecto, ver especialmente Daniel Bensaïd, *La Discordance des temps: essais sur les crises, les classes, l'histoire* (Paris, Passion, 1995) e *Le Pari mélancolique: métamorphoses de la politique, politique de la métamorphose* (Paris, Fayard, 1997).

16   CENTELHAS

para a lei[2]. Se esse voluntarismo conduziu Blanqui algumas vezes ao fracasso – os "levantes armados" de 1839 e 1870 são o melhor exemplo –, ao menos o salvou do lodo viscoso do determinismo "científico".

Essa fé na razão e na vontade é, sem dúvida, uma herança da filosofia iluminista, que penetrou todo seu pensamento. O grito "Luz! Luz!" aparece seguidamente nas páginas de *La Critique sociale* [A crítica social] em relação estreita com certa ilusão iluminista típica dos movimentos socialistas da época, incessantemente repetida: o comunismo será "o resultado infalível da instrução universalizada". Bastaria expulsar "a Armada Negra" (a Igreja) das escolas e generalizar a instrução para que se fizesse a luz e, com ela, necessariamente, a comunidade[3]. Entretanto, Blanqui se distingue radicalmente da herança particular dos iluministas por sua crítica mordaz às ideologias do progresso. Algumas de suas formulações a esse respeito são de uma acuidade surpreendente. Sem dúvida alguma, atraíram a atenção e suscitaram o interesse de Walter Benjamin (1892-1940), que as retomou quase palavra por palavra[4].

Blanqui não subestima os progressos da ciência e da indústria. Entretanto, continua convencido de que, na sociedade atual, todas as conquistas científicas e técnicas "se tornam uma arma terrível nas mãos do capital contra o trabalho e o pensamento"[5]. Contra a natureza também, como veremos mais adiante. De modo geral, Blanqui não concebe o passado como uma acumulação gradual e linear de luzes ou liberdades: não podemos esquecer, diz ele, "a série interminável de calamidades que marca a história do gênero humano". Rejeitando o historicismo conformista, positivista e limitado, que legitima os vitoriosos em nome do "progresso", ele condena essa "mistura de cinismo e hipocrisia", para a qual as vítimas do passado são "folhas mortas" que se "desprezam". Para esses ideólogos:

a história se esboça em grandes linhas, a sangue-frio, com montes de cadáveres e ruínas. Nenhum matadouro faz estremecer esses rostos impassíveis. O massacre de um povo? Evolução da humanidade. A invasão dos bárbaros? Infusão de sangue jovem e novo nas

---

[2]   Auguste Blanqui, *La Critique sociale* (Paris, Alcan, 1886), v. I, p. 41-5; V. P. Volguine, "Les Idées politiques et sociales de Blanqui", p. 29 e 162, em Auguste Blanqui, *Textes choisis* (org. V. P. Volguine, Paris, Éditions Sociales, 1955).

[3]   Auguste Blanqui, *La Critique sociale*, cit., p. 148-52.

[4]   Sobre as afinidades eletivas entre Walter Benjamin e Auguste Blanqui, ver o belo texto de Miguel Abensour, "Walter Benjamin entre mélancolie et révolution: passages Blanqui", em Heinz Wismann (org.), *Walter Benjamin et Paris* (Paris, Cerf, 1986).

[5]   Auguste Blanqui, *La Critique sociale*, cit., p. 74.

velhas veias do Império Romano. [...] Quanto às populações e às cidades que a calamidade destroçou em sua passagem [...] necessidade [...] marcha fatal do progresso.[6]

É difícil saber se Benjamin tinha em mente essa passagem de *La Critique sociale* no momento em que descrevia, na Tese IX "Sobre o conceito de história", os frutos do progresso como um amontoado de ruínas catastróficas, embora a afinidade com as imagens de Blanqui seja evidente.

O processo histórico não é, para o fundador da Sociedade das Estações, uma evolução predeterminada, mas um movimento aberto que nos momentos críticos toma a forma de decisão, bifurcação no meio do caminho. Segundo uma bela imagem de seu biógrafo Gustave Geffroy, "Blanqui hasteava em uma encruzilhada de revolução a visível e atraente bandeira de sua incerteza"[7]. A história humana pode, ao mesmo tempo, conduzir tanto à emancipação quanto à catástrofe.

> A humanidade nunca é estacionária. Avança ou recua. Sua marcha progressiva a conduz à igualdade. Sua marcha retrógrada atinge, percorrendo todos os degraus do privilégio, a escravidão pessoal, última palavra do direito de propriedade. Certamente, antes de chegar a esse ponto, a civilização europeia já teria perecido. Mas por qual cataclismo?[8]

Já é, com meio século de antecedência, a ideia da alternativa "socialismo ou barbárie" enunciada por Rosa Luxemburgo. Em uma conversa com Théophile Silvestre em 1862, Blanqui defendia mais uma vez sua negação de qualquer concepção linear do tempo histórico: "Não sou daqueles que afirmam que o progresso é uma evidência, que a humanidade não pode recuar. [...] Não, não há fatalidade, caso contrário a história da humanidade, que se escreve hora a hora, seria toda escrita antes"[9].

Era por isso que Blanqui se opunha categoricamente à "teoria sinistra do progresso apesar de tudo, da saúde contínua" pregada pelos positivistas, esses "fatalistas da história", esses "adoradores do fato consumado". O positivismo é, para ele, a história contada do ponto de vista dos opressores:

> Todas as atrocidades do vitorioso, sua longa série de atentados, são friamente transformadas em evolução regular, inelutável, como a da natureza. [...] Mas a engrenagem

---

[6] Ibidem, p. 144 e 158.

[7] Gustave Geffroy, *L'Enfermé* (Paris, Crès, 1926), v. I, p. 65. Esse livro foi uma das principais fontes de Walter Benjamin sobre Blanqui.

[8] Auguste Blanqui, "Qui fait la soupe doit la manger" (1834), em *La Critique sociale*, cit., p. 128.

[9] Citado em Gustave Geffroy, *L'Enfermé*, cit., v. II, p. 19-20.

18   CENTELHAS

das coisas humanas não é inevitável como a do universo. Ela pode ser modificada a cada minuto.[10]

Para Benjamin, a grandeza de Blanqui é que ele não acreditava no progresso, mas na decisão de liquidar a injustiça presente. Ele era, de todos os revolucionários, o mais determinado a "arrancar a humanidade, no último minuto, da catástrofe que a ameaça permanentemente"[11].

É exatamente o que denominamos "seu papel profético" – no sentido do Antigo Testamento, definido anteriormente. Foi em 1848 que esse profetismo se manifestou de forma surpreendente. Em maio – algumas semanas antes das jornadas sangrentas de junho –, ele já antevia "os sintomas precursores da catástrofe" e insistia na intenção das forças de reação de pôr em execução, graças às tropas de linha, "uma Noite de São Bartolomeu dos trabalhadores parisienses"[12]. Preso pouco depois, não pôde participar dos combates desesperados de junho – um dos eventos fundadores da sociedade burguesa moderna –, mas sua lucidez não foi esquecida, em especial por Marx, em *As lutas de classes na França*: "o *proletariado* passa a agrupar-se cada vez mais em torno do *socialismo revolucionário*, em torno do *comunismo*, para o qual a própria burguesia inventou o nome de *Blanqui*. Esse socialismo é a *declaração de permanência da revolução*"[13].

Em 25 de fevereiro de 1851, encarcerado no forte de Belle-Île-en-Mer, Blanqui enviou a seus amigos exilados em Londres uma saudação que viria a ser um de seus tratados mais célebres. Traduzida por Marx e Engels, foi largamente difundida na Inglaterra e na Alemanha. Faz uma crítica severa aos "burgueses fantasiados de tribunos" de 1848 (Ledru-Rollin, Lamartine etc.) e uma advertência profética – condicional – para o futuro: "Ai de nós *se*, no dia próximo do triunfo popular, a desmemoriada indulgência das massas deixar voltar ao poder um desses homens

---

[10]   Manuscrito de 1869 publicado com o título de "Contre le progrès", em Auguste Blanqui, *Instructions pour une prise d'armes: l'éternité par les astres, hypothèse astronomique et autres textes*, antologia organizada por Miguel Abensour e Valentin Pelosse (Paris, Tête de Feuilles, 1972), p. 103-5.

[11]   Walter Benjamin, "Zentralpark", em *Charles Baudelaire* (Frankfurt, Suhrkamp, 1980), p. 40. Como bem observam Abensour e Pelosse no posfácio aos textos reunidos de Blanqui ("Libérer l'enfermé"), Benjamin "faz como se desviasse as armas forjadas por Blanqui contra o positivismo a fim de golpear ele próprio os que extravasam no bordel do historicismo" (*Instructions pour une prise d'armes*, cit., p. 206).

[12]   Auguste Blanqui, *Textes choisis*, cit., p. 119.

[13]   Karl Marx, *As lutas de classes na França* (trad. Nélio Schneider, São Paulo, Boitempo, 2012), p. 138.

que falharam em seu mandato!". Quanto às doutrinas socialistas, "resultariam num lamentável aborto *se* o povo [...] negligenciasse o único elemento prático assegurado": a força, as armas, a organização. A palavra-chave desse documento é "*se*": não se trata de prever o inevitável, mas de apontar um perigo e exigir uma decisão. A saudação se conclui com estas palavras: "Que o povo escolha"[14].

Esse texto de Blanqui teve o efeito de uma bomba entre os exilados franceses e provocou, como era previsível, protestos e críticas. Tomando de novo a pluma, o Encarcerado se justificou em uma declaração ("A propos des clameurs contre l'avis au peuple" [A propósito dos clamores contra a advertência ao povo], de abril de 1851), em que pela primeira vez reivindicava o título de "profeta". Lembrando a "justeza da previsão" de 1848, observava:

> Quantas vezes, nos meios populares, não bradaram: "Blanqui tinha razão!" [...] Não repetiram muitas vezes: "Ele bem disse!". E esse desengano tardio, essa expressão de remorso e arrependimento era uma reabilitação, um pedido de desculpa. Mas eis que o profeta toma novamente a palavra. É para mostrar um horizonte desconhecido, para revelar um mundo novo? Não, é para repisar as prédicas de seu clube. [...] Aos perigos que ameaçam ressurgir idênticos, opõe o grito de alerta: "Proletários, sentido!".[15]

A imagem de profeta que Blanqui construiu para si mesmo é, sem dúvida, de inspiração bíblica, mas sob uma forma completamente profana e secular. Existe, de outra parte, um modo de profecia antiga que ele rejeita: a jeremiada*. A verdadeira profecia não é um lamento, mas um apelo à ação redentora. Eis a conclusão de suas célebres *Instructions pour une prise d'armes* [Instruções para uma tomada de armas] (1868):

> É o tolo hábito de nosso tempo lamentar-se, em vez de reagir. As jeremiadas estão na moda. Jeremias posa em todas as atitudes: chora, castiga, dogmatiza, comanda, grita, é flagelo ele próprio entre todos os flagelos. Deixemos a cara de elegia aos coveiros da liberdade. O dever de um revolucionário é a luta sempre, a luta apesar de tudo, a luta até a extinção.[16]

Uma das profecias mais impressionantes de Blanqui escapou até hoje da atenção dos comentadores. Estritamente ligada a sua visão crítica do progresso e da

---

[14] Auguste Blanqui, *Textes choisis*, cit., p. 122-4.

[15] Ibidem, p. 125.

* Em alusão ao profeta bíblico Jeremias (650/645-580 a.C.) e às *Lamentações de Jeremias*, relacionadas ao fim do Reino de Judá e à queda de Jerusalém (587 a.C.). (N. T.)

[16] Auguste Blanqui, *Textes choisis*, cit., p. 219-20.

CENTELHAS

utilização da ciência pelo capital, ela aponta um novo perigo: a destruição do meio ambiente natural pela civilização capitalista. Segundo Blanqui, o "mundo civilizado" diz:

> "Depois de mim o dilúvio" ou, se não o diz, pensa e age como convém. Poupam-se os tesouros acumulados pela natureza, tesouros que não são inesgotáveis e não se reproduzirão? Faz-se um odioso esbanjamento do carvão sob o pretexto de jazidas desconhecidas, reserva do futuro. Exterminam-se as baleias, recurso poderoso que vai desaparecer, perdido para nossos descendentes. O presente saqueia e destrói ao acaso, para suas necessidades ou seus caprichos.[17]

Em outro ponto do texto, após uma referência à extinção das populações "selvagens" pela irrupção da civilização europeia, afirma:

> Há cerca de quatro séculos, nossa detestável raça destrói sem piedade tudo o que encontra, homens, animais, vegetais, minerais. As baleias vão se extinguir, por ignorância e perseguição cega. As florestas de quina são derrubadas uma a outra. O machado corta, ninguém replanta. Há pouca preocupação sobre o futuro ter febre.[18]

Esse alerta de 1869-1870, sem equivalente no socialismo do século XIX – e ainda raro no socialismo do século XX até a década de 1980! –, não perdeu sua atualidade 136 anos depois. Basta substituir o carvão pelo petróleo, o machado pelo trator, para ter uma descrição precisa das catástrofes ambientais que nos espreitam no começo do século XXI. Blanqui se enganou em relação aos prazos – falha partilhada com muitos espíritos proféticos! –, mas previu, muito tempo antes, a inquietante ameaça.

Como todo profeta revolucionário, Blanqui tem uma visão "mística" (no sentido que Péguy dá à palavra) da política, como ação inspirada por uma fé, uma ética e uma paixão. Essa fé revolucionária se opõe da maneira mais radical ao egoísmo mesquinho e calculista do clericalismo burguês e de sua (des)razão de Estado. Embora a religião continue sua inimiga mortal, o revolucionário respeita a fé sincera, sejam quais forem sua forma e seu conteúdo, na medida em que se distingue da adoração do bezerro de ouro:

> O povo – quer, em sua ignorância, inflamado pelo fanatismo da religião, quer, mais esclarecido, deixando-se levar pelo entusiasmo da liberdade – é sempre grande e

---

[17] Ibidem, p. 141-2.
[18] Ibidem, p. 159.

generoso: não obedece aos vis interesses do dinheiro, mas às mais nobres paixões da alma, às inspirações de uma moralidade elevada.[19]

Em uma carta de 1852 a seu amigo Maillard, Blanqui não hesita em falar de "fé" – isenta de qualquer implicação religiosa – para explicar o significado do socialismo para as classes oprimidas: a ideia socialista, apesar da diversidade e das contradições de suas múltiplas doutrinas,

> apoderou-se do espírito das massas, tornou-se sua fé, sua esperança, seu estandarte. O socialismo é a faísca elétrica que atravessa e sacode as populações. Elas se agitam, se inflamam ao menor sopro ardente dessas doutrinas [...], dessas ideias poderosas que têm o privilégio de arrebatar o povo e lançá-lo na tempestade. Não se engane, o socialismo é a revolução. Ela está nele. Suprima o socialismo e a chama popular se apaga, o silêncio e a escuridão cobrem a Europa.[20]

Seria essa uma visão idealista da história, que nega o papel dos interesses materiais na ação dos explorados? Longe de opor-se ao materialismo e à exigência do bem-estar material, essa "religião" revolucionária – o termo é de Blanqui, mas concebido em um sentido absolutamente ateu e profano – é sua expressão consciente:

> Mazzini discursa veementemente contra o materialismo das doutrinas socialistas, contra a preconização dos desejos, o apelo aos interesses egoístas. [...] O que é a revolução senão a melhoria do destino das massas? E que tolice esses ataques contra a doutrina dos interesses! Os interesses de um indivíduo não são nada, mas os interesses de todo um povo se elevam à altura de um príncipe; os interesses de toda a humanidade se tornam uma religião.[21]

Em outras palavras, a "mística" dos profetas socialistas não exclui a dialética materialista. Muito pelo contrário.

A dimensão ética do socialismo, como combate contra a injustiça, é igualmente capital para Blanqui. Uma de suas principais críticas ao positivismo visa a ausência de distância crítica/moral diante dos fatos:

> O positivismo exclui a ideia de justiça. Admite somente a lei do progresso (desde que) contínuo, a fatalidade. Cada coisa é excelente naquele momento porque ocupa seu

---

[19] Idem, "Discours à la Société des Amis du Peuple" (2 de fevereiro de 1832), em *Textes choisis*, cit., p. 93.

[20] Idem, "Lettre à Maillard" (6 de junho de 1852), em *Textes choisis*, cit., p. 129.

[21] Ibidem, p. 138-9.

22 CENTELHAS

lugar na série de aperfeiçoamentos (na filiação do progresso). Tudo é sempre melhor. Não há critério para apreciar o bom ou o mau.[22]

No entanto, Blanqui tem fama de ser um pensador autoritário. De fato, são preocupantes seus projetos de "ditadura revolucionária" ou "ditadura parisiense" ("durante dez anos"), encarregada de esclarecer pedagogicamente, por meio da "difusão geral das luzes", um povo ainda mergulhado nas trevas – procedimento típico dos enciclopedistas do século XVIII e de seus discípulos socialistas do século XIX. Mas, no mesmo texto, condena toda tentativa autoritária de estabelecer um comunismo de cima para baixo: "Longe de se impor por decreto, o comunismo deve esperar seu advento das livres resoluções do país"[23]. Na realidade, no centro dos escritos de Blanqui, há um equilíbrio instável entre um iluminismo autoritário e uma profunda sensibilidade libertária. Esta última se exprime, por exemplo, no elogio à diversidade e ao pluralismo do movimento socialista:

Proudhonianos e comunistas são igualmente ridículos em suas diatribes recíprocas, eles não compreendem a imensa utilidade da diversidade das doutrinas. Cada nuança, cada escola tem uma missão a cumprir, um papel a representar no grande drama revolucionário, e se essa multiplicidade dos sistemas lhe parecia funesta, é porque você desconhecia a mais irrecusável das verdades: "A luz brota da discussão".[24]

Outro aspecto surpreendente é sua atitude em relação ao inimigo: quanto mais Blanqui prega a guerra de classes, denuncia veementemente os exploradores e clama a vingança popular, mais sente repulsa pelo terror, pela guilhotina e pelos pelotões de execução. O pior castigo que propõe para os contrarrevolucionários, em especial para os agentes da Igreja, é o exílio. Desse ponto de vista, aproxima-se mais da democracia ateniense da Antiguidade que do jacobinismo de 1794 (do qual é crítico feroz). Quanto aos capitalistas – "a raça dos vampiros" –. a instrução integral do povo os tornará impotentes e eles acabarão por "se conformar ao novo meio". Levá-los à guilhotina, nem pensar: "Não se engane, a fraternidade é a impossibilidade de matar seu irmão"[25].

Mas Blanqui não é um utopista: recusa-se a propor esboços do futuro e considera os utopistas doutrinários "amantes fanáticos da clausura", "construindo edifícios sociais para ali emparecar a posteridade". Convencido de que é preciso deixar

---

[22] Idem, "Contre le positivisme", em *Instructions pour une prise d'armes*, cit., p. 110.

[23] Idem, *La Critique sociale*, cit., p. 166-7.

[24] Idem, "Lettre à Maillard", cit., p. 130.

[25] Idem, *La Critique sociale*, cit., p. 153.

às gerações futuras a liberdade de escolher seu caminho, atribui à revolução apenas o papel de desbravar o terreno, abrindo "as estradas, ou melhor, as múltiplas sendas que conduzem à nova ordem". Sobre esta última, limita-se a evocar os princípios mais gerais do comunismo: instrução universal, igualdade, associação (e não partilha, que reproduz a propriedade privada). Concebe esse futuro comunista com espírito libertário, como uma sociedade de seres humanos "ariscos como cavalos selvagens", em que "nada daquela coisa execrável e execrada que se chama governo poderia mostrar o nariz", uma comunidade de indivíduos livres que não admitirão "uma sombra de autoridade, um átomo de coação". De forma ainda mais explícita, proclama em um manuscrito de novembro de 1848 (que permaneceu inédito até sua morte): "A anarquia regular é o futuro da humanidade. [...] O governo por excelência, fim último das sociedades, é a ausência de governo"[26]. Não é por acaso que, meio século mais tarde, Walter Benjamin se inspiraria em Blanqui para insuflar um novo espírito revolucionário num marxismo reduzido por seus epígonos a um miserável autômato!

A estratégia de Blanqui: contra a ditadura do fato consumado, o capítulo das bifurcações continua aberto

Figura de transição entre o babovismo republicano, o carbonarismo conspirador e o movimento socialista moderno, Auguste Blanqui ilustra, a partir dos anos 1830, a conscientização dos limites do republicanismo. Algumas de suas proposições parecem anunciar a mudança do próprio Marx, do humanismo liberal para o socialismo da luta de classes. Mais impiedoso que Marx, rejeita "a burlesca utopia" dos fourieristas, que faziam a corte a Luís Filipe, e o clericalismo positivista de Auguste Comte. Entrevê o transcrescimento da emancipação política em emancipação social e humana. Dá nome a sua força propulsora – o proletariado –, embora a palavra ainda preceda, em grande medida, a coisa que surgirá da grande indústria. No entanto, Blanqui continua a ser um revolucionário da primeira metade do século, das revoluções de 1830 e 1848, filiado desde os 19 anos à carbonária francesa. Sua crítica ao jacobinismo parece original para a época, sem dúvida em razão de sua herança babovista, mas também porque ele tem consciência dos limites de certo republicanismo burguês. Assim, critica

---

[26] Ibidem, p. 156 e 160, e *La Critique sociale*, v. II, p. 115-6. A passagem de 1848 é citada por Abensour e Pelosse no posfácio a *Instructions pour une prise d'armes*, cit., p. 208-9.

24 CENTELHAS

duramente Robespierre por ter "sacrificado os sujeitos rebeldes refugiados na Revolução Francesa" com a cabeça de Cloots* e, com a de Chaumette**, ter dado garantias aos padres. Por trás do incorruptível, já vê brotar o Bonaparte, "um Napoleão prematuro"; por trás do Ser Supremo, a beatice republicana (e o fetichismo ainda teológico do Estado)[27].

Uma nova revolução é esboçada, uma revolução ainda sem nome, uma revolução ainda espectral, que Michelet batizou de romântica em sua *História da Revolução Francesa****, percebendo nos fanáticos de 1793 "o germe obscuro de uma revolução desconhecida": "Os republicanos clássicos tinham atrás de si um espectro que andava rápido e lhes passou à frente: o republicanismo romântico de cem cabeças, de mil escolas, que hoje chamamos de socialismo". Blanqui é, de certo modo, herdeiro desses republicanos: ele tenta ultrapassar a ideia de uma república sem frases, de uma república sem mais, para melhor determinar seu conteúdo social. Assim, ele escreve em 1848:

> A República seria uma mentira, se fosse somente a substituição de uma forma de governo por outra. Não é suficiente mudar as palavras, é preciso mudar as coisas. A República é a emancipação dos operários, é o fim do regime de exploração, é o advento de uma nova ordem que libertará o trabalho da tirania do capital.[28]

A partir daí, a república será social ou não será. Esse aprofundamento social da revolução política faz eco à crítica de Marx (no ensaio de 1844 *Sobre a questão judaica*****) à "emancipação política" em nome da "emancipação humana" e à alienação religiosa transformada em alienação social. Blanqui manteve dos cursos de Jean-Baptiste Say uma crítica ainda mal conceitualizada do capital. Assim como, para Marx, o cristianismo (em especial na forma protestante) dissocia o privado e o público para dar livre curso ao interesse egoísta, Blanqui vê o protestantismo

---

*   Anacharsis Cloots (1755-1794), nascido Jean Baptiste du Val-de-Grâce, barão de Cloots. Revolucionário jacobino e anticatólico, adepto do culto da razão, foi guilhotinado a mando de Robespierre. (N. E.)

**   Pierre Gaspard Chaumette (1763-1794), político anticatólico que perseguiu padres e fechou igrejas de Paris. Assim como Cloots, era adepto do culto da razão e foi mandado para a guilhotina por Robespierre. (N. E.)

[27]   Ver Auguste Blanqui, *Écrits sur la Révolution* (apres. Arno Munster, Paris, Galilée, 1977).

***   Trad. Maria Lúcia Machado, São Paulo, Companhia das Letras, 1989. (N. E.)

[28]   Auguste Blanqui, "Aux clubs démocratiques de Paris" (22 de março de 1848), em *Écrits sur la Révolution*, cit., p. 171.

****   Trad. Wanda Nogueira Caldeira Brant, São Paulo, Boitempo, 2010. (N. E.)

AUGUSTE BLANQUI, COMUNISTA HEREGE   25

vitorioso, "nosso avesso absoluto", como a "religião do egoísmo e da individualidade", em outras palavras como o espírito do capitalismo[29].

Que força será capaz de levar a nova revolução além dos limites atingidos pela
Revolução Francesa? Em sua alocução de 2 de fevereiro de 1832, diante da Sociedade dos Amigos do Povo, Blanqui apresenta uma análise lúcida do antagonismo
de classes e de sua dinâmica. Depois da Revolução de Julho,

> a classe alta é aniquilada, a classe média, que se escondeu durante o combate e o de-
> saprovou, revelando tanto habilidade quanto prudência, surrupiou o fruto da vitória
> alcançada apesar dela. O povo, que fez tudo, continua a zero como antes. Mas entrou
> como um raio na cena política, tomou-a de assalto e, embora expulso quase que de
> imediato, mostrou-se no domínio e reviu sua demissão. Desde então, será entre a classe
> média e ele que se travará uma guerra obstinada, e não mais entre as classes altas e os
> burgueses – estes terão de pedir ajuda a seus antigos inimigos para resistir. De fato, a
> burguesia não escondeu por muito tempo seu ódio ao povo.[30]

Em carta a Maillard de 6 de junho de 1852, Blanqui esclarece de novo, à luz
dos eventos de 1848: "Você me disse: 'Não sou nem burguês nem proletário'.
Cuidado com as palavras sem definição, elas são o instrumento favorito dos
intrigantes". Sabemos até que ponto o "nem isso nem aquilo" se tornou um
tique característico da ideologia burguesa do justo meio. Mas o que significa
ser democrata, senão usar uma máscara ecumênica para dissimular a luta de
classes? "Essa mistificação sempre renovada data de 1789. A classe média lança
o povo contra a nobreza e o clero, derruba o povo e toma seu lugar. Mal o antigo regime é destituído pelo esforço comum, começa a luta entre os dois aliados
vencedores, a Burguesia e o Proletariado". Em *O povo**, Michelet constatava, já
em 1846, que meio século tinha sido suficiente para a burguesia mostrar sua
crueldade de classe. Depois de 1848, *a fortiori*, foi necessário dar nome aos
bois. Entretanto, Blanqui tem uma compreensão mais ampla e mais aberta da
noção de classe social que o obreirismo de um Tolain (que prefigura uma forte
tendência do movimento operário francês), o qual somente admitia na Primeira
Internacional e no movimento cooperativo trabalhadores sociologicamente cer-
tificados. Blanqui, ao contrário, é favorável ao acolhimento de todos "os desclas-

---

[29]   Auguste Blanqui, "Lettre de Blanqui à la rédaction des *Veillées du Peuple*" (n. 2, março de
        1850), em *Écrits sur la Révolution*, cit., p. 348.

[30]   Idem, *Écrits sur la Révolution*, cit., p. 91 e ss.

*   Trad. Gilson César Cardoso de Souza, São Paulo, Martins Fontes, 1988. (N. E.)

sificados" (hoje diríamos os excluídos e os precarizados), que "são o fermento secreto que faz a massa crescer e impede que ela caia no marasmo. Amanhã, eles serão a reserva da revolução".

Clarificar os fundamentos do antagonismo de classe tem, porém, uma consequência política importante: a delimitação do movimento operário nascente e a afirmação de sua independência política em relação à burguesia republicana. Assim, durante a revolução de 1848, Blanqui apoia a candidatura de Raspail contra a de Ledru-Rollin: "Pela primeira vez na arena eleitoral, o proletariado se separou completamente, como partido político, do partido democrático"[31]. Que política convinha a essa revolução desconhecida que amadurecia na luta de classes? Blanqui rechaça tanto as utopias libertárias quanto o "mercado consentido" à Bastiat, "o mais audacioso apologista do capital". Aquilo que ainda não era denominado "socialismo de mercado" só poderia ser, para ele, um pacto com o diabo, pois a opressão capitalista se funda sobre "as sangrentas vitórias da propriedade". Mas o próprio comunismo deve "preservar-se dos modos da utopia e nunca separar-se da política"[32]. Blanqui demonstra um forte senso prático do possível. "Abstenhamo-nos de reger o futuro e desviemos o olhar dessas perspectivas longínquas que cansam o olho e o pensamento por nada. Retomemos nossa luta contra os sofismas e a escravização"[33]. Como Marx, execra todas as formas de utopia ou socialismo doutrinários e procura a lógica interna do movimento real capaz de derrubar a ordem estabelecida. Daí a desconfiança em relação ao movimento cooperativo de produção, consumo ou crédito, sobretudo o de produção, que lhe parece montar uma armadilha, conduzindo ou ao desencorajamento em caso de fracasso, ou a uma promoção (ou cooptação) social que tira o que há de melhor do povo, mas não transforma a sociedade. Há nessa hostilidade às experimentações sociais de um movimento operário nascente uma dose inegável de sectarismo associada a uma crítica pertinente das "ilusões sociais" propaladas por certas correntes, como os proudhonianos, que se esquivam da questão política do poder.

Para Blanqui, ao contrário, a conquista do poder político é a chave da emancipação social. Sua maneira de pensar, portanto, é inversa às de Saint-Simon ou Proudhon, que subordinam a revolução política à reforma social, a meta ao

---

[31] Maurice Dommanget, *Blanqui* (Paris, EDI, 1979), p. 21.

[32] Auguste Blanqui, *Textes choisis*, cit., p. 162.

[33] Citado em Maurice Dommanget, *Blanqui*, cit., p. 75.

movimento, até dissolver essa meta no gradualismo ilusório do processo. Blanqui tem convicção de que "a questão social só poderá entrar em discussão séria e em prática após a resolução mais enérgica e irrevogável da questão política. Agir de outra forma é pôr a carroça à frente dos bois. Já se tentou isso uma vez e a questão social foi liquidada por vinte anos"[34].

Sem dúvida, contentando-se em inverter a dialética dos fins e dos meios, do processo e do ato, ele simplifica demais e não consegue resolver a questão crucial: como do nada tornar-se tudo? Seria inútil procurar em Blanqui uma problemática da hegemonia. Mesmo se o reformismo que já se desenha com a burocratização do movimento sindical é o perigo principal, essa insistência unilateral no momento da decisão política valeu a Blanqui, e mais ainda aos blanquistas, a reputação de putschistas, que se espalhou na Segunda Internacional: ao acusar Marx de "blanquista", Bernstein confirma que Blanqui tinha realmente percebido, ainda que de maneira confusa, aquilo que viria a ser o mal senil do socialismo.

A contrapartida, em Blanqui, dessa fixação quase exclusiva no golpe revolucionário é uma prudência extrema, ou até excessiva, e um discurso evasivo sobre as transformações econômicas e sociais que devem ser executadas e o ritmo delas. Mas devemos lembrar que as dez medidas que fazem as vezes de programa no *Manifesto do Partido Comunista* de Marx e Engels também permanecem no campo das generalidades necessárias. Em críticas coerentes à utopia como "sentido não prático do possível", eles também tentam se abster de alimentar levianamente o futuro. Mas nessa circunstância, e diferentemente dos autores do *Manifesto*, Blanqui aparece como um revolucionário de um tempo de transição, formado na primeira metade do século XIX, numa época em que a crítica do capital ainda estava em construção. Assim, afirma várias vezes que o domínio econômico, "infinitamente mais complexo", deve ser examinado "pé ante pé". Essa ressalva não é impensada. É coerente com sua crítica à utopia e sua convicção da necessidade de um aprendizado para a direção da economia. Pior seria querer criar um organismo social de fantasia. A "grande barreira", para ele, é a ignorância. A prioridade (o pré-requisito), depois da tomada do poder político, é a educação, que já havia obcecado os deputados da Convenção (1793-1794). Mas essa "utopia educativa" inconsciente deixa aberta uma questão maior. Qual forma de poder adotar, enquanto se espera que o povo amadureça? Uma ditadura esclarecida? Nesse caso, Blanqui não escaparia aos impasses dos revolucionários do século XIX descritos

---

[34] Carta de novembro de 1879, citada em Maurice Dommanget, *Blanqui*, cit., p. 54.

28   CENTELHAS

por Garrone, à procura de uma fórmula política de transição que gira invariavelmente em torno de um poder de exceção exercido por uma elite virtuosa[35].

Em 1867, Blanqui define o Estado burguês como "uma delegacia dos ricos
contra os pobres". Trata-se, como dirá Marx à luz da Comuna de Paris, de um
aparelho de destruição. Mas Blanqui mistura curiosamente imagens evolucionistas e o caráter súbito do golpe. Segundo ele, as revoluções são como "a libertação
de uma crisálida": "elas cresceram lentamente sob o invólucro rompido". Mas são
também um evento brusco, uma ruptura ou mesmo um momento de entusiasmo
e embriaguez: "Um momento de triunfo e poder, um momento de pé depois de
tantos anos de servidão". Mas os dias que se seguem à revolução são de melancóli-
ca desembriaguez: "Homens e coisas continuam os mesmos de antes. A esperança
e a crença somente mudaram de lugar". Tudo continua por fazer. Foi apenas um
começo, uma abertura, um pontapé inicial. Mas a maturidade da crisálida justifica
o golpe, que, em suma, seria apenas um pequeno empurrão. A questão estratégica
não formulada é resolvida pela técnica ilustrada por em suas famosas *Instructions
pour une prise d'armes*.

As experiências de 1830, 1839 e 1848 puseram em evidência o perigo da
"contrarrevolução democrática" que ameaça a revolução social: a burguesia joga a
legalidade institucional contra a soberania popular. No processo de Bourges, em
abril de 1849, Blanqui assim explica sua luta na primavera de 1848 a favor do
adiamento das eleições:

> Se as eleições tivessem sido feitas logo após a revolução, a população teria votado
> conforme as ideias do regime deposto. Isso não nos convinha; não convinha à justiça,
> pois perante o tribunal os dois lados têm direito à palavra. Diante do tribunal do povo
> que ia julgar, precisávamos ter nossa vez de falar, como a tiveram nossos inimigos, e
> isso levava tempo.[36]

"Tempo!" Daí a manifestação de 17 de março para pedir ao governo provisório
o adiamento das eleições. Mas como não se tratava de pedir um adiamento indefi-
nido, surgiu a proposta de 31 de maio, à qual Blanqui não se opôs. Contentou-se
em ficar em silêncio, pois estava convencido da insuficiência do prazo: era preciso
mais tempo, mas quanto...? Em 14 de março, ele escreveu: "O povo não sabe: é
preciso que saiba. Isso não é obra de um dia ou de um mês [...]. As eleições, caso

---

[35]   Alessandro Galante Garrone, *Philippe Buonarotti et les révolutionnaires du XIXe siècle* (Paris, Champ Libre, 1975).

[36]   Auguste Blanqui, *Écrits sur la Révolution*, cit., p. 75.

se realizem, serão reacionárias. [...] Deixe o povo nascer para a República". Encontramos aqui a ideia do preâmbulo educativo que lhe é cara.

A contradição aparece, todavia, como um círculo vicioso. A revolução precisava de um povo educado; mas, para tornar essa educação possível, o povo tem de começar tomando o poder. Como do nada tornar-se tudo? Esse é o enigma obsediante das revoluções modernas. O silêncio de Blanqui no momento de fixar um prazo para as eleições prefigura o conflito das legitimidades presente em quase todas as revoluções modernas – entre um poder constituinte exercido permanentemente e a instituição do poder constituído, entre sovietes e Assembleia Constituinte na Rússia, entre assembleias de comitês e Assembleia Nacional eleita em Portugal, entre a rua e o Parlamento, entre a "desordem" (ou a "baderna") que horrorizava De Gaulle em 1968 e as formas parlamentares respeitosas. "O pior de todos os perigos, nos momentos de crise", advertia Blanqui em 1870, após a rendição de Sedan, "é uma assembleia deliberativa [...]. É preciso acabar com o desastroso prestígio das assembleias deliberativas"[37]. Certamente ele não tinha a resposta. Mas não deixou de evidenciar o fato fundamental de que uma ordem legal nova não nasce na continuidade da ordem legal antiga. Não há revolução autêntica sem ruptura, sem passagem pelo estado de exceção, sem suspensão do direito antigo, sem exercício soberano do poder constituinte.

Em 1836 Blanqui declarara em um discurso, que permaneceu inédito durante muito tempo:

> Cidadãos, temos menos em vista uma mudança política que uma reforma social. A extensão dos direitos políticos, a reforma eleitoral, o sufrágio universal, podem ser coisas excelentes, porém apenas como meios, não como objetivo; nosso objetivo é a repartição igual dos encargos e dos benefícios da sociedade; é o pleno estabelecimento do reino da igualdade. Sem essa reorganização radical, todas as mudanças de forma no governo seriam somente mentiras, todas as revoluções, somente comédias encenadas em benefício de alguns ambiciosos.[38]

Em 1848, proclamava: a luta de 1793 "recomeçou". O emblema tricolor havia sido desonrado, era hora de anunciar a nova cor, de passar para a bandeira vermelha. A burguesia havia usurpado o bom nome republicano e a divisa revolucionária, mas "felizmente rejeitou nossa bandeira, cometeu um erro: ela

---

[37] Disse essas palavras quando o governo de defesa nacional que sucedeu ao império quis convocar uma assembleia para formar um "governo constitucional".

[38] Auguste Blanqui, *Écrits sur la Révolution*, cit., p. 228.

30 CENTELHAS

continua a ser nossa. Cidadãos, a Montanha* morreu! Ao socialismo, seu único herdeiro!"[39].

A saudação enviada de Belle-Île que tanto entusiasmou Marx e Engels inscreve-se na mesma lógica por denunciar a responsabilidade do governo provisório e dos burgueses liberais[40]. Entretanto, é um texto de ruptura que tira proveito do evento: "Não é suficiente que os escamoteadores de fevereiro sejam expulsos para sempre da prefeitura. Temos de nos precaver contra novas traições". A reação fez apenas seu trabalho de degolador: "O crime é dos traidores que o povo confiante aceitou como guias e que o entregaram à reação".

Essa saudação famosa merece uma longa citação:

> Que obstáculo ameaça a revolução de amanhã? O obstáculo em que se despedaçou a de ontem: a deplorável popularidade de burgueses fantasiados de tribunos [...]. O governo provisório matou a revolução, sobre sua cabeça deve recair a responsabilidade de todos os desastres, o sangue de milhares de vítimas. A reação fez apenas seu trabalho, degolando a democracia. O crime é dos traidores que o povo confiante aceitou como guias e que o entregaram à reação [...]. Ai de nós se, no dia próximo do triunfo popular, a desmemoriada indulgência das massas deixar voltar ao poder um desses homens que falharam em seu mandato! A revolução estaria perdida uma segunda vez! Que os trabalhadores tenham sempre diante dos olhos essa lista de nomes malditos, e se um único aparecer num governo saído da insurreição, que gritem todos em uníssono: "Traição!". [...] Traidores são os governos que, celebrados pelos proletários, não realizam imediatamente: 1) O desarmamento das guardas burguesas; 2) O armamento e a organização em milícia nacional de todos os operários. Há, sem dúvida, várias outras medidas indispensáveis, mas sairiam naturalmente desse primeiro ato que é a garantia prévia, o único penhor de segurança para o povo [...]. Mas, para os proletários que se deixam divertir por caminhadas ridículas nas ruas, por plantios de árvores da liberdade, por frases ribombantes de advogados, haverá água benta no início, injúrias em seguida e, por fim, a metralha, a miséria sempre. Que o povo escolha![41]

Esse texto não é particularmente putschista ("armamento em milícia de todos os operários"), mas em outros escritos, e com frequência na prática, Blanqui

---

* Referência ao grupo de deputados da Montanha na Convenção Nacional francesa de 1792. (N. E.)

[39] Apelo feito em 28 de novembro de 1848 do cárcere de Vincennes, onde Blanqui estava detido; ver idem, *Écrits sur la Révolution*, cit., p. 228.

[40] Ver a correspondência entre Marx e Engels de 10 de fevereiro de 1851.

[41] Ver Maurice Dommanget, *Blanqui*, cit., p. 60-1.

parece privilegiar a iniciativa de uma pequena vanguarda. Daí o comentário de Engels em sua introdução de 1895 a *As lutas de classes na França*: "Foi-se o tempo dos ataques de surpresa, das revoluções realizadas por pequenas minorias conscientes à testa de massas sem consciência"[42]. Rosa Luxemburgo também condenava Lênin por seu "blanquismo". Criticou duramente o manifesto blanquista de 1874 aos *communards*, no qual "a ação cotidiana é substituída por especulações sobre a desordem que supostamente precederia a revolução social". Trótski ou Daniel Guérin uniram suas vozes a esse concerto crítico do ponto de vista da autoemancipação. É claro que Blanqui ilustra um tempo de transição, nascimento e aprendizagem do movimento operário. Mas não podemos esquecer que ele também faz a ligação entre duas épocas. Apesar de seus limites e suas falhas, não é por acaso ou indulgência que Marx o trata com respeito. Thiers bem sabia, afirma Marx, que Blanqui, em liberdade, "daria uma cabeça à Comuna". Com ele, a Comuna talvez tivesse marchado sobre Versalhes quando ainda era tempo, e talvez tivesse ousado apropriar-se das reservas do Banco da França. Num momento de decisão, audácia e iniciativa são necessárias. Marx não estava enganado, portanto, quando escreveu, logo após 1848, que a burguesia havia inventado para o comunismo e para a declaração da revolução permanente o nome de Blanqui. Não se poderia prestar maior homenagem ao Encarcerado.

Com Blanqui, a razão estratégica das revoluções futuras começa a balbuciar. Inabilmente, ela se faz perguntas para as quais dá respostas técnicas e conspirativas de uma época que agoniza. Em 1830, um único impulso popular foi suficiente para derrubar "um poder terrificado pelo levante armado". Mas uma "insurreição parisiense segundo os velhos hábitos do passado não teria nenhuma chance de sucesso hoje", reconhecia o velho lutador em 1868, em suas *Instructions*. Em 1848, o povo venceu pelo "método de 1830", mas foi derrotado em junho "por falta de organização". O Exército tem apenas duas vantagens sobre o povo: o fuzil e a organização. Portanto, não era mais possível ficar estático e "perecer pelo absurdo", com medo das mudanças haussmannianas. Era preciso tomar a iniciativa, passar à ofensiva. Daí a virulência de Blanqui contra a sociologia positivista, que é essencialmente antiestratégica. Quando, "nos processos do passado diante do futuro, a história é o juiz, e a sentença, quase sempre uma iniquidade", o "apelo continua para sempre". Pensamento de ordem e progresso sem desordem, de progresso sem revolução, o positivismo é uma "doutrina execrável do fatalismo

---

[42] Friedrich Engels, "Prefácio", em Karl Marx, *As lutas de classes na França*, cit., p. 26.

histórico" elevada a religião. Entretanto, "a engrenagem das coisas humanas não é inevitável como a do universo. Ela pode ser modificada a cada minuto". A cada minuto! Cada segundo, acrescentará Benjamin, que é a porta estreita por onde pode surgir o messias. Contra a ditadura do fato consumado, para Blanqui, somente o capítulo das bifurcações continuava aberto para a esperança. Contra "a mania do progresso" contínuo e "a paixão pelo desenvolvimento contínuo", a irrupção factual do possível no real se chamava revolução. A política primando sobre a história estabelecia as condições de uma temporalidade estratégica, não mais mecânica, "homogênea e vazia".

MARXISMO E RELIGIÃO: ÓPIO DO POVO?*
Michael Löwy

A religião ainda é, tal qual Marx e Engels a entendiam no século XIX, um baluarte de reação, obscurantismo e conservadorismo? Em uma palavra, *sim*. O ponto de vista deles ainda se aplica a muitas instituições católicas (o Opus Dei é apenas o exemplo mais claro), ao uso fundamentalista das principais confissões (cristã, judaica, muçulmana), à maioria dos grupos evangélicos (e sua expressão na denominada "igreja eletrônica") e à maioria das novas seitas religiosas, algumas das quais, como a notória igreja do reverendo Moon, nada mais são que uma hábil combinação de manipulações financeiras, lavagem cerebral e anticomunismo fanático.

Entretanto, a emergência do cristianismo revolucionário e da Teologia da Libertação na América Latina (e em outras partes do mundo) abriu um capítulo histórico e apresentou novas e empolgantes questões que não podem ser respondidas sem uma renovação da análise marxista da religião.

Inicialmente, diante de tal fenômeno, os marxistas recorreriam a um modelo tradicional de interpretação, confrontando trabalhadores cristãos e camponeses, que poderiam ser considerados os suportes da revolução, enquanto a Igreja seria o corpo reacionário. Muito tempo depois, a morte do padre Camilo Torres, em 1966, que se havia unido à guerrilha colombiana, foi considerada um caso excepcional. Mas o crescente compromisso de cristãos – inclusive muitos eclesiásticos

---

* Tradução de Rodrigo Rodrigues, publicada originalmente em Atilio A. Boron, Javier Amadeo e Sabrina Gonzalez (orgs.), *A teoria marxista hoje: problemas e perspectivas* (São Paulo/ Buenos Aires, Expressão Popular/CLACSO, 2007). Disponível em: <http://biblioteca.clacso. edu.ar/clacso/formacion-virtual/20100715073000/boron.pdf>. Uma primeira versão deste texto, mais breve, havia sido publicada em francês sob o título "Opium du peuple? Marxisme critique et religion", em *Contretemps*, n. 12, fev. 2005. (N. E.)

34   CENTELHAS

e padres – com as lutas populares e sua maciça inserção na revolução sandinista mostraram claramente a necessidade de um novo enfoque.

Os marxistas, desconcertados ou confusos ante esses desenvolvimentos, ainda recorrem à distinção usual entre as práticas sociais vigentes desses cristãos e sua ideologia religiosa, definida como necessariamente regressiva e idealista. Entretanto, com a Teologia da Libertação vemos a aparição de pensadores religiosos que utilizavam conceitos marxistas e convocavam lutas pela emancipação social.

De fato, durante as últimas décadas, algo novo aconteceu no cenário religioso da América Latina, de importância histórica em âmbito mundial. Um setor significativo da Igreja – crentes e clero – na América Latina trocou sua posição no campo da luta social, pondo seus recursos materiais e espirituais a serviço dos pobres e de sua luta por uma nova sociedade.

O marxismo pode nos ajudar a explicar esses eventos inesperados?

• • •

Partidários e adversários do marxismo parecem concordar num ponto: a célebre frase "a religião é o ópio do povo" representa a quintessência da concepção marxista sobre o fenômeno religioso. Ora, essa afirmação não tem nada de especificamente marxista. Podemos encontrá-la com poucas diferenças, antes de Marx, em Immanuel Kant, J. G. Herder, Ludwig Feuerbach, Bruno Bauer, Moses Hess, Heinrich Heine e muitos outros. Por exemplo, em seu ensaio *Ludwig Börne* (1840), Heine já a usava (de uma maneira positiva, embora irônica): "Bendita seja a religião que derrama no amargo cálice da sofredora espécie humana algumas doces e soníferas gotas de ópio espiritual, algumas gotas de amor, esperança e crença". Moses Hess, em ensaios publicados na Suíça em 1843, adota posição mais crítica, mas não inteiramente inequívoca: "A religião pode tornar suportável [...] a infeliz consciência da servidão [...] da mesma forma que o ópio é de boa ajuda nas doenças dolorosas"[1].

A expressão apareceu pouco depois na introdução de Marx a *Crítica da filosofia do direito de Hegel* escrita em 1844. Uma leitura atenta do parágrafo mostra que o pensamento do autor é mais complexo do que usualmente se acredita. Embora obviamente rejeite a religião, Marx leva em conta seu caráter dual: "A mi-

---

[1]   Citado em Helmut Gollwitzer, "Marxistische Religionskritik und christlicher Glaube", em Helmut Gollwitzer et al., *Marxismusstudien* (Tübingen, Verte Folge, 1962), p. 15-6). Outras referências a essas expressões podem ser encontradas nesse artigo.

séria *religiosa* constitui ao mesmo tempo a expressão da miséria real e o *protesto* contra a miséria real. A religião é o suspiro da criatura oprimida, o coração de um mundo sem coração, assim como o espírito de estados de coisas embrutecidos. Ela é o ópio do povo"[2].

Uma leitura do ensaio em seu conjunto mostra claramente que o ponto de vista de Marx é mais da ordem do neo-hegelianismo de esquerda, que vê a religião como a alienação da essência humana, do que da filosofia das Luzes, que simplesmente a denuncia como uma conspiração clerical ("modelo egípcio"). De fato, quando Marx escreveu a passagem citada, ele ainda era um discípulo de Feuerbach, um neo-hegeliano. Sua análise da religião era, portanto, "pré-marxista", sem referência às classes e a-histórica. Nem por isso era menos dialética, uma vez que conseguia apreender o caráter contraditório da "angústia religiosa": ora legitimação da sociedade existente, ora protesto contra ela.

Só mais tarde, em particular em *A ideologia alemã* (1846), começou o estudo propriamente marxista da religião como realidade social e histórica. O elemento-chave desse novo método de análise dos fatos religiosos é considerá-los – com o direito, a moral, a metafísica, as ideias políticas etc. – uma das múltiplas formas da ideologia, isto é, da produção espiritual de um povo (*geistige Produktion*), da produção de ideias, representações e formas de consciência, necessariamente condicionada pela produção material e as relações sociais correspondentes. Embora Marx costume utilizar o conceito de "reflexo" – que conduzirá várias gerações de marxistas a um beco sem saída –, a ideia central do livro é a necessidade de explicar a gênese e o desenvolvimento das distintas formas de consciência (religiosa, ética, filosófica etc.) pelas relações sociais, "o que então torna possível, naturalmente, que a coisa seja apresentada em sua totalidade"[3]. Uma escola "dissidente" da sociologia da cultura marxista (Lukács, Goldmann) estará a favor do conceito dialético de totalidade, em lugar da teoria do reflexo. Depois de escrever com Engels *A ideologia alemã*, Marx prestou pouca atenção à questão da religião como tal, ou seja, como um universo cultural/ideológico específico[4].

---

[2] Karl Marx, *Crítica da filosofia do direito de Hegel* (trad. Rubens Enderle e Leonardo de Deus, São Paulo, Boitempo, 2005), p. 147.

[3] Karl Marx e Friedrich Engels, *A ideologia alemã* (trad. Rubens Enderle, Nélio Schneider e Luciano Cavini Martorano, São Paulo, Boitempo, 2007). p. 42.

[4] No entanto, encontramos no primeiro volume de *O capital* algumas observações metodológicas interessantes. Por exemplo, na conhecida nota de rodapé em que responde ao argumento sobre a importância da política na Antiguidade e da religião na Idade Média, Marx revela uma concepção ampla da interpretação materialista da história: "É claro que a

No entanto, analisou a relação entre protestantismo e capitalismo. Diversas passagens de *O capital* fazem referência à contribuição do protestantismo à acumulação primitiva de capital – por exemplo, por meio do estímulo à expropriação de propriedades da Igreja e campos comunais. Nos *Grundrisse*, formula – meio século antes do famoso ensaio de Max Weber! – um comentário bastante significativo e revelador da associação íntima entre protestantismo e capitalismo: "O culto ao dinheiro tem seu ascetismo, sua renúncia, seu autossacrifício – a parcimônia e frugalidade, o desprezo dos prazeres mundanos, temporais e efêmeros; a busca do tesouro *eterno*. Daí a conexão do puritanismo inglês, ou também do protestantismo holandês, com o ganhar dinheiro"[5]. A semelhança – não a identidade – com a tese de Weber é espantosa, sobretudo porque o autor de *A ética protestante e o espírito do capitalismo* não pode ter lido essa passagem (os *Grundrisse* foram publicados pela primeira vez em 1940).

Por outro lado, Marx se refere com frequência ao capitalismo como uma "religião da vida diária", sustentada pelo fetichismo das mercadorias. Descreve o capitalismo como um "Moloch ao qual tudo tem de ser sacrificado"[6], e seu progresso como um "monstruoso Deus pagão, que só queria beber néctar na caveira da morte". Sua crítica da economia política está salpicada de referências à idolatria: Baal, Moloch, Mamon, Bezerro de Ouro e, é óbvio, o próprio conceito de "fetichismo". Mas essa linguagem é mais metafórica que substancial (em termos da sociologia da religião)[7].

Talvez em razão de sua educação pietista, Friedrich Engels demonstrou mais interesse que Marx pelo fenômeno religioso e seu papel histórico. Sua principal contribuição ao estudo marxista da religião é, sem dúvida, a análise da relação das representações religiosas com as lutas de classes. Além da polêmica filosófica "ma-

---

Idade Média não podia viver do catolicismo, assim como o mundo antigo não podia viver da política. Ao contrário, é o modo como eles produziam sua vida que explica por que lá era a política, aqui o catolicismo que desempenhava o papel principal" (Karl Marx e Friedrich Engels, *A ideologia alemã*, trad. Rubens Enderle, Nélio Schneider e Luciano Cavini Martorano, São Paulo, Boitempo, 2007. p. 42). Marx nunca se daria ao trabalho de defender as razões econômicas acima da importância da religião na Idade Média, mas essa passagem é importante porque nela ele reconhece que, sob certas condições históricas, a religião pode ter de fato um papel *dominante* na vida de uma sociedade.

[5]   Karl Marx, *Grundrisse* (trad. Mario Duayer e Nélio Schneider, São Paulo/Rio de Janeiro, Boitempo/Editora da UFRJ, 2011), p. 175.

[6]   Ibidem, p. 145.

[7]   Alguns teólogos da Libertação (Enrique Dussel, Hugo Assmann) farão amplo uso dessa definição de capitalismo como idolatria.

terialismo contra idealismo", ele queria entender e explicar as formas históricas e sociais concretas da religião. O cristianismo não apareceu (como em Feuerbach) como "essência" atemporal, e sim como sistema cultural ("ideológico") que se transforma ao longo da história. Primeiro foi uma religião de escravos, depois a ideologia do Império Romano, em seguida a vestimenta da hierarquia feudal e, finalmente, adapta-se à sociedade burguesa. Assim, aparece como um espaço simbólico no qual se enfrentam forças sociais antagônicas – por exemplo, no século XVI, a teologia feudal, o protestantismo burguês e os plebeus hereges.

Ocasionalmente, sua análise tropeça em um utilitarismo estreito, interpretação instrumental de movimentos religiosos. Em *Ludwig Feuerbach e o fim da filosofia clássica alemã*, escreve: "Cada uma das distintas classes usa sua própria religião apropriada [...] e é indiferente se esses cavalheiros acreditam em suas respectivas religiões ou não"[8].

Engels parece não encontrar nada mais que o "disfarce religioso" dos interesses de classe nas diferentes formas de crença. Entretanto, à luz de sua análise em termos de luta de classes, Engels se dá conta, e assim expressa em *As guerras camponesas na Alemanha**, de que o clero não era um corpo socialmente homogêneo: em certas conjunturas históricas, dividia-se internamente segundo sua composição social. Assim, durante a Reforma, temos de um lado o alto clero, a cúpula da hierarquia feudal, e de outro o baixo clero, que sustenta os ideólogos da Reforma e do movimento revolucionário camponês[9].

Embora materialista, ateu e inimigo irreconciliável da religião, Engels compreendia, como o jovem Marx, o caráter dual do fenômeno: seu papel na legitimação da ordem estabelecida, mas também, conforme as circunstâncias sociais, seu papel crítico, contestatório e até revolucionário.

Interessava-se, primeiramente, pelo cristianismo primitivo, que definia como a religião dos pobres, desterrados, condenados, perseguidos e oprimidos. Os primeiros cristãos provinham das camadas mais baixas da sociedade: escravizados, homens livres a quem tinham sido negados direitos e pequenos camponeses afun-

---

8   Friedrich Engels, "Ludwig Feuerbach and the End of Classical German Philosophy", em Louis S. Feuer (org.), *Marx and Engels: Basic Writings on Politics and Philosophy* (Londres, Fontana, 1969), p. 281 [ed. port.: *Ludwig Feuerbach e o fim da filosofia clássica alemã*, 3. ed., Lisboa, Estampa, 1975].

*   São Paulo, Grijalbo, 1977. (N. E.)

9   Friedrich Engels, "The Peasant War in Germany", em Louis S. Feuer (org.), *Marx and Engels*, cit., p. 422-75.

dados em dívidas[10]. Foi tão longe que chegou a fazer um assombroso paralelo entre esse cristianismo primitivo e o socialismo moderno, explicando que: (a) ambos foram criados pelas massas, e não por líderes ou profetas; (b) seus membros foram oprimidos, perseguidos e proscritos pelas autoridades dominantes; e (c) ambos pregavam uma libertação iminente e a eliminação da miséria e da escravidão. Para ilustrar a comparação, Engels citou de forma um tanto provocativa um dito do historiador francês Renan: "Se quer ter uma ideia das primeiras comunidades cristãs, olhe o braço local da Associação Internacional de Trabalhadores"[11].

Segundo Engels, o paralelismo entre socialismo e cristianismo precoce está presente em todos os movimentos que sonham, desde sempre, restaurar a primitiva religião cristã – dos taboritas de Jan Žižka ("de gloriosa memória") e dos anabatistas de Thomas Müntzer até (logo depois de 1830) os comunistas revolucionários franceses e os partidários do comunista utópico alemão Wilhelm Weitling.

Entretanto, conforme sua referência constante em *Contribuição para a história do cristianismo primitivo**, Engels acredita que haja uma diferença essencial entre os dois movimentos: os cristãos primitivos escolheram deixar a libertação para depois desta vida, enquanto o socialismo localiza sua emancipação no futuro próximo deste mundo[12].

Mas essa diferença é tão clara como parece à primeira vista? Em seu estudo das grandes guerras camponesas na Alemanha, Engels já não expõe essa oposição. Thomas Müntzer, teólogo e líder da revolução camponesa e herege anabatista do século XVI, queria o imediato estabelecimento na terra do reino de Deus, o reino milenar dos profetas. Segundo Engels, o reino de Deus era, para Müntzer, uma sociedade sem diferenças de classes, propriedade privada e autoridade estatal independente de seus membros ou exterior a eles. No entanto, Engels ainda estava tentado a reduzir a religião a um estratagema: trata da "fraseologia" cristã de Müntzer e de seu "manto" bíblico[13]. Engels parece evitar a dimensão especificamente religiosa do milenarismo de Müntzer, sua força espiritual e moral, sua profundidade mística, mas não esconde sua admiração pelo profeta alemão, descrevendo as ideias dele como "quase comunistas" e "religioso-revolucionárias":

---

[10] Idem, *Anti-Dühring* (trad. Nélio Schneider, São Paulo, Boitempo, 2015), p. 134-5.

[11] Idem.

* Porto, Textos Marginais, 1972. (N. E.)

[12] Idem, "Contribution à l'histoire du christianisme primitif", em Karl Marx e Friedrich Engels, *Sur la religion* (Paris, Éditions sociales, 1960), cap. 25.

[13] Idem, "The Peasant War in Germany", cit., p. 464.

eram, em menor medida, uma síntese das demandas plebeias daqueles tempos como "uma brilhante antecipação" de futuros objetivos emancipatórios proletários. Essa dimensão antecipadora e utópica da religião não é explorada por Engels, mas será trabalhada de maneira intensa e rica por Ernst Bloch.

O último movimento subversivo sob o estandarte da religião foi, segundo Engels, o movimento puritano inglês do século XVII. Se foi a religião, e não o materialismo, que ministrou a ideologia dessa revolução, ela o fez pela natureza politicamente reacionária da filosofia materialista na Inglaterra, representada por Hobbes e outros partidários do absolutismo real. Em contraste com esse materialismo e deísmo conservador, as seitas protestantes deram à guerra contra a monarquia dos Stuart sua bandeira religiosa e seus combatentes[14].

Essa análise é interessante: rompendo com a visão linear da história herdada do Iluminismo, Engels reconhece que a luta entre materialismo e religião não corresponde necessariamente à guerra entre revolução e contrarrevolução, progresso e regressão, liberdade e despotismo, classes oprimidas e dominantes. Nesse caso preciso, a relação é exatamente a oposta: religião revolucionária contra materialismo absolutista.

Engels, convencido de que, desde a Revolução Francesa, a religião não podia funcionar mais como ideologia revolucionária, surpreendeu-se quando comunistas franceses e alemães (Cabet, Weitling) proclamaram que "cristianismo é comunismo". Esse desacordo sobre a religião foi uma das principais razões da não participação de comunistas franceses no *Anuário Franco-Alemão*, em 1844, e da ruptura de Marx e Engels com Weitling em 1846.

Engels não podia antecipar a Teologia da Libertação, mas, graças a sua análise do fenômeno religioso do ponto de vista da luta de classes, trouxe à luz o potencial de protesto da religião e abriu caminho para uma nova aproximação – distinta tanto da filosofia das Luzes quanto do neo-hegelianismo alemão – da relação entre religião e sociedade.

· · ·

A maioria dos estudos marxistas sobre religião realizados no século XX limita-se a comentar, desenvolver ou aplicar as ideias esboçadas por Marx e Engels. Esse é o caso, por exemplo, dos ensaios de Karl Kautsky sobre o utopista Thomas More

---

[14]   Idem, "On Materialism", em Louis S. Feuer (org.), *Marx and Engels*, cit., p. 99.

40 CENTELHAS

e sobre Thomas Müntzer. Kautsky considerava todas essas correntes religiosas movimentos "precursores do socialismo moderno", cujo objetivo era um estilo de comunismo distributivo – oposto ao comunismo produtivo do movimento operário moderno. Embora Kautsky nos forneça revelações interessantes e detalhes sobre as bases sociais e econômicas desses movimentos, bem como suas aspirações comunistas, em geral reduz essas crenças religiosas a um simples "pacote" ou "roupagem" que "oculta e dissimula" seu conteúdo social. As manifestações místicas e apocalípticas das heresias medievais são, de seu ponto de vista, expressões de desespero resultantes da impossibilidade de consumar os ideais comunistas[15]. Em seu livro a respeito da Reforma alemã, não perde tempo com a dimensão religiosa da luta entre católicos, luteranos e anabatistas: despreza o que chama de "disputa teológica" entre esses movimentos religiosos. Kautsky concebe como única tarefa do historiador "fazer as lutas desses tempos remontar à contradição de interesses materiais". Nesse sentido, as 95 teses de Lutero, segundo Kautsky, não refletiram tanto um conflito em torno do dogma, mas um conflito em torno de temas econômicos: o dinheiro que Roma extraía da Alemanha na forma de impostos eclesiásticos[16].

O livro sobre Thomas More é mais original: oferece uma imagem candente e idílica do cristianismo popular medieval, a de uma religião alegre e jubilosa, cheia de vitalidade e belas festas e celebrações. O autor de *Utopia** é apresentado como o último representante desse catolicismo popular, velho e feudal, completamente diferente do jesuítico moderno. Segundo Kautsky, More escolheu o catolicismo como religião, em vez do protestantismo, porque era contra a brutal proletarização do grupo de camponeses, resultante da destruição da Igreja tradicional e da expropriação de terras comunitárias pela Reforma protestante na Inglaterra. No entanto, as instituições religiosas da ilha da Utopia mostram que More estava longe de ser um partidário do autoritarismo católico estabelecido: defendia a tolerância religiosa, a abolição do celibato clerical, a eleição de padres pelas comunidades e a ordenação de mulheres[17].

---

[15] Karl Kautsky, *Vorläufer des neueren Sozialismus. Erster Band. Kommunistische bewegungen im Mittelalter* (Stuttgart, Dietz, 1913), p. 170, 198 e 200-2.

[16] Idem, *Der Kommunismus in der deutschen Reformation* (Stuttgart, Dietz, 1921), p. 3 e 5.

* Trad. Jefferson Luiz Camargo e Marcelo Brandão Cipolla, 3. ed. rev. e ampl., São Paulo, Martins Fontes, 2009. (N. E.)

[17] Karl Kautsky, *Thomas More und seine Utopie* (Stuttgart, Dietz, 1890), p. 101, 244-9 e 325-30.

MARXISMO E RELIGIÃO 41

Muitos marxistas do movimento operário europeu eram radicalmente hostis à religião, mas acreditavam que a batalha ateísta contra a ideologia religiosa devia subordinar-se às necessidades concretas da luta de classes, a qual demandava a unidade entre trabalhadores que acreditam em Deus e trabalhadores que não acreditam. O próprio Lênin, que seguidamente denunciou a religião como uma "névoa mística", insistiu, no artigo "O socialismo e a religião" (1905), em que o ateísmo não devia ser parte do programa do partido porque a "unidade desta luta realmente revolucionária da classe oprimida pela criação do paraíso na Terra é mais importante para nós do que a unidade de opiniões dos proletários sobre o paraíso no céu"[18].

Rosa Luxemburgo compartilhou essa estratégia, mas desenvolveu um argumento diferente e original. Embora tenha sido uma ateia fervorosa, atacou menos a religião como tal e mais as políticas e os programas reacionários da Igreja, em nome da própria tradição desta. Em um ensaio escrito em 1905 ("Igreja e socialismo"), insistiu em que os socialistas modernos são mais leais aos princípios originais do cristianismo que o clero conservador da época. Dado que os socialistas lutam por uma ordem social de igualdade, liberdade e fraternidade, os padres deveriam – se quisessem honestamente implementar na vida da humanidade o princípio cristão do "ama ao próximo como a ti" – dar as boas-vindas ao movimento socialista. Quando o clero apoia o rico e aqueles que exploram e oprimem o pobre, está em contradição explícita com os ensinamentos cristãos: serve não a Cristo, mas ao Bezerro de Ouro. Os primeiros apóstolos do cristianismo eram comunistas apaixonados e os Padres da Igreja (como Basílio e João Crisóstomo) denunciaram as injustiças sociais. Hoje essa causa é levada adiante pelo movimento socialista, que aproxima dos pobres o evangelho da fraternidade e da igualdade, chamando as pessoas a estabelecer na Terra o reino da liberdade e do amor ao próximo[19]. Em vez de levantar uma batalha filosófica em nome do materialismo, Rosa Luxemburgo tentou resgatar a dimensão social da tradição cristã para o movimento dos trabalhadores.

Austriomarxistas, como Otto Bauer e Max Adler, eram muito menos hostis à religião que seus camaradas alemães ou russos. Parecem considerar que o marxismo é compatível com alguma forma de religião, mas isso referido à religião

---

[18] Vladímir I. Lênin, "O socialismo e a religião", em *Obras escolhidas em três tomos* (Lisboa/Moscou, Avante!/Progresso, 1982), t. 1, p. 294.

[19] Rosa Luxemburgo, "Kirche und Sozialismus", em *Internationalismus und Klassenkampf* (Neuwied, Luchterhand, 1971), p. 45-7 e 67-75.

mais como "crença filosófica" (de inspiração neokantiana) do que como tradição religiosa histórica concreta[20].

A Internacional Comunista prestou pouca atenção à religião, embora um número significativo de cristãos tenha se juntado ao movimento e um ex-pastor protestante suíço, Jules Humbert-Droz, tenha se transformado em uma de suas lideranças nos anos 1920. A ideia dominante entre marxistas naqueles tempos era que um cristão que se convertesse em socialista ou comunista necessariamente abandonaria a crença religiosa "anticientífica" e "idealista". A peça teatral de Bertolt Brecht *A santa Joana dos matadouros** (1932) é um bom exemplo dessa abordagem simplificadora da conversão de cristãos à luta pela emancipação proletária. Brecht descreve com muita perspicácia o processo pelo qual Joana, líder do Exército de Salvação, descobre a verdade sobre a exploração e a injustiça social e morre denunciando suas primeiras e antigas ideias. Mas, para ele, deve haver um total e absoluto rompimento entre a antiga crença religiosa do personagem e seu novo credo de luta revolucionária. Pouco antes de morrer, Joana diz aos operários:

Se alguma vez alguém vier a te dizer
que existe um Deus, invisível entretanto,
de quem podes esperar ajuda,
golpeia-o duro com uma pedra na cabeça
até que morra.

A intuição de Rosa Luxemburgo, segundo a qual é possível lutar pelo socialismo também em nome dos verdadeiros valores do cristianismo original, perdeu-se nesse tipo cru e um tanto intolerante de perspectiva materialista. Poucos anos depois de Brecht escrever essa peça, formou-se na França (1936-1938) um movimento de cristãos revolucionários, com vários milhares de seguidores, que apoiava ativamente o movimento operário, em particular suas tendências mais radicais (a ala esquerda do Partido Socialista). Seu principal lema era: "Somos socialistas porque somos cristãos"[21].

Entre os líderes e pensadores do movimento comunista, Gramsci foi provavelmente quem deu mais atenção às temáticas religiosas. Diferentemente de Engels

---

[20] Um livro muito útil e extremamente interessante sobre esse tema foi escrito por David McLellan, *Marxism and Religion* (Nova York, Harper and Row, 1987).

* Em *Teatro completo*, Rio de Janeiro, Paz e Terra, 1992, v. 4. (N. E.)

[21] Ver a excelente pesquisa de Agnès Rochefort-Turquin, *Socialistes parce que Chrétiens* (Paris, Cerf, 1986).

ou Kautsky, não estava interessado no cristianismo primitivo ou nos hereges comunistas da Idade Média, mas na função da Igreja católica na sociedade capitalista moderna: foi um dos primeiros marxistas a tentar entender o papel contemporâneo da Igreja e o peso da cultura religiosa entre as massas populares.

Nos escritos juvenis, Gramsci mostra simpatia por formas progressistas de religiosidade. Por exemplo, está fascinado pelo socialista cristão Charles Péguy: "A mais óbvia característica da personalidade de Péguy é sua religiosidade, a forte crença [...] seus livros estão cheios desse misticismo inspirado pelo mais puro e persuasivo entusiasmo, que assume a forma de uma prosa muito pessoal, de entonação bíblica". Lendo *Notre jeunesse* [*Nossa juventude*], de Péguy, "embebedamo-nos com esse sentimento místico-religioso do socialismo, de justiça que impregna tudo [...] sentimos em nós uma nova vida, uma crença mais forte, afastada das ordinárias e miseráveis polêmicas dos pequenos e vulgares políticos materialistas"[22].

Mas seus escritos mais importantes sobre religião encontram-se nos *Cadernos do cárcere*. Apesar de sua natureza fragmentária, pouco sistêmica e alusiva, eles contêm observações penetrantes. Sua irônica crítica às formas conservadoras de religião – em particular o ramo jesuítico do catolicismo, pelo qual sente sincera aversão – não o impediu de perceber também a dimensão utópica das ideias religiosas:

a religião é a utopia mais gigante, a mais metafísica que a história jamais conheceu, na medida em que é a tentativa mais grandiosa de reconciliar, em forma mitológica, as reais contradições da vida histórica. Afirma, de fato, que o gênero humano tem a mesma "natureza", que o homem [...] como criado por Deus, filho de Deus, é portanto irmão de outros homens, igual a outros e livre entre e como outros homens [...]; mas também afirma que tudo isso não pertence a este mundo, e sim a outro (a utopia). Dessa forma, as ideias de igualdade, fraternidade e liberdade entre os homens [...] estiveram sempre presentes em cada ação radical da multidão, de uma maneira ou outra, sob formas e ideologias particulares.[23]

---

[22] Antonio Gramsci, "Carlo Péguy ed Ernesto Psichari", em *Scritti giovanili 1914*-1918 (Turim, Einaudi, 1958), p. 33-4; e "I moventi e Coppoletto", em *Sotto la Mole* (Turim, Einaudi, 1972), p. 118-9. No começo da década de 1920, Gramsci parece interessado também em um movimento camponês liderado pela esquerda católica, na pessoa de Guillo Miglioli. Ver a esse respeito Rafael Díaz-Salazar, *El proyecto de Gramsci* (Barcelona, Anthropos, 1991), p. 96-7.

[23] Antonio Gramsci, *Selections from the Prison Notebooks* (Londres, New Left Books, 1971).

Gramsci também enfatizou as diferenciações internas da Igreja segundo orientações ideológicas (liberal, moderna, jesuítica e correntes fundamentalistas) e segundo as diferentes classes sociais: "toda religião [...] é realmente uma multiplicidade de religiões distintas e, às vezes, contraditórias: há um catolicismo para os camponeses, um para a pequena burguesia e os trabalhadores urbanos, um para a mulher e um para intelectuais". Além disso, acredita que o cristianismo é, sob certas condições históricas, "uma forma necessária de desejo das massas populares, uma forma específica de racionalidade no mundo e na vida"; mas isso só se aplica à inocente religião das pessoas, e não ao cristianismo jesuitizado, o qual é "puro narcótico para as massas populares"[24].

A maior parte de suas notas refere-se ao papel histórico e presente da Igreja católica na Itália: sua expressão política e social por meio da Ação Católica e do Partido do Povo, sua relação com o Estado e as classes subordinadas etc. Ao tratar das divisões de classes dentro da Igreja, Gramsci adverte a relativa autonomia da instituição, como um corpo composto de "intelectuais tradicionais" (o clero e os intelectuais católicos seculares), isto é, intelectuais ligados a um passado feudal e não organicamente conectados a nenhuma classe social moderna. Isso é o motivo principal para a ação política da Igreja e sua relação conflituosa com a burguesia italiana: a defesa de seus interesses corporativos, poder e privilégios.

Gramsci se interessa muito pela Reforma Protestante, mas, distintamente de Engels e Kautsky, não se centra em Thomas Müntzer e nos anabatistas, e sim em Lutero e Calvino. Como leitor atento do ensaio de Max Weber, acredita que a transformação da doutrina calvinista da predestinação em "um dos maiores impulsos para a iniciativa prática que teve lugar na história do mundo" seja um exemplo clássico da passagem de um ponto de vista sobre o mundo a uma norma prática de comportamento. De certa forma, pode-se considerar que Gramsci utiliza Weber para suplantar a colocação economicista do marxismo vulgar, enfatizando o papel historicamente produtivo de ideias e representações[25].

Para ele, a Reforma Protestante, como movimento nacional-popular autêntico capaz de mobilizar as massas, é um tipo de paradigma para a grande "reforma moral e intelectual" que o marxismo quer implementar: a filosofia da práxis "corresponde à conexão Reforma Protestante + Revolução Francesa: é uma filosofia que é também política e uma política que é de uma vez filosofia". Enquanto Kautsky, vivendo na

---

[24] Ibidem, p. 328, 397 e 405; e *Il materialismo storico* (Roma, Editori Riuniti, 1979), p. 17.

[25] Idem, *Il materialismo storico*, cit., p. 58.

MARXISMO E RELIGIÃO   45

Alemanha protestante, idealizou o Renascimento italiano e desprezou a Reforma como "bárbara", Gramsci, o marxista italiano, elogiou Lutero e Calvino e denunciou o Renascimento por considerá-lo um movimento aristocrático e reacionário[26].

As observações de Gramsci são ricas e estimulantes, mas em última análise seguem o padrão marxista clássico de análise da religião. Ernst Bloch é o primeiro a mudar radicalmente a estrutura teórica sem abandonar a perspectiva marxista e revolucionária. Como Engels, distinguiu duas correntes sociais opostas: de um lado, a religião teocrática das Igrejas oficiais, ópio dos povos, aparelho mistificador a serviço dos capitalistas; de outro, a religião secreta, subversiva e herética dos albigenses e hussitas de Joaquim de Fiore, Thomas Müntzer, Franz von Baader, Wilhelm Weitling e Liev Tolstói. Ao contrário de Engels, porém, negou-se a ver a religião unicamente como um "manto" de interesses de classe: criticou expressamente essa concepção, atribuindo-a somente a Kautsky. Em suas manifestações contestadoras e rebeldes, a religião é uma das formas mais significativas de consciência utópica, uma das expressões mais ricas do *princípio esperança*. Por sua capacidade de antecipação criativa, a escatologia judaico-cristã – universo religioso favorito de Bloch – contribui para dar forma ao espaço imaginário do ainda não existente[27].

Apoiando-se nessas pressuposições filosóficas, Bloch desenvolve uma interpretação iconoclasta e heterodoxa da Bíblia (Antigo e Novo Testamento) que denuncia os faraós e pede a cada um que escolha entre César e Cristo.

Ateu religioso – para ele só um ateu pode ser um bom cristão e vice-versa – e teólogo da revolução, Bloch produziu não só uma leitura marxista do milenarismo (na esteira de Engels) como também – e isso era novo na época – uma interpretação milenarista do marxismo na qual a luta socialista pelo reino da liberdade é vista como herança direta das heresias escatológicas e coletivistas do passado.

Bloch, como o jovem Marx da famosa frase de 1844, reconheceu o caráter dual do fenômeno religioso, seu aspecto opressivo e seu potencial para a sublevação. O primeiro requer o uso daquilo que ele denomina "a corrente fria do marxismo": a implacável análise materialista das ideologias, dos ídolos e das idolatrias. O segundo, entretanto, necessita da "corrente quente do marxismo", aquela que ambiciona resgatar o excedente cultural utópico da religião, sua força crítica

---

[26] Ibidem, p. 105; e Karl Kautsky, *Thomas More und seine Utopie*, cit., p. 76.
[27] Ernst Bloch, *Das Prinzip Hoffnung* (Frankfurt, Suhrkamp, 1959), e *Atheismus im Christentum. Zur Religion des Exodus und des Reichs* (Frankfurt, Suhrkamp, 1968).

46 CENTELHAS

e antecipadora. Além de qualquer "diálogo", Bloch sonhou com uma autêntica união entre cristianismo e revolução, como aquela que teve lugar durante as guerras camponesas do século XVI.

Até certo ponto, suas ideias eram compartilhadas por alguns membros da Escola de Frankfurt. Max Horkheimer considerava que "a religião é o registro dos desejos, nostalgias [Sehnsüchte] e acusações de inumeráveis gerações"[28]. Erich Fromm, em *O dogma de Cristo** (1930), usou o marxismo e a psicanálise para iluminar a essência messiânica, plebeia, igualitária e antiautoritária do cristianismo primitivo. E Walter Benjamin tratou de combinar, em uma original síntese, teologia e marxismo, messianismo judaico e materialismo histórico, luta de classes e redenção[29].

A obra de Lucien Goldmann é outra tentativa de abrir caminho para a renovação do estudo marxista da religião. Embora com inspiração muito distinta da de Bloch, também se interessava pelo valor moral e humano da tradição religiosa. Em *Le Dieu caché* [O deus oculto] (1955), desenvolveu uma análise sociológica muito sutil e criativa da heresia jansenista (incluindo o teatro de Racine e a filosofia de Pascal) como uma visão trágica do mundo, expressando a situação peculiar de um estrato social (a nobreza togada) na França do século XVII. Uma de suas inovações metodológicas é relacionar a religião não só aos interesses de classe mas também à sua condição existencial total: examina, portanto, como esse estrato legal e administrativo, entre sua dependência e sua oposição à monarquia absoluta, deu uma expressão religiosa a seus dilemas na visão trágica do mundo apresentada pelo jansenismo. Segundo David McLellan, trata-se da "mais impressionante análise específica da religião já produzida pelo marxismo ocidental"[30].

No entanto, a parte mais surpreendente e original do trabalho é a tentativa de comparar — sem assemelhar uma à outra — crença religiosa e crença marxista: ambas têm em comum o rechaço do puro individualismo (racionalista ou empirista) e a crença em valores transindividuais — Deus para a religião, a comunidade

---

[28]   Max Horkheimer, "Gedanke zur Religion", em *Kritische Theorie* (Frankfurt, S. Fischer, 1972), p. 374.

*   Trad. Valtensir Dutra, 3. ed., Rio de Janeiro, Zahar, 1967. (N. E.)

[29]   Ver, de minha autoria, os artigos "Revolution against Progress: Walter Benjamin's Romantic Anarchism", *New Left Review*, n. 152, 1985, e "Religion, Utopia and Countermodernity: The Allegory of the Angel of History in Walter Benjamin", em *On Changing the World* (Atlantic Highlands, Humanities Press, 1993).

[30]   David McLellan, *Marxism and Religion*, cit., p. 128.

humana para o socialismo. Em ambos os casos, a crença está apoiada em uma aposta – a aposta pascaliana na existência de Deus e a marxista na libertação da humanidade – que pressupõe o perigo do fracasso e a esperança do êxito. Ambas implicam algumas crenças fundamentais que não são demonstráveis no nível exclusivo dos julgamentos objetivos. O que as separa é obviamente o caráter supra-histórico da transcendência religiosa:

> A crença marxista é uma crença no futuro histórico que o ser humano cria por si mesmo; melhor dizendo, devemos fazer com nossa atividade uma "aposta" no êxito de nossas ações; a transcendência da qual essa crença é objeto não é nem sobrenatural nem trans-histórica, mas supraindividual, nada mais, mas também nada menos.[31]

Sem pretender de maneira nenhuma "cristianizar o marxismo", Lucien Goldmann introduziu, graças ao conceito de *crença*, uma nova maneira de ver a relação conflituosa entre convicção religiosa e ateísmo marxista.

A ideia de que existe um campo comum entre o espírito revolucionário e a religião já foi sugerida, em uma forma menos sistemática, pelo peruano José Carlos Mariátegui, o mais original e criativo dos marxistas latino-americanos. No ensaio "El hombre y el mito" [O homem e o mito] (1925), propôs uma visão heterodoxa dos valores revolucionários:

> Os burgueses intelectuais ocupam seu tempo com uma crítica racionalista do método, da teoria e da técnica revolucionária. Que incompreensão! A força dos revolucionários não está baseada em sua ciência, mas em sua crença, sua paixão, seu desejo. É uma força religiosa, mística, espiritual. É a força do Mito [...]. A emoção revolucionária é uma emoção religiosa. As motivações religiosas se mudaram do céu para a Terra. Não são mais divinas, mas humanas e sociais.[32]

Celebrando Georges Sorel, teórico do sindicalismo revolucionário, como o primeiro pensador marxista a entender o "caráter religioso, místico e metafísico do socialismo", escreve poucos anos depois em *Defesa do marxismo* (1930):

> Por meio de Sorel, o marxismo assimila os elementos e aquisições substanciais das correntes filosóficas posteriores a Marx. Superando as bases racionalistas e positivistas do socialismo de sua época, Sorel encontra em Bergson e nos pragmatistas ideias que revigoram o pensamento socialista, restituindo-o à missão revolucionária [...]. A teoria

---

[31] Lucien Goldmann, *Le Dieu caché* (Paris, Gallimard, 1955), p. 99.

[32] José Carlos Mariátegui, "El hombre y el mito" (1925), em *El alma matinal* (Lima, Amauta, 1971), p. 18-22.

dos mitos revolucionários, que aplica ao movimento socialista a experiência dos movimentos religiosos, estabelece as bases de uma filosofia da revolução [...].[33]

Tais formulações – expressão de uma rebelião romântico-marxista contra a interpretação dominante (semipositivista) de materialismo histórico – podem parecer muito radicais. Em todo caso, deve estar claro que Mariátegui não quis fazer do socialismo uma igreja ou uma seita religiosa, mas tentou restaurar a dimensão espiritual e ética da luta revolucionária: crença ("mística"), solidariedade, indignação moral, compromisso total, disposição de arriscar a própria vida (o que ele chama de "heroico"). O socialismo, para ele, era inseparável de uma tentativa de reencantar o mundo por meio da ação revolucionária. Mariátegui se transformou em uma das referências marxistas mais importantes para o fundador da Teologia da Libertação, o peruano Gustavo Gutiérrez.

Marx e Engels pensaram que o papel subversivo da religião fosse coisa do passado, sem significado para a época moderna da luta de classes. Esse prognóstico foi mais ou menos confirmado historicamente por um século – com algumas poucas importantes exceções (em particular na França): os socialistas cristãos dos anos 1930, os sacerdotes operários dos anos 1940, a ala esquerda do sindicalismo cristão nos anos 1950 etc. Mas para entender o que aconteceu nos últimos trinta anos na América Latina (e em menor extensão também em outros continentes) ao redor da temática da Teologia da Libertação, precisamos integrar à nossa análise as colocações de Bloch e Goldmann sobre o potencial utópico da tradição judaico-cristã.

---

[33] Idem, *Defesa do marxismo* (trad. Yuri Martins Fontes, São Paulo, Boitempo, 2011), p. 30.

MARX E AS CRISES*

Daniel Bensaïd

A proeza de Marx, contemporâneo da primeira grande expansão bancária dos anos vitorianos e do Segundo Império, foi ter penetrado as aparências, a superfície confusa das coisas, para procurar no coração do sistema as razões da desrazão, a lógica do ilógico.

No início dos anos 1850, quando se dedica ao grande canteiro de obras da crítica da economia política, falta-lhe distanciamento histórico para apreender plenamente os ritmos da economia e desmontar seus mecanismos. O próprio Ricardo, escrevendo sobre as crises de 1815, "no fundo não sabia nada sobre as crises". Seus sucessores já não tinham a mesma desculpa: "Os fenômenos posteriores, em particular a periodicidade quase regular das crises do mercado mundial, não lhes permitem mais negar os fatos ou interpretá-los como acidentais".

"O dinheiro grita seu desejo"

"A crise me deixa numa inquietação infernal: os preços caem todos os dias. Manchester está se afundando cada vez mais na crise", escreve Engels a Marx em 17 de dezembro de 1857. Seu entusiasmo com a propagação da crise estadunidense de 1857 é contagiante. As notas dos *Manuscritos econômicos de 1857-1858* (ou *Grundrisse*) são testemunha disso. A crise aparece sob a metáfora da loucura, mas uma loucura que "domina a vida dos povos". As tendências esquizoides do sistema capitalista manifestam-se plenamente. A unidade aparente da mercadoria

---

*   Tradução de Sérgio Vitorino, publicada originalmente no site *Esquerda.net*, jan. 2010. Este texto corresponde, em linhas gerais, à primeira parte do prefácio de Daniel Bensaïd ao texto de Karl Marx *Les Crises du capitalisme* (Paris, Démopolis, 2009). (N. E.)

50 CENTELHAS

"cinde-se". Valor de uso e valor de troca "dissociam-se" e "autonomizam-se [...]
um em relação ao outro". A economia se torna delirante, "alienada", como esfera
autônoma agora incontrolável.

"Nas crises – *após* o momento de pânico –, no período de estagnação da indústria, o dinheiro é fixado nas mãos dos banqueiros, corretores de títulos etc. e,
assim como o cervo grita por água fresca, o dinheiro grita por um campo de aplicação para que o capital possa ser valorizado."[1] A superprodução e a desvalorização do capital aparecem então como "súbita *recordação* de todos esses momentos
necessários da produção fundada no capital"[2]. Em suma, o retorno do reprimido:
a crise recorda à esfera (ou à bolha) financeira que ela não levita, dissociada do
que hoje chamamos bizarramente "a economia real".

A condição de possibilidade das crises inscreve-se na duplicidade da mercadoria. Esta, como todo bom burguês, tem vida dupla. Por um lado, é tempo de trabalho abstrato materializado; por outro, é resultado de um trabalho determinado.
Para se comparar a outras grandezas de trabalho, deve ser primeiro transformada
em tempo de trabalho, ou seja, em qualquer coisa que "assuma uma forma objetiva distinta de si mesma". Essa "dupla existência" comporta em si o risco permanente de uma cisão; deve necessariamente "continuar até a *diferença*, a *antítese* e
a *contradição*" entre "a natureza particular da mercadoria como produto [valor de
uso] e sua natureza universal como valor de troca"[3].

Para Marx, a crise de 1857 põe em evidência o divórcio entre o valor de uso
do produto e o valor de troca expresso no dinheiro. É possível que a mercadoria não possa mais ser "igualada com sua forma universal como dinheiro". Há
discórdia então entre produção e circulação. Compra e venda adquirem formas
de existência "espacial e temporalmente separadas uma da outra, indiferentes
entre si, sua identidade imediata deixa de existir"[4]. A crise revela e conduz ao
paroxismo esse mal-estar identitário. A busca da identidade perdida se torna
uma fuga adiante, uma sequência de separações dolorosas e reencontros efêmeros. Como na canção de *Jules e Jim*, compra e venda perdem-se de vista e
reencontram-se sem parar:

---

[1]   Karl Marx, *Grundrisse* (trad. Mario Duayer e Nélio Schneider, São Paulo/Rio de Janeiro,
      Boitempo/Editora da UFRJ, 2011), p. 519.

[2]   Ibidem, p. 340.

[3]   Ibidem, p. 96.

[4]   Ibidem, p. 97.

Elas podem se corresponder ou não; podem coincidir ou não; a relação pode ser marcada por desproporções. É claro que tentarão igualizar-se, mas agora o movimento contínuo da igualização substitui a igualdade imediata anterior, igualização que pressupõe que seja continuamente criada uma não igualdade.

A crise de 1857 põe em evidência a cisão entre o valor de uso da mercadoria e o valor de troca expresso no dinheiro, que ameaça interromper a "convertibilidade". O perigoso salto do capital da forma-mercadoria para a forma-dinheiro pode ser um salto mortal. O "germe das crises" está presente no dinheiro como "valor tornado autônomo", "forma de existência tornada autônoma do valor de troca"[5]. Essa autonomia gera a ilusão de que o dinheiro pode se reproduzir por partenogênese, crescer no circuito do crédito sem ser fecundado na passagem pelo processo de produção.

A cisão nunca vem sozinha. A que divide a troca em atos independentes, em compra e venda, refrata-se na divisão entre capital industrial, comercial e bancário: "a troca pela troca separa-se da troca por mercadorias". Marx entrevê a ordem complexa das arritmias do capital:

> Até o presente, temos simplesmente a indiferença recíproca dos momentos singulares no processo de valorização; que internamente se condicionam e externamente se buscam, mas podem encontrar-se ou não, podem coincidir ou não, podem corresponder-se ou não. A necessidade interna do que é internamente relacionado, e sua existência autônoma reciprocamente indiferente, já constitui a base das contradições. No entanto, ainda não terminamos. A contradição entre a produção e a valorização – da qual o capital, de acordo com seu conceito, é a unidade – ainda tem de ser apreendida de maneira mais imanente, simplesmente como a manifestação indiferente, aparentemente independente, dos momentos singulares do processo, ou, melhor dizendo, da totalidade de processos opostos entre si.[6]

A divisão se propaga. A ordem descompassada da produção mercantil, em que o valor das coisas vira as costas a sua substância útil, range e empena. Não se ouvem mais do que queixas e lamentos, agonias e gemidos de corpos desarticulados:

> A crise manifesta a unidade dos momentos promovidos à autonomia uns em relação aos outros. Não existiria crise sem essa unidade interna de elementos aparentemente indiferentes uns em relação aos outros. Ela não é mais do que a instalação violenta da unidade das etapas do processo de produção que se autonomizaram uma em relação à

---

[5]   Idem, *Manuscrits de 1861-1863* (Paris, Éditions Sociales, 1980), p. 17 e 18.

[6]   Idem, *Grundrisse*, cit., p. 337-8.

outra. É o estabelecimento, por meio da força, da unidade entre momentos promovidos à autonomia e a autonomização por meio da força de momentos essencialmente unos.[7]

Assim, a ordem do capital – mas não a harmonia social – deve ser restabelecida pela violência e pela força. É o que se obstinam em negar os economistas que se limitam a sua "unidade essencial" e ignoram o que torna os elementos do processo de conjunto estranhos uns aos outros e hostis até a explosão.

Desequilíbrio lógico

Na passagem de *Teorias sobre o mais-valor* citada aqui, Marx retoma e desenvolve a análise das crises e de sua recorrência, iniciada nos *Grundrisse*. Ele a opõe às teorias do equilíbrio, inspiradas no "insípido Jean-Baptiste Say". Segundo essas teorias, a superprodução é impossível, em razão da identidade imediata entre procura e oferta. O princípio segundo o qual "trocamos produtos por produtos" garantiria, segundo Say, "um equilíbrio metafísico entre vendedores e compradores". Ricardo empresta de Say a fábula segundo a qual "ninguém produz nada sem a intenção de vender ou consumir, e ninguém vende sem ser para comprar outra mercadoria que lhe possa ser útil". Ao produzir, cada um se torna "necessariamente consumidor de sua própria mercadoria, ou então comprador ou consumidor das mercadorias de outrem". O círculo se fecharia perfeitamente; o equilíbrio entre compra e venda, oferta e procura, seria assegurado.

A disfunção só poderia vir então de uma falta de informação sobre a complexidade crescente do mercado. Ricardo a considera, mas tranquiliza-nos de imediato: "Não se poderia supor que o produtor possa permanecer *duradouramente* mal informado sobre as mercadorias que pode produzir com lucro mais alto"; "é inverossímil, portanto, que possa produzir *duradouramente* uma mercadoria para a qual não existe procura". Em suma, o mercado seria um informante perfeito.

Mais próximo de nós, Friedrich Hayek usou esse argumento liberal a favor da concorrência livre e não falseada, tão prezada pelos arquitetos da União Europeia. A privatização da informação financeira e a invenção de produtos financeiros cada vez mais sofisticados, que não deixam rastros e confundem as mensagens, derrubam esse mito. O mercado se mostrou incapaz de enfrentar "o desafio informacional" ligado à microfinança. Constatando a impotência da comissão responsável

---

[7] Idem, *Théories sur la plus-value* (Paris, Éditions Sociales, 1976), v. 2, p. 84, 597, 608 e 612.

pela vigilância dos mercados estadunidenses (a Securities and Exchange Commission) para desenredar as contas fabulosas de um Madoff, seu ex-presidente, William Donaldson, admite que "ainda não foi inventado" um "controle adaptado aos sistemas complexos do mercado"! Trata-se de uma constatação do fracasso, em boa e devida forma, das pretensiosas "matemáticas financeiras" que nunca são mais do que matemática mercenária aplicada à finança, como bem escreve Denis Guedj[8]. Os modelos "brownianos", concebidos para formalizar os "efeitos da agitação média", não conseguem explicar "situações de risco extremo que podem ocorrer nos mercados, de modo que não veem crises ou falências", lamenta Olivier Le Courtois, professor de finanças (!) na École de Management de Lyon. Nas situações extremas que o sistema capitalista gera de forma recorrente, o "sábio acaso" com que trabalham os calculadores de risco transforma-se em "acaso selvagem".

Ricardo ainda podia acreditar na imparcialidade e na fiabilidade informacional do mercado, se não em tempo real, ao menos a termo, a longo prazo. Mas e até lá? Até lá, a cisão entre venda e compra continua, e a "disjunção entre processo de produção imediato e processo de circulação desenvolve a possibilidade da crise". Essa possibilidade resulta do fato de que as formas que o capital assume no ciclo de suas metamorfoses (de dinheiro – D – em meios de produção – P –, de meios de produção em mercadorias – M – de mercadorias em dinheiro) "podem ser e são separadas". Elas "não coincidem no tempo e no espaço". *A fortiori* com a mundialização: o capitalista individual entende o salário que paga a seus assalariados como puro custo de produção, a partir do momento em que o consumidor compra produtos de importação e seus próprios produtos são vendidos num mercado distante. O círculo "virtuoso" entre produção e consumo, venda e compra, estilhaça-se.

A separação de venda e compra distingue a economia capitalista de uma economia de troca, na qual "ninguém pode ser vendedor sem ser comprador" (e vice-versa). O grosso da produção é diretamente orientado para a satisfação de necessidades imediatas. "Na produção mercantil", em compensação, "a produção

---

[8] Denis Guedj, "Ces mathématiques vendues aux financiers", *Libération*, 10 dez. 2008: "Como não fala da diva das mídias, a sra. Karoui? Grande sacerdotisa da MAF (matemática aplicada à finança), incensada pelo *Wall Street Journal*, ela ousou declarar: 'A matemática financeira não tem nada a ver com a crise'. Não é porque suas crias não se deram conta da chegada da crise que elas não têm nada a ver com ela. Questionada sobre os derivativos, Karoui dá uma resposta refinada: 'A existência deles não é absurda'. Em matemática, ela emprega a chamada prova de existência pela impossibilidade da não existência: os derivativos têm de existir posto que podem existir!".

imediata desaparece". Já não se produz para as necessidades, e sim para o lucro, que não se interessa pelas necessidades sociais, mas apenas pela procura solvente. Pois, "se não há venda, há crise". Na produção mercantil, para realizar o mais-valor incorporado a ela, "a mercadoria deve necessariamente ser transformada em dinheiro, ao passo que o dinheiro não deve necessária e imediatamente ser transformado em mercadoria". É por isso que venda e compra podem se dissociar. Em sua primeira forma, "a crise é a metamorfose da própria mercadoria, a disjunção da compra e da venda". Em sua segunda forma, é função do dinheiro como meio de pagamento tornado autônomo, "em que o dinheiro figura em dois momentos separados no tempo, em duas funções diferentes", de simples equivalente geral entre mercadorias e de capital acumulado.

Essa autonomização do dinheiro encontra seu prolongamento na separação entre o lucro empresarial e o capital portador de juros. Diz Karl Marx:

> A autonomização da forma do mais-valor, sua ossificação em relação a sua substância, a sua essência, completa-se com a divisão do lucro em lucro empresarial e juros [...]. Uma parte do lucro separa-se inteiramente da relação capitalista propriamente dita e, em oposição à outra parte, apresenta-se como derivada não da função de exploração do trabalho assalariado, mas do trabalho assalariado do próprio capitalista. Em contrapartida, os juros aparecem, então, como independentes, seja do trabalho assalariado do trabalhador, seja do próprio trabalho do capitalista, e como tendo origem no capital como sua fonte própria e independente. Se o capital apareceu originalmente, na superfície da circulação, como fetiche de capital, como valor que cria valor, agora ele se apresenta outra vez na forma do capital que rende juros, que é sua forma mais estranhada e peculiar.[9]

Esse prodígio do capital portador de juros, do dinheiro que parece fazer dinheiro sem passar pelo processo de produção e circulação, sem percorrer o ciclo completo de suas metamorfoses, é o estágio supremo do fetichismo e da mistificação mantida pelos economistas vulgares.

Assim, para realizar o mais-valor, é necessário vender. Mas a busca insaciável do lucro tende a restringir os mercados, comprimindo os salários ("o poder de compra"!). Graças aos prodígios do crédito, a autonomia do dinheiro permite que se inicie um novo ciclo de produção, que flua uma nova onda de mercadorias, enquanto a precedente ainda não foi escoada. Saturação do mercado (superprodução) e superacumulação do capital são, portanto, o verso e o reverso de um mesmo fenô-

---

[9]   Karl Marx, *O capital*, Livro III (trad. Rubens Enderle, São Paulo, Boitempo, 2017), p. 891-2.

meno[10]. Os sucessores de Ricardo, escreve Marx, tentaram admitir a superprodução sob uma de suas formas, "a pletora ou superabundância de capital", mas negaram-na sob sua outra forma, a da superabundância de mercadorias no mercado[11].

Obviamente, essa superprodução não tem nada a ver com uma saturação das necessidades sociais, que continuam amplamente insatisfeitas: "Ela tem a ver apenas com as necessidade solventes". Não se trata de uma superprodução absoluta ou em si, mas de superprodução relativa à lógica da acumulação do capital.

O capital comporta a crise

Nos *Manuscritos de 1857-1858*, a crise intervinha de forma tripla: empiricamente, por meio da recessão estadunidense; por meio da separação entre compra e venda, que cria as condições formais de sua possibilidade; e, por último, metaforicamente, como loucura e sofrimento pela cisão. Mas a teoria ainda tateia no plano da crítica da economia política. Em *O capital*, ela robustece sua coerência.

No Livro I, sobre o "processo de produção", Marx retoma sua crítica da lei clássica dos mercados e do equilíbrio: "Nada pode ser mais tolo do que o dogma de que a circulação de mercadorias provoca um equilíbrio necessário de vendas e compras, uma vez que cada venda é uma compra, e vice-versa". O que se pretende provar é que "o vendedor leva seu próprio comprador ao mercado". Essa identi-

---

[10] Marx escreve em *O capital* que dizer que as crises surgem por falta de demanda ou consumo efetivos é "pura tautologia": "O sistema capitalista desconhece outros tipos de consumo que não aquele capaz de pagar [...]. Que as mercadorias sejam invendáveis significa apenas que não foram encontrados compradores solventes para elas" (Karl Marx, *O capital*, Livro III, cit, p. 25-6). E Engels diz no *Anti-Dühring* que é impossível explicar as crises capitalistas por fenômenos que ocorreram muito antes do capitalismo: "O subconsumo das massas, a limitação do consumo das massas ao indispensável para o sustento e a reprodução, não é um fenômeno novo. Ele existe desde que há classes espoliadoras e espoliadas. [...] Sendo, portanto, o subconsumo um fenômeno histórico que perdura há milênios, e a paralisação geral das vendas que irrompe durante as crises em consequência do excesso de produção um fenômeno que só se tornou visível há cinquenta anos, é preciso toda a superficialidade econômico-vulgar do sr. Dühring para explicar esse novo choque não a partir do fenômeno *novo* da superprodução, mas a partir do fenômeno milenar do subconsumo. O subconsumo das massas é uma condição necessária de todas as formas de sociedade fundadas na espoliação, ou seja, também da capitalista; mas a forma capitalista da produção é a primeira a provocar crises. O subconsumo das massas também é, assim, uma precondição das crises e desempenha nelas um papel há muito identificado; porém, nada nos diz sobre as causas da existência atual de crises, bem como nada dizia sobre sua anterior ausência" (Friedrich Engels, *Anti-Dühring*, trad. Nélio Schneider, São Paulo, Boitempo, 2015, p. 320-1).

[11] Karl Marx, *Théories sur la plus-value*, cit., v. 2, p. 593.

dade imediata, que existia no comércio de troca, é rompida pela generalização da produção mercantil e pela autonomização do dinheiro como equivalente geral. Não se trata mais de troca direta de um valor de uso por outro valor de uso, mas de uma mercadoria por dinheiro. A transação se torna "um ponto de repouso", ou "um período da vida da mercadoria que pode durar mais ou menos"[12]. A autonomia do dinheiro sanciona a ruptura da simetria perfeita da troca. A vida da mercadoria, o encadeamento de suas metamorfoses, depende agora dos desejos e caprichos do comprador potencial, mas também de seus meios, de sua solvência. No balcão ou na vitrine, ela mal respira diante do dinheiro, esse belo indiferente, que a comprará ou desdenhará, conforme sua vontade. Se esse período e essa espera se eternizam, a mercadoria em apneia pode se asfixiar. A disjunção e a assimetria entre o ato de compra e o ato de venda é, portanto, um fator de desequilíbrio dinâmico, e não de equilíbrio.

O conceito de crise intervém uma primeira vez em *O capital* não para evocar as crises empíricas, mas como consequência lógica do "laço íntimo" e contraditório entre os atos disjuntos e potencialmente contraditórios de compra e venda. Aparece de novo no capítulo sobre "A lei geral da acumulação capitalista", articulando-se com a temporalidade própria do capital. A acumulação apresenta-se como "um movimento de extensão quantitativa" que, graças às inovações tecnológicas estimuladas pela concorrência, visa a um aumento da produtividade do trabalho e a uma economia do trabalho vivo (logo, do emprego). A produção pode continuar a aumentar enquanto o mercado diminui. Apesar das aparências, o fator determinante não reside na tecnologia em si, mas nos fluxos e refluxos da força de trabalho empregada.

Marx aborda, assim, não apenas as condições de possibilidade das crises, mas seu caráter recorrente e cíclico:

> Toda a forma de movimento da indústria moderna deriva, portanto, da transformação constante de uma parte da população trabalhadora em mão de obra desempregada ou semiempregada. [...] Tão logo iniciam esse movimento de expansão e contração alternadas, ocorre com a produção exatamente o mesmo que com os corpos celestes, os quais, uma vez lançados em determinado movimento, repetem-no sempre. Os efeitos, por sua vez, convertem-se em causas, e as variações de todo o processo, que reproduz continuamente suas próprias condições, assumem a forma da periodicidade.[13]

---

[12] Idem, *O capital*, Livro I (trad. Rubens Enderle, São Paulo, Boitempo, 2013), p. 186-7.

[13] Ibidem, p. 708-9.

Apenas do século XIX, época em que o mercado se mundializa, que as nações industrializadas se tornam numerosas, é "que datam os ciclos renascentes cujas ondas sucessivas se prolongam por anos e que resultam sempre em uma crise geral, fim de um ciclo e ponto de partida de outro". O conceito de crise associa-se ao conceito de ciclos econômicos que caracteriza a economia capitalista[14].

No Livro II, sobre "o processo de circulação", Marx marca as estações do calvário da mercadoria no processo de circulação. Introduz novas determinações, em especial as de capital fixo e capital circulante, e seu ritmo desigual de renovação. Também deduz as consequências da descontinuidade entre produção e circulação. Submetida às exigências de uma acumulação guiada pela busca insaciável de lucro, a produção em massa pode continuar sem que as mercadorias produzidas no ciclo anterior tenham realmente entrado e sido escoadas no consumo produtivo ou individual. Não é garantido que o ciclo das metamorfoses do capital se feche. Se não se fecha, "uma leva de mercadorias sucede a outra", ao mesmo tempo que as precedentes são apenas aparentemente absorvidas pelo consumo. Ocorre "uma pausa", compra e venda se paralisam reciprocamente. Assim, pode ocorrer de "o processo inteiro de reprodução encontrar-se em plena florescência e, no entanto, haver uma enorme massa de mercadorias que só aparentemente ingressam na esfera do consumo, mas, na realidade, permanecem não vendidas, estocadas nas mãos dos intermediários, ou seja, mercadorias que, de fato, ainda se encontram no mercado"[15]. Há uma quebra nas vendas, os preços caem para que os estoques sejam escoados, com prejuízo, se necessário, a fim de se recuperar a liquidez.

No Livro III, sobre "o processo de reprodução de conjunto", Marx mostra como a cristalização do capital em capitais diversos – industrial, comercial, bancário – oculta temporariamente a desproporção crescente entre reprodução ampliada e procura final restante. A explosão da crise pode ser diferenciada, dessa forma, em especial graças à intervenção dos capitalistas financeiros, que transformam o lucro realizado em capital monetário emprestável: "A acumulação deste último,

---

[14] A crise de 1857 foi ocasião para uma conscientização da periodicidade das crises. Em 1862, Clément Juglar publica *Les Crises commerciales et leur retour périodique en France, en Angleterre, aux États-Unis*. Em cartas a Engels, Marx tenta relacionar a periodicidade das crises aos ritmos de renovação do capital fixo. A teoria dos ciclos longos, atribuída a Kondrátiev, é muito posterior. Ver a esse respeito Ernest Mandel, *Long Waves of Capitalist Development* (2. ed. rev., Londres, Verso, 1995), e Pierre Dockès e Bernard Rosier, *Rythmes économiques, crises et changement social: une perspective historique* (Paris, Maspéro/La Découverte, 1983).

[15] Karl Marx, *O capital*, Livro II (trad. Rubens Enderle, São Paulo, Boitempo, 2014), p. 155.

sendo distinta da verdadeira acumulação, ainda que fruto dela, segue seu curso, portanto – quando consideramos apenas os próprios capitalistas monetários, banqueiros etc. –, como acumulação dessa classe especial de capitalistas"[16]. Assim, às vésperas da crise atual, a acumulação desse "capital fictício" chegou a tais níveis que o esvaziar da bolha financeira foi igualmente vertiginoso: em pouco menos de um ano, entre 29 de dezembro de 2007 e 31 de março de 2009, a capitalização em bolsa do banco HSBC passou de 199,9 bilhões para 68 bilhões de dólares (ou seja, uma queda de dois terços), a do Bank of America de 194,6 bilhões para 31,1 bilhões, a do Citygroup de 151,3 bilhões para 13 bilhões, a do Natixis de 29,8 bilhões para 4,9 bilhões etc. Entre os pregões de 29 de junho de 2007 e 1º de abril de 2009, os índices das principais praças financeiras caíram de 53% (CAC 40) a 43% (Dow Jones).

A crise, portanto, não pode ser conjurada indefinidamente. O crescimento do crédito não será capaz de lhe conceder um *sursis*, como aconteceu nos anos 1990, quando a desregulação financeira deu a ilusão de uma "retomada do crescimento". O capital não pode prosperar indefinidamente a crédito. A queda nas vendas, ou falência em razão de créditos insolventes, acaba dando o sinal geral de salve-se quem puder. Quando não é mais possível ignorar que a primeira onda de mercadorias foi apenas aparentemente absorvida pelo consumo (ou graças a um crédito de risco), acontece uma verdadeira corrida:

> Os capitais-mercadoria disputam entre si um lugar no mercado. Os que ficam para trás precisam vender abaixo do preço. As levas anteriores ainda não foram liquidadas, enquanto vencem os prazos de pagamento das mercadorias. Para poder pagá-las, seus possuidores têm de se declarar insolventes ou vendê-las por qualquer preço. Essa venda não tem absolutamente nada a ver com a situação real da demanda, mas apenas com a *demanda por pagamento*, com a necessidade absoluta de transformar mercadoria em dinheiro. Deflagra-se, então, a crise.[17]

É exatamente o que vem acontecendo desde o início da crise de 2008: as concessionárias propõem dois automóveis pelo preço de um, corretores imobiliários oferecem um automóvel como brinde pela compra de um imóvel, e liquidações monstruosas vendem mercadorias a 70% ou 90% do preço inicial!

A primeira determinação da crise reside, portanto, na disjunção entre as esferas da produção e da circulação. A segunda, na disjunção entre o ritmo de rotação

---

[16] Ibidem, Livro III, cit., p. 561-2.
[17] Ibidem, Livro II, cit., p. 155.

do capital fixo e o do capital circulante. O Livro III introduz uma nova determinação, que pressupõe e integra as duas precedentes: a "lei da queda tendencial da taxa de lucro". O capítulo 13, "A lei como tal", recapitula os três fatos principais da produção capitalista: a concentração dos meios de produção em poucas mãos, a organização do trabalho social e a sua divisão como trabalho cooperativo e a constituição do mercado mundial.

"A enorme força produtiva, em relação à população, que se desenvolve no interior do modo de produção capitalista e, ainda que não na mesma proporção, o crescimento dos valores de capital (não só de seu substrato material) num ritmo muito mais acelerado que o crescimento da população, contradizem a base cada vez mais reduzida – em relação à riqueza crescente – para a qual opera essa enorme força produtiva e as condições de valorização desse capital em expansão. Daí resultam as crises"[18].

Daí resultam as crises, de fato

Por trás da aparência econômica da lei da "queda tendencial", manifesta-se o conjunto das barreiras sociais com as quais se choca a acumulação do capital. Essa estranha lei, que Marx expõe no capítulo seguinte, "Causas contra-arrestantes", alimentou muitas controvérsias. De fato, parece que ela só consegue se impor pelas próprias negações: o aumento da taxa de exploração que visa restabelecer o lucro; a predação imperialista que permite reduzir a composição orgânica do capital mediante a exploração de uma força de trabalho barata e pela queda do custo das matérias-primas; a aceleração da rotação do capital, graças à publicidade, ao crédito, à gestão dos estoques para compensar a queda da taxa de lucro com o aumento de sua massa, a intervenção do Estado por intermédio das despesas públicas, ajudas fiscais e despesas de armamento. Bizarra, portanto, essa lei que contradiz e contraria a si mesma:

> A desvalorização periódica do capital existente, que é um meio imanente ao modo de produção capitalista para conter a queda da taxa de lucro e acelerar a acumulação do valor de capital mediante a formação de capital novo, perturba as condições dadas nas quais se consuma o processo de circulação e reprodução do capital e é, por isso, acompanhada de paralisações súbitas e crises do processo de produção.[19]

---

[18] Ibidem, Livro III, cit., p. 308.

[19] Ibidem, cit., p. 291.

Quando a taxa de lucro cai, aumenta o volume de capital que o capitalista deve ter para investir. Segue-se uma concentração de capitais que acarreta uma nova queda da taxa de lucro, na medida em que se traduz por uma maior acumulação de capital constante. A taxa de lucro é o mais-valor dividido pela soma do capital constante e do capital variável. Dividindo-se a taxa de lucro $pl/c+v$* por v, encontramos no numerador a taxa de exploração (ou mais-valor) pl/v e, no denominador, a composição orgânica $c/v(+1)$, e obtemos a equação da queda tendencial da taxa de lucro. Se a composição orgânica aumenta quando a taxa de exploração permanece igual, a taxa de lucro diminui. Quanto mais o trabalho morto (c) se acumula, em detrimento do trabalho vivo (v), (mais a "composição orgânica" do capital c/v aumenta e) mais a taxa de lucro $pl/c+v$ tende a baixar. Essa não é uma lei mecânica ou física, mas uma "lei social" (se é que o termo "lei" ainda seja apropriado). Sua aplicação depende de múltiplas variáveis, lutas sociais de resultado incerto, relações de forças sociais e políticas instáveis. Ela contraria continuamente a si mesma e suscita tendências contrárias:

- o aumento da taxa de exploração tende a recompor a taxa de lucro, seja pelo alongamento do tempo de trabalho, seja pelo aumento da produtividade, seja pela compressão dos salários abaixo das taxas de inflação, seja ainda pela amputação do salário indireto (proteção social);
- os mecanismos de dominação imperialista contribuem para baixar a composição orgânica do capital pelo recurso ao trabalho barato e pela redução do custo de produção de uma parte do capital constante;
- a aceleração da rotação do capital compensa a queda da taxa de lucro com o aumento de sua massa;
- a intervenção econômica do Estado sustenta a economia por meio das despesas públicas, das despesas de armamento, das ajudas fiscais e da "socialização das perdas".

O aumento da taxa de mais-valor (pl/v) pode impedir a "queda tendencial" de diversas maneiras:

- pela intensificação do trabalho – aumento do mais-valor relativo;
- pelo alongamento da duração do trabalho – aumento do mais-valor absoluto;
- pela redução do capital variável mediante a queda dos salários diretos ou indiretos;

---

* Equação da queda tendencial da taxa de lucro: $pl/(c+v) = (pl/v)/(c/v)+1$. (N. T.)

- pela redução do capital constante mediante a redução do custo das matérias-primas, a produção em fluxo contínuo (*just in time*), estoque zero...

Além disso:

- a queda efetiva da taxa de lucro não acarreta automaticamente uma queda de sua massa. Se o ritmo de rotação do capital se acelera, a segunda pode continuar a aumentar, mesmo que a taxa de lucro caia. Se, por exemplo, ele completa seu ciclo quatro vezes no ano, em vez de uma só, a massa pode ser multiplicada por dois, mesmo que a taxa diminua pela metade. A facilidade do crédito, o marketing, a publicidade, a gestão do grande consumo, a obsolescência programada, a falsa novidade da moda contribuem precisamente para acelerar essa rotação e dar a impressão de uma aceleração da história;
- a extensão geográfica do domínio da produção mercantil também pode retardar os prazos da crise. Dobrar em vinte anos a força de trabalho disponível no mercado mundial de trabalho significa, ao mesmo tempo, um aumento do capital variável (logo, uma queda relativa da composição orgânica global) e um aumento do grau de exploração (em razão da vulnerabilidade social de uma mão de obra frequentemente privada de direitos trabalhistas e proteções sociais); esses são dois fatores capazes de frear a queda da taxa de lucro, ou mesmo de fazê-la aumentar temporariamente.

Essas respostas do capital à erosão tendencial da taxa de lucro são os recursos ocultos daquilo que o senso comum chama de globalização. Portanto, as crises não constituem limites absolutos à produção e ao consumo de riquezas sociais, mas contradições relativas a um modo de produção específico, "correspondente a certa época de desenvolvimento limitado das condições materiais de produção"[20]. Não se produzem bens de consumo em excesso em relação às necessidades da população, nem meios de produção em excesso em relação à população em condições de trabalhar, "mas produz-se periodicamente riqueza em excesso sob formas capitalistas contraditórias". No Livro III de *O capital*, a separação entre compra e venda – que constitui a condição geral formal das crises – traduz-se concretamente pelo fato de que a capacidade de consumo solvente entra em contradição com a procura do lucro máximo.

Marx nunca fala de "crise final". Apenas demonstra como a produção capitalista tende sempre a ultrapassar suas barreiras imanentes. Ao contrário do que

---

[20] Karl Marx, *O capital*, Livro III, cit., p. 301.

afirmavam Evguiéni Varga e os teóricos do colapso do capitalismo (*Zusammen-bruchstheorie*), no interior da Terceira Internacional[21], essas crises são inevitáveis, mas não insuperáveis. A questão é saber a que preço, e à custa de quem, elas podem ser resolvidas. A resposta não pertence à crítica de economia política, mas à luta de classes e a seus atores políticos e sociais.

---

[21] Ver Giacomo Marramao, *O político e as transformações* (trad. Antonio Roberto Bertelli, Belo Horizonte, Oficina dos Livros, 1990).

LEON TRÓTSKI, PROFETA DA REVOLUÇÃO DE OUTUBRO[*]

Michael Löwy

Leon Trótski foi um dos raros marxistas russos, senão o único, a ter previsto já em 1905, em suas linhas gerais – a "revolução permanente" –, o curso dos acontecimentos de Outubro de 1917. Mas ele não se contentou em prever: como "profeta armado", contribuiu ativamente para a realização de suas previsões.

Essa não foi a única "profecia" do jovem Trótski. Em um panfleto de 1904, *Nossas tarefas políticas*, ele critica – de forma análoga à de Rosa Luxemburgo – o jacobinismo dos bolcheviques e sua tendência ao substitucionismo: após aderir ao partido bolchevique em 1917, Trótski não escapará a essa lógica "substitucionista", sobretudo entre 1920 e 1922, antes de se tornar, a partir de 1923, o principal crítico do stalinismo.

• • •

A teoria da revolução permanente de Trótski – inicialmente restrita à problemática russa e sem nenhuma aspiração a uma significação universal – nasceu na Rússia, no período da agitação revolucionária de 1905-1906. As teses de Trótski sobre a natureza dessa revolução constituíam uma ruptura radical com as ideias dominantes na Segunda Internacional sobre o futuro da Rússia. Marx e Engels não hesitaram em sugerir, no prefácio à edição russa do *Manifesto Comunista* (1892), que "se a revolução russa constituir-se no sinal para a revolução proletária no Ocidente, de modo que uma complemente a outra, a atual propriedade comum da

---

[*] Tradução de Juarez Duayer, publicada originalmente na revista *Outubro*, n. 3, 2015, p. 53-61. Texto baseado no artigo "Actualité de la Révolution permanente", publicado em *Inprecor*, n. 449-450, jul.-set. 2000. (N. E.)

64 CENTELHAS

terra na Rússia poderá servir de ponto de partida para uma evolução comunista"[1]. Entretanto, após a morte dos dois, essa pista – suspeita de afinidade com o populismo russo* – foi abandonada. Logo se tornou uma premissa universal – quase uma profissão de fé – entre os marxistas "ortodoxos", russos ou europeus, que a futura revolução russa teria necessária e inevitavelmente um estrito caráter democrático-burguês: abolição do tsarismo, estabelecimento de uma república democrática, supressão dos vestígios feudais no campo, distribuição de terras aos camponeses. Não havia nenhuma controvérsia entre as frações da social-democracia russa quanto a tomar esse pressuposto como ponto de partida; se havia disputa entre elas, era sobre as diferentes interpretações acerca do papel do proletariado na revolução burguesa e suas alianças de classe: privilegiar a burguesia liberal (posição dos mencheviques) ou o campesinato (posição dos bolcheviques)?

Trótski foi o primeiro e, por muitos anos, o único marxista a pôr em questão esse dogma sacrossanto. Foi, antes de 1917, o único a considerar não somente o papel hegemônico do movimento operário na revolução russa – tese defendida também por Párvus, Rosa Luxemburgo e, em certos textos, Lênin – mas também a possibilidade de ultrapassar e superar a revolução democrática, transformando-a imediatamente em revolução socialista.

É durante 1905, em diversos artigos para a imprensa revolucionária, que Trótski vai formular, pela primeira vez, sua nova doutrina – sistematizada mais tarde na publicação *Balanço e perspectivas*** (1906). Foi, sem dúvida, influenciado por Párvus, mas este nunca ultrapassou a ideia de um governo operário cumprindo um programa estritamente democrático (burguês): Párvus queria mudar a locomotiva da história, mas não os trilhos[2]...

O termo "revolução permanente" parece ter sido inspirado por um artigo de Franz Mehring publicado em *Die Neue Zeit* em novembro de 1905; contudo, o sentido que lhe atribuía o socialista alemão era muito menos radical e mais vago do que ele vai receber nos escritos do revolucionário russo. Trótski foi o único a

---

[1] Karl Marx e Friedrich Engels, *Manifesto Comunista* (trad. Álvaro Pina, São Paulo, Boitempo, 1998), p. 73.

* Também chamado narodismo (de народ/ *narod*, "povo"). (N. E.)

** Publicado no Brasil em *A teoria da revolução permanente* (São Paulo, Sundermann, 2010). (N. E.)

[2] Sobre as diferenças entre Párvus e Trótski, ver Alain Brossat, *Aux Origines de la révolution permanente: la pensée politique du jeune Trotski* (Paris, Maspero, 1974). Sobre as convergências e divergências entre Lênin, Rosa Luxemburgo e Trótski, ver o notável livro de Norman Geras, *The Legacy of Rosa Luxemburg* (Londres, New Left Books, 1976).

ousar sugerir, desde 1905, a possibilidade de uma revolução que executasse "tarefas socialistas" – a expropriação dos grandes capitalistas – em seu país, hipótese rejeitada pelos outros marxistas russos como utópica e aventureira.

Um estudo atento das raízes da audácia política de Trótski e de sua teoria da revolução permanente mostra que suas posições estavam fundadas sobre uma interpretação do marxismo e do método dialético que era muito distinta da ortodoxia reinante na Segunda Internacional. Isso pode ser explicado, ao menos em parte, pela influência de Labriola, o primeiro filósofo marxista estudado pelo jovem Trótski, cuja orientação, de inspiração hegeliano-marxista, opunha-se ao positivismo e ao materialismo vulgar, tão influentes na época.

Eis algumas das características presentes nos escritos do jovem Trótski e em sua teoria da revolução russa que se distinguem da metodologia marxista da época.

1. Partidário de uma concepção dialética de unidade dos contrários, Trótski critica a separação rígida praticada pelos bolcheviques entre o poder socialista do proletariado e a "ditadura democrática dos operários e camponeses" como uma "operação lógica, puramente formal". Da mesma maneira, em uma passagem significativa de uma polêmica com o menchevique Tcherevánin, ele condena o caráter analítico – abstrato, formal, pré-dialético – de sua atitude política: "Tcherevánin elaborou uma tática como Espinosa construiu sua ética: pelo método geométrico"[3].

2. Trótski rejeita explicitamente o economicismo, um dos traços fundamentais do marxismo de Plekhánov. Essa ruptura é uma das pressuposições metodológicas fundamentais da teoria da revolução permanente, como atesta esta passagem bastante conhecida de *Balanço e perspectivas*:

> Imaginar que a ditadura do proletariado de certo modo depende automaticamente do desenvolvimento e dos recursos técnicos de um país é tirar uma conclusão falsa de um materialismo "econômico" simplificado ao absurdo. Esse ponto de vista não tem nada a ver com o marxismo.[4]

3. A concepção de história em Trótski não é fatalista, mas aberta: a tarefa do marxismo, escreveu ele, é a de "descobrir, analisando o mecanismo interno da revolução, as possibilidades que ela apresenta em seu desenvolvimento"[5]. A revolução permanente não é um resultado determinado de antemão, mas uma pos-

---

[3] Leon Trótski, *1905* (Paris, Minuit, 1969), p. 374 e 383.

[4] Idem, "Bilan et perspectives", em *1905*, cit., p. 420.

[5] Idem, p. 397.

sibilidade objetiva, legítima e realista, cuja concretização depende de inúmeros fatores subjetivos e acontecimentos imprevisíveis.

4. Enquanto a maioria dos marxistas russos tende, em razão da polêmica com o populismo, a negar toda especificidade à formação social russa e insiste na similaridade inevitável entre o desenvolvimento socioeconômico da Europa ocidental e o futuro da Rússia, Trótski formula uma posição dialética nova. Criticando tanto o particularismo eslavófilo dos *naródniki* como o universalismo abstrato dos mencheviques, desenvolve uma análise concreta que dá conta, simultaneamente, das especificidades da formação russa e do impacto das tendências gerais do desenvolvimento do capitalismo no país.

A combinação de todas essas inovações metodológicas é que faz de *Balanço e perspectivas* – a célebre brochura escrita por Trótski na prisão, durante o ano de 1906 – um texto único. Com base em um estudo do desenvolvimento desigual e combinado na Rússia – no qual identifica uma burguesia fraca e, em parte, estrangeira e um proletariado moderno e excepcionalmente concentrado –, ele chegou à conclusão de que somente o movimento operário, sustentado pelo campesinato, poderia realizar a revolução democrática na Rússia, derrubando a autocracia e o poder dos proprietários fundiários. Na realidade, essa perspectiva de um governo operário na Rússia era compartilhada por outros marxistas russos – em especial Párvus. A novidade radical da teoria da revolução permanente estava menos na definição da natureza de classe da futura revolução russa do que na concepção de suas tarefas históricas.

A contribuição decisiva de Trótski foi a ideia de que a revolução russa poderia ultrapassar os limites de uma profunda transformação democrática e começar a tomar medidas anticapitalistas de conteúdo nitidamente socialista. Seu principal argumento para justificar essa hipótese iconoclasta era simplesmente o de "que a dominação política do proletariado era incompatível com sua escravidão econômica". Por que o proletariado, uma vez no poder, e controlando os meios de coerção, deveria continuar a tolerar a exploração capitalista? Mesmo que quisesse se limitar inicialmente a um programa mínimo, seria conduzido pela própria lógica de sua posição a tomar medidas coletivistas. Isto posto, Trótski estava convencido de que, sem a extensão da revolução à Europa ocidental, o proletariado russo dificilmente poderia manter-se muito tempo no poder.

Comentando as ideias aventadas por Trótski em *Balanço e perspectivas*, Isaac Deutscher escreveu, em uma das mais belas passagens da biografia do fundador do Exército Vermelho:

LEON TRÓTSKI, PROFETA DA REVOLUÇÃO DE OUTUBRO   67

Quer sua mensagem suscite horror ou esperança, quer se tenha seu autor como o herói inspirado de uma era nova e única na história por sua grandeza e realizações, ou como o profeta da catástrofe e da desgraça, é impossível não se impressionar pela amplitude e audácia de visão. Ele avistava o futuro como se descobre, do alto de uma montanha, um imenso território desconhecido, do qual se distinguem ao longe os grandes eixos de orientação [...]. Equivocou-se quanto à direção exata de uma grande estrada; muitas indicações distintas lhe pareceram iguais; e não percebeu um dos perigosos abismos onde cairia um dia numa queda fatal. Mas tudo isso foi compensado pela amplidão única do panorama que ele tinha sob os olhos. Comparadas ao quadro que Trótski esboçou em sua cela, as previsões políticas dos mais ilustres e inteligentes de seus contemporâneos, sem excluir Lênin e Plekhánov, parecem tímidas e confusas.[6]

De fato, os acontecimentos de 1917 confirmaram dramaticamente as previsões fundamentais que Trótski fizera doze anos antes. A incapacidade dos partidos burgueses e de seus aliados da ala moderada do movimento operário para responder às aspirações revolucionárias do campesinato e ao desejo de paz da população criou as condições para a radicalização do movimento revolucionário entre fevereiro e outubro. No que diz respeito ao campesinato, as chamadas "tarefas democráticas" somente se realizaram após a vitória dos sovietes[7]. Mas, uma vez no poder, os revolucionários de Outubro não se limitaram às reformas unicamente democráticas; a dinâmica da luta de classes obrigou-os a tomar medidas explicitamente socialistas. De fato, diante do boicote econômico das classes possuidoras e da crescente ameaça de uma paralisia geral da produção, os bolcheviques e seus aliados foram conduzidos – mais cedo do que previsto – a expropriar o capital: em junho de 1918, o Conselho dos Comissários do Povo decretou a socialização dos principais ramos da indústria.

Em outros termos, a Revolução de 1917 passou por um processo de desenvolvimento revolucionário ininterrupto desde sua fase "burguês-democrática" (inacabada) de fevereiro até sua fase "proletário-socialista", que começou em outubro.

---

[6]   Isaac Deutscher, *Trotski, le prophète armé* (Paris, Julliard, 1962), t. 1, p. 222-3 [ed. bras.: *Trotski, o profeta armado*, trad. Valtensir Dutra, 3. ed., Rio de Janeiro, Civilização Brasileira, 2005]. Deutscher acrescenta: "Essa brochura de oitenta páginas compreende toda a substância de seu pensamento. Durante o resto de sua vida, seja como dirigente da revolução, seja como criador e chefe de suas forças armadas, como organizador da nova Internacional e, finalmente, como exilado perseguido, ele defenderá e explicitará as teses que se encontram reunidas em sua obra de 1906".

[7]   Como escreverá mais tarde Lênin, "foram os bolcheviques [...] que, graças à revolução proletária, ajudaram os camponeses a levar a revolução democrática até o fim". Ver Vladímir I. Lênin, *Oeuvres complètes* (Moscou, Progrès), v. 28, p. 314 [ed. port.: *A revolução proletária e o renegado Kautsky*, em *Obras escolhidas em seis tomos* (Lisboa, Avante!, 1986), v. 4].

Com o apoio do campesinato, os sovietes combinaram medidas democráticas (a revolução agrária) e medidas socialistas (expropriação da burguesia), abrindo uma "via não capitalista", um período de transição ao socialismo. Mas o partido bolchevique só assumiu a direção desse gigantesco movimento social que "abalou o mundo" graças à reorientação estratégica radical iniciada por Lênin em abril de 1917, numa perspectiva muito próxima da revolução permanente. Não é preciso acrescentar que Trótski, como presidente do Soviete de Petrogrado, dirigente do partido bolchevique e fundador do Exército Vermelho, teve um papel determinante no "transcrescimento" socialista da Revolução de Outubro.

Resta a questão controversa da extensão internacional da revolução: os acontecimentos confirmaram a previsão condicional de Trótski de que, sem revolução na Europa, o poder proletário na Rússia estaria condenado? Sim e não A democracia operária na Rússia não sobreviveu à derrota da revolução europeia (1919-1923); mas seu declínio não produziu, como pensava Trótski em 1906, uma restauração do capitalismo (isso só acontecerá mais tarde, após 1991) – ao contrário, produziu um desenvolvimento imprevisto: a substituição de um poder operário pela ditadura de uma camada burocrática saída do próprio movimento operário.

Ora, se em 1905-1906 Trótski não havia previsto esse desfecho, ao menos havia intuído, na mesma época, os perigos que ameaçavam, de dentro, a democracia operária.

Pouco após o Congresso de 1903 da social-democracia russa, que assistiu à cisão entre mencheviques e bolcheviques, Trótski publicou *Nossas tarefas políticas*. Como Rosa Luxemburgo na mesma época[8], ele critica Lênin e seus camaradas por suas concepções "centralistas" e autoritárias, de inspiração jacobina. Lênin não hesitou em escrever em *Que fazer?* (1902) que o social-democrata revolucionário não era outra coisa senão "um jacobino ligado indissoluvelmente à organização do proletariado"[9]. Ora, segundo o jovem Trótski, é necessário escolher entre o jacobinismo e o marxismo, porque o social-democrata revolucionário e o jacobino representam "dois mundos, duas doutrinas, duas táticas e duas mentalidades, separadas por um abismo"[10].

---

[8] Ver seu artigo "Organisationsfragen der russichen Sozialdemokratie" [Questões de organização da social-democracia russa], publicado na revista dos socialistas alemães *Die Neue Zeit*, n. 22, 1903-1904.

[9] Ver Vladímir I. Lênin, *Que faire?* (Paris, Seuil, 1966), p. 66 [ed. port.: *Que fazer?*, em *Obras escolhidas em seis volumes*, cit., v. 2].

[10] Leon Trótski, *Nos tâches politiques* (Paris, Pierre Belfond, 1970), p. 187; tradução revista e corrigida por Boris Frankel.

LEON TRÓTSKI, PROFETA DA REVOLUÇÃO DE OUTUBRO   69

A principal motivação do panfleto era o perigo do "substitucionismo" representado pelos métodos preconizados por Lênin: segundo Trótski, as concepções do autor de *Que fazer?* conduzem a uma situação em que o partido substitui a classe operária, enquanto, em seu interior, "a organização do partido – um pequeno comitê – começa a substituir o conjunto do partido, em seguida o comitê central substitui a organização e finalmente um 'ditador' substitui o comitê central"[11]. Mesmo que se considerem injustas essas críticas a Lênin, elas não deixam de ser – por sua visão intuitiva – um espelho do futuro stalinista da União Soviética[12]. Rejeitando esse tipo de concepção, Trótski lança duas palavras de ordem alternativas: "Viva a autodeterminação do proletariado! Abaixo o substitucionismo político!".

Muito mais do que contra Lênin, Trótski se insurge contra as inquietantes doutrinas expostas por certos comitês bolcheviques, como os do Ural, em um texto publicado como suplemento do *Искра/ Iskra* [Centelha]:

> os autores desse documento têm a coragem de afirmar explicitamente que a ditadura do proletariado significa para eles uma ditadura sobre o proletariado: não foi a classe operária que, por sua ação autônoma, tomou em suas mãos o destino da sociedade, mas uma "organização forte e poderosa" que, reinando sobre o proletariado e, por meio dele, sobre a sociedade, assegura a passagem ao socialismo.[13]

Ditadura sobre o proletariado: o núcleo central do debate estava posto em poucas palavras.

Diante desse "Manifesto uraliano", que "não é uma curiosidade, mas o sintoma de um perigo muito maior, ameaçando nosso partido", e cujas conclusões "provocam frio na espinha mesmo nos mais corajosos", Trótski destaca a necessidade de uma democracia pluralista no exercício revolucionário:

> As tarefas do novo regime são tão complexas que não poderão ser resolvidas senão pela disputa entre diferentes métodos de construção econômica e política, por longas "discussões", pela luta sistemática, luta não somente do mundo socialista com o mundo capitalista, mas também luta das diversas correntes e das diversas tendências no interior do socialismo: correntes que aparecerão inevitavelmente, assim que a ditadura do proletariado apresentar, às dezenas, às centenas, novos problemas, insolúveis de antemão. E nenhuma organização "forte e poderosa" conseguirá, para acelerar e simplificar o processo, esmagar essas tendências e divergências: é muito claro que um proletariado

---

[11]   Leon Trótski, *Nos tâches politiques*, citado em Isaac Deutscher, *Trotski*, cit., p. 132-5.

[12]   Ver Isaac Deutscher, *Trotski*, cit., p. 138-40.

[13]   Leon Trótski, *Nos tâches politiques*, cit., p. 198.

70   CENTELHAS

capaz de exercer sua ditadura sobre a sociedade não se submeterá a nenhuma ditadura sobre si mesmo.[14]

Mesmo que a conclusão seja bastante otimista, não deixa de surpreender o caráter premonitório, profético mesmo, deste texto de Trótski, de sua capacidade de perceber as perigosas tendências – autoritárias e surpreendentes, que "provocam frio na espinha" – em andamento no interior de certas correntes do movimento bolchevique.

Em julho de 1917, Trótski adere ao partido bolchevique. Essa decisão decorre, por um lado, de sua ruptura com os mencheviques (com os quais havia constituído uma aliança em 1912, o "Bloco de Agosto") em 1915 e, por outro, das transformações profundas pelas quais o bolchevismo passou. O partido não somente se inseriu no movimento de massas como, sob o impulso das *Teses de abril* de Lênin, deu uma guinada à esquerda que incorporava o essencial da estratégia da revolução permanente (alguns "velhos bolcheviques" chegaram a acusar Lênin de ter se tornado "trotskista" em abril de 1917...). Essa adesão de Trótski ao bolchevismo foi duradoura: dessa época até sua morte, em 1940, a referência ao leninismo e a convicção da importância crucial do partido como direção revolucionária tornam-se os eixos centrais de sua reflexão política.

Os primeiros anos do poder soviético (1917-1923) caracterizam-se por restrições crescentes das liberdades democráticas – mesmo que longe do sistema totalitário stalinista. Embora se solidarizasse com os bolcheviques, Rosa Luxemburgo criticou, em sua célebre brochura *A Revolução Russa** (1918), as medidas autoritárias tomadas pelo novo regime revolucionário: dissolução da Assembleia Constituinte, interdição dos partidos e da imprensa de oposição etc.

Leon Trótski divide a responsabilidade por essa orientação com Lênin e seus camaradas. Entre 1920 e 1922, ela vai tomar, nele, uma forma excessiva, caracterizada por um centralismo extremo, cujas proposições de militarização do trabalho e estatização dos sindicatos – recusadas, aliás, por Lênin e pela maioria do partido – são a expressão mais evidente. Ele vai, por assim dizer, tentar pôr em prática algumas das teses substitucionistas que havia denunciado como perigosas em 1904.

De maneira geral, Trótski vai desenvolver, durante esse período, ideias e argumentos fortemente marcados por um autoritarismo de inspiração "jacobina".

---

[14]   Ibidem, p. 201-2.

*   Trad. Isabel Maria Loureiro, Petrópolis, Vozes, 1991. (N. E.)

É o caso de brochuras como *Terrorismo e comunismo** (1920) – uma resposta às críticas de Kautsky – ou *Entre vermelhos e brancos* (1922) – uma tentativa de legitimação da invasão soviética da Geórgia –, mas também de outras intervenções nos debates da época. Por exemplo, em seus discursos no X Congresso do Partido Comunista da União Soviética (março de 1921), afirma claramente que o partido deve manter sua ditadura, "sem levar em conta as agitações passageiras da reação espontânea das massas nem as hesitações momentâneas da classe operária". E, em uma intervenção no II Congresso Mundial do Comintern (julho de 1920), ele desenvolve esta magnífica formulação de ideologia substitucionista:

> Hoje recebemos uma proposta de paz do governo polonês. Quem decide essas questões? Nós temos o Conselho de Comissários do Povo, mas ele também deve ser submetido a certo controle. Controle exercido por quem? Controle por uma massa informe, caótica? Não. O Comitê Central do partido está reunido para discutir a proposta e decidir qual deve ser a resposta. E quando devemos conduzir a guerra, organizar as novas divisões, encontrar para elas os melhores elementos – para quem nos voltamos? Para o partido. Para o Comitê Central.[15]

É verdade que, mesmo durante esse período, Trótski tinha uma posição muito mais nuançada em relação aos problemas que se apresentavam à Terceira Internacional. Sua visão da relação entre "o partido" e "as massas" na Europa era muito diferente – se não contraditória – daquela que preconizava para a União Soviética. Em um discurso da mesma época, tem o cuidado de assinalar, a propósito da Itália, que "a ideia de substituir a vontade das massas pela determinação da chamada vanguarda é absolutamente inadmissível e não marxista"; e em novembro de 1920, numa intervenção sobre a Alemanha no comitê executivo do Comintern, defende o princípio da reciprocidade entre os dirigentes e a base do movimento: "A educação das massas e a seleção dos dirigentes, o desenvolvimento da ação autônoma das massas e *o estabelecimento de um controle sobre os dirigentes – tudo isso são processos e fenômenos mutuamente ligados e mutuamente condicionados*"[16]. A grande virada ocorrerá em 1923, quando Trótski toma consciência da escalada progressiva do poder da burocracia no partido e no Estado soviético. Ele vai denunciar, em *O novo curso*, não somente a tendência do aparelho a

---

* Trad. Livio Xavier, Rio de Janeiro, Saga, 1969. (N. E.)

[15] Em Isaac Deutscher, *Trotski*, cit., p. 669, e Leon Trotski, *The First Five Years of the Communist International* (Nova York, Pioneer, 1945), v. 1, p. 99-100.

[16] Leon Trótski, *The First Five Years of the Communist International*, cit., p. 301 e 149; grifos meus.

72 CENTELHAS

opor [...] os quadros dirigentes ao resto da massa, que para eles não é senão objeto de ação", como o perigo do "substitucionismo", que surge quando os métodos do aparelho anulam a democracia viva e ativa no interior do partido, ou seja, quando "a direção do partido substitui a administração por seus órgãos executivos (comitê central, *bureau político*, secretário etc.).[17]

Ele logo se tornará o principal adversário da burocracia stalinista e, em seus escritos posteriores – por exemplo, em *A revolução traída** (1935) –, estará de volta a defesa, quase palavra por palavra, da democracia socialista e do pluralismo de *Nossas tarefas políticas*.

Pouco antes de seu assassinato, no momento em que redige a biografia de Stálin, Trótski retorna, pela última vez, a esse escrito de juventude, submetendo-o a um julgamento nuançado:

> Em uma brochura escrita em 1904, *Nossas tarefas políticas*, embora às vezes faltassem nas críticas dirigidas a Lênin maturidade e justiça, há páginas que dão uma ideia justa da maneira de pensar dos "homens de comitê" daquele tempo [...]. A luta que Lênin iria sustentar um ano mais tarde, no Congresso [III Congresso, abril de 1905], contra os homens de comitê arrogantes confirma plenamente essa crítica.[18]

Dessa maneira, Trótski descarta como vazia e desprovida de base histórica a tese segundo a qual "o stalinismo futuro já estava contido na centralização bolchevista"; as raízes do stalinismo não devem ser buscadas nem no "princípio" abstrato do centralismo nem na hierarquia clandestina dos revolucionários profissionais, mas nas condições concretas da Rússia, antes e depois de 1917. Os expurgos stalinistas parecem trazer-lhe, paradoxalmente, a resposta mais contundente aos críticos do bolchevismo: Stálin só pôde estabelecer definitivamente seu poder por meio do massacre de toda a velha guarda bolchevique[19].

O argumento é justo, mas não podemos deixar de pôr em pauta o papel de certas tradições autoritárias do bolchevismo anteriores a 1917 e de práticas antidemocráticas dos anos 1918-1923 na escalada do stalinismo: os revolucionários de outubro não contribuíram – até certo ponto involuntariamente – para a gênese do *gulag* burocrático que iria destruí-los?

---

[17] Idem, "Cours nouveau" (1923), em *Les Bolchevicks contre Staline* (1923-1928) (Paris, IVe Internationale, 1957), p. 13.

* Trad. M. Carvalho e J. Fernandes, São Paulo, Centauro, 2008. (N. E.)

[18] Leon Trótski, *Staline* (Paris, Grasset, 1948).

[19] Idem.

MARXISMO CONTRA TOTALITARISMO*

Daniel Bensaïd

De colóquios a seminários, de artigos a tribunas, uma tese fez calmamente seu caminho até adquirir a força tranquila de um lugar-comum: é a Marx em pessoa, não a Stálin ou Lênin, que remonta o pecado original e a metamorfose implacável do paraíso socialista em inferno totalitário. Recai sobre ele a responsabilidade de ter reduzido a Lei a um simples artifício de dominação, de ter negado a instância jurídica e dissolvido a esfera específica do direito na do poder, de ter liquidado toda a teoria da política e do Estado em benefício de um vulgar determinismo econômico. Esse grande vazio teórico e institucional teria se convertido na terra prometida do partido único e polimorfo, berço do Estado totalitário que, em seus próprios princípios, nega e exclui toda possibilidade de oposição interna à sociedade. Enfim, na própria raiz do pecado, há uma dupla ilusão metafísica: na missão emancipadora do proletariado e na ideia da revolução.

O problema é importante, e por várias razões. Em primeiro lugar, porque o estado de sítio decretado contra o marxismo supera amplamente o terreno da disputa ideológica. Ele faz parte de uma ofensiva geral contra a classe operária e os povos oprimidos. Em segundo lugar, porque uma falsa acusação pode encobrir um problema verdadeiro ou nos dissuadir de responder a ele, com o conhecido pretexto de não fazer o jogo do inimigo.

---

*   Tradução de António José André publicada por Edições Combate, disponível em: <www.combate.info/marxismo-contra-totalitarismo>. Escrito em agosto de 1984 com base no texto "Marxisme ou 'totalitarisme'", *Critique Communiste*, ago. 1983, s. n. (Spécial Marx), p. 32-50. (N. E.)

O Estado, as liberdades, o direito

O processo contra Marx é uma trama de ignorâncias e inconsistências, convenientemente ligadas.

1. *É falso que Marx tenha liquidado todo o estatuto específico do político.*
Antes de expressar tal barbaridade, é preciso dar-se ao trabalho de ler ou reler certa quantidade de páginas, da *Crítica da filosofia do Estado* de Hegel à *Crítica do Programa de Gotha*, passando por *O 18 de brumário** ou pelos escritos sobre a Alemanha e a Guerra de Secessão. Seria difícil demonstrar que esses textos não contêm nenhuma teoria do Estado ou a reduzem a um simples reflexo das relações econômicas.

No fundo, a verdadeira censura que os detratores de Marx fazem contra ele é mais precisa: acusam-no de ter abandonado o terreno da filosofia política clássica. Essa filosofia buscava um sistema político que salvasse a unidade de uma sociedade tendencialmente atomizada pela generalização das relações mercantis e a lei da concorrência. Ela procurava critérios de legitimidade que tornassem aceitável um poder particular como encarnação do interesse geral.

As questões que Marx apresenta são efetivamente diferentes: em vez do debate sobre os equilíbrios institucionais, ele passa ao debate sobre os fundamentos do Estado, suas determinações históricas e sociais, ou, dito de outra maneira, suas raízes de classe. A partir daí, seus esforços o levam por caminhos que, embora excluam toda a especulação institucional sobre a sociedade futura, são profundamente políticos:

- as condições de acesso do proletariado à luta política, isto é, as formas organizacionais, sindicais e militantes do movimento operário;
- as condições estratégicas de emancipação política do proletariado, isto é, (seguindo a experiência da Comuna) a destruição da velha máquina do Estado burguês, o que não significa a abolição pura e simples do Estado como tal, mas abre a possibilidade de seu "definhamento";
- as condições econômicas e sociais desse definhamento que indicam somente uma tendência histórica, de modo que seria inútil e pretensioso querer predeterminar suas formas.

Eis uma série de problemas propriamente políticos que, para os nostálgicos da filosofia clássica, não passam de distração no que diz respeito a sua inesgotável dissertação sobre a distribuição e o equilíbrio dos poderes.

---

* Trad. Nélio Schneider, São Paulo, Boitempo, 2011. (N. E.)

2. É falso que Marx tenha tratado com desprezo ou até levianamente as liberdades democráticas elementares.

A obra de Marx é também seu combate incessante contra os privilégios, as desigualdades e o despotismo, e a favor das liberdades civis, dos direitos de organização e expressão, da liberação das mulheres e da autodeterminação dos povos oprimidos. Os que fazem de Marx o pai fundador do "totalitarismo" veem *Sobre a questão judaica* como o "manifesto" e o "breviário" do aprendiz de ditador. No entanto, é nesse texto que Marx salienta a contribuição indispensável das conquistas democráticas burguesas, analisando ao mesmo tempo sua relatividade e seus limites. Nesse texto, ele qualifica a "emancipação política" burguesa como um "grande progresso", "a última forma da emancipação humana nas condições atuais". O que Marx questiona é "a imperfeição da emancipação política", não para negar seu alcance, mas para abrir a perspectiva de sua "superação" num sentido que implica a conservação e a transformação qualitativa dessas liberdades.

Esses limites teóricos da democracia política burguesa não tardam a encontrar sua verificação prática nas revoluções de 1848, em especial nas "jornadas de junho", que traçam uma fronteira sangrenta entre o proletariado e a burguesia. Diz Ernst Bloch:

> Marx projeta uma luz muito mais cálida sobre os direitos do homem. Mostrou que eles têm um conteúdo de classe burguês – e fê-lo com uma claridade inigualável. Mas têm também um conteúdo por vir, que ainda não tinha uma base. Ele descobriu que a propriedade privada é determinante entre os direitos do homem; e por isso os demais direitos aparecem apenas como direitos truncados, suspensos. Quando caracteriza a propriedade privada como um limite burguês no interior dos direitos do homem, acaso Marx rejeita a liberdade, a resistência do povo à opressão, a segurança e outras tantas declarações do estado de justiça? De maneira nenhuma... A liberdade é tão pouco criticada em Marx que ela é, ao contrário, o direito do homem que, por seu estado e sua humanidade, permite que ele critique a propriedade privada[1].

3. É falso que Marx tenha reabsorvido a esfera própria do direito na arbitrariedade sem limites do poder.

Da mesma maneira que o Estado, o direito, como esfera específica institucionalizada, não é abolido pela revolução proletária. Apenas se torna fadado a extinguir-se. Desde o *Manifesto Comunista*, Marx situa o futuro do direito, como o da moral e o da religião, numa perspectiva histórica: "essas formas de consciência que

---

[1] Ernst Bloch, *Droit naturel et dignité humaine* (Paris, Payot, 1976).

só se dissolverão completamente com o desaparecimento total dos antagonismos de classe"[2], isto é, no horizonte da sociedade comunista.

Em *Crítica do Programa de Gotha*, Marx volta à questão com uma profundidade que escapa totalmente a seus detratores. O direito igual é desigual porque é incapaz de definir uma igualdade efetiva entre indivíduos concretos, compreendidos no conjunto de suas determinações sociais. Para poder medi-los pelo mesmo peso, esse direito é obrigado a reduzi-los a uma abstração jurídica, do mesmo modo que o salariato reduz o trabalho concreto ao trabalho abstrato e a força de trabalho viva a uma mercadoria.

Essa igualdade jurídica formal, no entanto, não deixa de ser um progresso considerável. Só poderia ser superada numa sociedade de abundância, na qual as diferenças entre indivíduos contribuam diretamente para a plenitude da criatividade coletiva, em vez de serem transformadas em desigualdades e humilhações pelo mecanismo da concorrência. Por isso, diz Marx, "o estrito horizonte do direito burguês" só poderá ser superado "[n]uma fase superior da sociedade comunista"[3]. Estamos muito longe da simples negação do direito.

Diversidade da classe, pluralismo, representação

Era Fichte, e não Marx, quem imaginava a dissolução do Estado no "reino da razão" e a do direito na moralidade.

Foi a burocracia stalinista, e não Marx, que decretou realizadas a unidade sem falhas do proletariado e a identidade da sociedade com o Estado, esmagou as contradições da consciência coletiva em movimento sob o imperativo da Razão de Estado e fundiu na esfera do direito público todos os ramos do direito.

Marx via o definhamento do Estado, do direito, da família, como um longo processo que marcava a passagem da era da necessidade (trabalho forçado) à era da liberdade, da pré-história à história.

Uma vez que a transparência das relações sociais não é efetivamente realizada, mas decretada autoritariamente, não há mais lugar para contradição, divergência ou pluralidade de opiniões; toda diferença se transforma em delito ou desvio. No entanto, Marx percebeu claramente a dialética histórica da consciência de

---

[2] Karl Marx e Friedrich Engels, *Manifesto Comunista* (trad. Álvaro Pina, São Paulo, Boitempo, 1998), p. 57.

[3] Idem, *Crítica do Programa de Gotha* (trad. Nélio Schneider, São Paulo, Boitempo, 2012), p. 31.

classe no movimento da autoemancipação do proletariado: nenhum partido, no "sentido efêmero" do termo, pode pretender encarnar a totalidade do "partido no sentido histórico", isto é, a soma das experiências da classe em sua diversidade. Tanto que a manutenção das grandes divisões entre campo e cidade, trabalho manual e trabalho intelectual, homens e mulheres, continua a se alimentar das diferenciações sociais objetivas dentro da própria classe.

A posição de Lênin no debate sobre a questão sindical na União Soviética, em 1921, mostra que ele também tinha consciência de que era preciso haver mecanismos institucionais que garantissem a formulação e a expressão de necessidades diferentes no interior da classe, e também da incapacidade do Estado de representar e unificar essas necessidades, às vezes contraditórias.

Enfim, Trótski, com alguns textos do começo dos anos 1920, em especial com *Terrorismo e comunismo*, e até mesmo com *Novo curso*, contribuiu para a confusão entre exceção e regra, para a justificação da arbitrariedade do poder, em nome da adequação do postulado entre a classe histórica e o poder que supostamente a representa. Mas também tem o mérito de ter esclarecido teoricamente e sistematizado, por meio da análise da deterioração burocrática, o que em Marx e Lênin eram somente intuições fragmentárias.

Em *A revolução traída**, Trótski defende o princípio do pluripartidarismo numa sociedade de transição ao socialismo, em função "da diversidade do proletariado": "porque a consciência de uma classe não corresponde exatamente a seu lugar na sociedade", "porque uma classe é dilacerada por antagonismos internos", ela pode "formar vários partidos".

Essa constatação tem consequências importantes. De fato, o reconhecimento do direito à pluralidade de partidos implica necessariamente a distinção entre esses partidos e o aparelho de Estado, assim como uma definição institucional de suas condições de funcionamento, expressão, participação no exercício do poder, em outras palavras, a codificação de um direito público distinto do poder, de uma verdadeira legalidade na fase de transição.

É preciso notar a esse respeito que a forma como se costuma apresentar a alternativa entre democracia direta e democracia representativa, inclusive no movimento revolucionário, obscurece a questão. É certo que Lênin e a Internacional Comunista rechaçaram qualquer tentativa de conciliação entre as formas de democracia soviéticas (comitês, conselhos) e as formas parlamentares da democracia

---

* Trad. Olinto Beckerman, São Paulo, Global, 1980. (N. E.)

representativa. À luz da Revolução Russa, o que estava em jogo nesse debate contra Kautsky ou os austriomarxistas tinha caráter estratégico: tratava-se de saber qual dos dois poderes, diante de uma crise revolucionária, sairia vitorioso. Assim, os reformistas se esforçavam para salvar o Estado burguês tolerando formas soviéticas, pois não podiam eliminá-las, desde que se subordinassem à soberania das instituições parlamentares.

A partir disso, os detratores da democracia socialista e apologistas da democracia parlamentar quiseram tomar ao pé da letra a noção de democracia direta. Negando-se toda forma de representação, só seria possível gerar uma soma contraditória de interesses corporativos e extrair deles um mínimo denominador comum. A democracia direta seria incapaz de produzir uma visão de conjunto e uma vontade geral coerentes. Assim impotente, abriria necessariamente o caminho para o partido único e totalitário que se imporia à atomização de organismos presos no horizonte limitado da empresa, do bairro ou do povoado.

No entanto, a democracia direta não é necessariamente uma pirâmide que funciona de maneira unilateral, da base ao topo, em detrimento da síntese. Lênin era partidário da revogabilidade dos eleitos, mas não deduzia daí o princípio do mandato imperativo. O mandato imperativo paralisaria a discussão e a modificação recíproca dos pontos de vista pela inserção destes numa visão coletiva mais ampla. Além disso, um sistema de democracia direta não é necessariamente um sistema inarticulado, sem mediações, que atua por adição das necessidades parcelares. Ele pode ser um mecanismo de escolha entre as grandes opções políticas, econômicas e sociais, desde que existam mediações que permitam elaborar essas escolhas. Essa é precisamente a função do pluralismo, tenha ele a forma de uma pluralidade de partidos, de existência de correntes ou tendências dentro de um mesmo partido (ainda que o direito de tendência não seja nada sem o direito à separação) ou de existência de um sindicalismo democrático independente do Estado.

Ora, por definição, a organização em partido político introduz certo grau de "representação" do todo pela parte que se constitui em seu intérprete. É que a antinomia entre democracia direta e democracia representativa apresenta-se em geral de modo abstrato, de um ponto de vista exclusivamente institucional, sem tomar o cuidado de relacionar o sistema de mediações políticas com a organização das relações de produção. Lênin tinha razão quando rechaçava radicalmente todo compromisso, toda tentativa de "democracia mista", que, no marco das relações de produção capitalistas baseadas na propriedade privada dos meios de produção

MARXISMO CONTRA TOTALITARISMO   79

e na lei do mercado, salvaguarda e legitima sob uma forma parlamentar a ditadura da classe dominante.

Mas, uma vez destruída a "velha máquina" do Estado burguês, expropriados e socializados os meios de produção e regida a economia pela planificação, os mecanismos de representação se inserem funcionalmente num contexto novo. A democracia mista, reivindicada, por exemplo, por Ágnes Heller e Ferenc Féher, tem um sentido totalmente diferente em uma economia planificada. Tampouco devemos ver os debates do Solidarność polonês, em 1981, sobre eleições livres para a assembleia ou a instauração do bicameralismo, com a formação de uma câmara econômica composta de delegados dos conselhos de fábrica, como uma intenção de ressuscitar o velho parlamentarismo.

Essas reivindicações democráticas institucionais, como todas as reivindicações democráticas (liberdade de imprensa e de organização) num Estado burocrático pós-capitalista, adquirem muito rapidamente um conteúdo social concreto: em vez de restabelecerem uma representação formal, por trás da qual a propriedade privada continua ditando sua lei, elas abrem caminho para a livre associação dos trabalhadores e para a socialização efetiva da produção.

Por ter ido mais longe na análise e na crítica da degeneração burocrática, Trótski foi o primeiro a compreender profundamente o destino de uma sociedade devorada pelo Estado: "O Estado sou eu!" é quase uma fórmula liberal em comparação com as realidades do regime totalitário de Stálin. Luís XIV identificava-se unicamente com o Estado. Os papas de Roma identificavam-se com o Estado e com a Igreja... O Estado totalitário vai além do "cesaripapismo", porque abarca toda a economia do país. Diferentemente do Rei Sol, Stálin pôde dizer com razão: "A sociedade sou eu!"[4].

Era necessário chegar tão longe para poder traçar uma fronteira definitiva entre revolução e contrarrevolução, entre marxismo revolucionário e totalitarismo burocrático.

Legalidade de transição, direito, moral

O estatuto do direito, da moral, do conhecimento e sua relativa autonomia quanto ao poder inscrevem-se logicamente nessa legalidade de transição.

A economia planificada inicia uma socialização progressiva da produção, não suprime de uma só vez as relações mercantis, que sobrevivem sob coerção e con-

---

[4]   Leon Trótski, *Staline* (Paris, Grasset 1948).

trole do plano: o acesso ao consumo não é nem pode ser planificado. Ele passa pela mediação de uma renda que mantém a forma de salário. Portanto, o indivíduo continua a ter parcialmente uma vida dupla, de produtor e consumidor, cuja reconciliação supõe ainda e sempre mediações políticas. Foi o que Pachukanis entreviu:

> No atual período de transição, o proletariado tem o dever de usar segundo seus interesses de classe tais heranças das formas da sociedade burguesa e, assim, esgotá-las completamente. [...] O proletariado deve ter uma atitude crítica sóbria não apenas para com o Estado burguês e a moral burguesa, mas também para com seu próprio Estado e sua própria moral proletária.[5]

Percebendo o enraizamento do direito nas relações mercantis, Pachukanis afirma que o direito não pode ser suprimido, mas deve definhar. Contudo, ele limita essa compreensão ao que se convencionou chamar "direito privado", sem chegar a todas as consequências de sua argumentação sobre o terreno do direito público e das instituições. Paradoxalmente, seu silêncio sobre a questão permite à burocracia stalinista condená-lo como "esquerdista" no mesmo momento em que ela vira as costas a Marx, proclamando a necessidade do fortalecimento do Estado, e que o braço direito dela, Vychínski, tenta teorizar o "direto socialista" como um sistema de normas deduzidas da vontade da classe dominante (o proletariado). Esse determinismo sociológico elimina de passagem a questão decisiva: quem interpreta essa vontade e quem garante a autenticidade dessa interpretação?

Com Vychínski, o direito soviético já não é um direito burguês depurado, mas um direito de novo tipo, cuja definição tautológica postula a transparência das relações sociais: o direito é agora "a totalidade das regras de conduta estabelecidas pelo Estado como poder da classe dominante". Fundando em última instância a legitimidade desse direito sobre uma metafísica do instinto de classe, interpretada diretamente pelo partido único ou por seu chefe, ele erige em forma de regra a arbitrariedade e a opressão.

É interessante considerarmos aqui o dilema histórico com o distanciamento de um filósofo instruído pela dupla experiência do nazismo e do stalinismo. Cada palavra de Ernst Bloch tem todo o peso de tragédia e lucidez:

> Não há nenhuma forma segura de Estado — até onde existe uma em geral — que não deva honrar na democracia essa homenagem do vício à virtude que representava o

---

[5] Evguiéni B. Pachukanis, *Teoria geral do direito e marxismo* (trad. Paula Vaz de Almeida, São Paulo, Boitempo, 2017), p. 161.

Estado de direito burguês; evidentemente, o mesmo se pode dizer quando se trata de uma virtude autêntica, que só utiliza o Estado como meio para fazê-lo definhar. Se desaparecer o formalismo jurídico, tão dissimulador quanto vazio, disso não resulta que, com o conteúdo que já não necessita de máscara, desapareça também a forma jurídica democrática, que agora já não comporta vazio nem imperfeição. O Estado de direito burguês, que insistia nos direitos do homem burguês, desaparecerá com o Estado burguês, mas os direitos do homem burguês não podem desaparecer na construção socialista na medida em que só podem se realizar por serem não burgueses. Não podemos entrar no socialismo com o Estado de direito burguês acima dos pobres e dos ricos, na medida em que este é um instrumento formal, ideológico e, no fim das contas, falacioso. Mas, quando se está no socialismo, um de seus sinais é que se recolheu, limpou e içou a bandeira dos direitos do homem que o Estado de direito burguês julgara mal e o Estado de ilegalidade fascista, em seu despotismo, aniquilara.[6]

Bloch afirma e mantém os direitos do homem como "depositário utópico concreto de uma promessa à qual a revolução real pode se agarrar". Nesse sentido, eles vão "muito além do horizonte burguês". Esse humanismo crítico nos leva de volta a Marx, muito mais que nos distancia dele. No entanto, para salvar a necessidade de um direito de transição contra os abusos burocráticos, Bloch não vê outra saída senão recuperar a velha trincheira do direito natural diante do direito positivo. O referente desse direito natural escapa à história e reside num postulado ético absoluto: o da dignidade humana.

Retomando Brecht, para quem o ser humano, e não somente o de sua classe, não gosta de levar pontapés, Bloch apela ao "ser humano" em sua generalidade abstrata e cai na velha antinomia entre indivíduo e coletividade. No entanto, sua conclusão ("não há democracia sem socialismo, não há socialismo sem democracia") não necessitava dessa distração filosófica nas raias da história. O fundamento de um direito e de uma moral não subordinados ao poder pode realizar-se na diversidade da própria classe, na dialética do universal e do particular que continua a atravessá-la, muito além da abolição do capitalismo. A transformação da divisão do trabalho e das mentalidades não avança no mesmo ritmo dos decretos sobre a abolição da propriedade privada dos meios de produção e a planificação da economia.

O destino da moral está ligado em grande medida ao do direito. Na sociedade capitalista, a mão esquerda do burguês deve ignorar o que faz a mão direita. Uma vez que as relações entre os indivíduos são regidas por um direito que perdeu

---

[6] Ernst Bloch, *Droit naturel et dignité humaine*, cit.

seus atributos divinos ou naturais, abre-se a possibilidade de um refúgio onde se resguardem os direitos subjetivos e a liberdade de consciência. Laicizada, a moral mantém distância das peripécias do direito positivo.

Bloch afirma que uma sociedade só poderá prescindir desse "refúgio interior" no dia em que "já não houver razão para se opor a uma sociedade verdadeiramente boa". No entanto, uma interpretação vulgar diz que o marxismo aboliu esse refúgio de julgamento autônomo e frágil, com todas as suas incertezas e ambiguidades, impondo-lhe uma norma externa e universal: a subordinação do fim aos meios. A ideia de que tudo é permitido para um ateu poderia causar vertigens a Dostoiévski. Mas Plekhánov, Lênin e Trótski são o contrário dos cínicos ou dos demagogos. Eles distinguem as manobras e os truques inevitáveis da política diante de inimigos poderosos e sem escrúpulos, de uma conduta moral cujos critérios são rigorosos e coercitivos. Essa moral prática acomoda-se mal aos compromissos cotidianos entre intenção e ação, entre vida privada e vida pública. Não se beneficia das indulgências do confessionário. Não propõe nenhuma espécie de purgatório. Seus critérios, por serem imanentes ao processo histórico, são ainda mais exigentes. Têm como bússola o despertar e o desenvolvimento da consciência coletiva do proletariado.

É por isso que Lênin levava tão a sério sua fórmula de que "só a verdade é revolucionária". É por isso que Trótski considera moral "tudo o que contribui para o aumento do poder do homem sobre a natureza e a abolição do poder do homem sobre o homem". É por isso que Che Guevara dá às "virtudes" desvalorizadas da burguesia – a coragem, a honestidade, a abnegação – um conteúdo histórico novo e concreto. A mediação prática da luta de classes, o famoso "critério da prática", tão apreciado por Lênin, tende a fazer coincidir a política e a moral, o julgamento de fato e o julgamento de valor. Mas há ainda uma longa distância da tendência até sua conclusão.

A moral, assim como o direito, não se dissolve imediatamente na política, nem sequer no direito. Ela permanece no intervalo entre o todo e a parte, entre a classe e o partido (inclusive o mais revolucionário), entre a humanidade emancipada e a classe que mal começa a se libertar dos grilhões. Mesmo desembaraçada da religião, assinalava Pachukanis, uma moral continua a ser uma moral, uma interpretação subjetiva e íntima dos interesses históricos. Mesmo que não possa mais ignorar suas amarras sociais e políticas, a moral continua a fazer sobre elas uma pressão saudável, em nome de uma antecipação histórica.

Rejeitando um novo tipo de despotismo esclarecido, que só perceberia as pessoas por meio de sua classe e as reduz ao estado de simples recipientes ou acidentes dessa classe elevada a essência, Bloch apontou a metafísica que persegue o marxismo burocratizado.

> Toda substituição recíproca da moral e da política é inautêntica [...]. Há na consciência moral, apesar de todos os abusos que foram cometidos, elementos suficientes do amanhã e do depois de amanhã. Que julguem a poeira e a hipocrisia em que se converteu a moral; pois quem mais, se não a moral, poderia julgar a hipocrisia?[7]

No entanto, Bloch justifica a atualidade e o futuro da ética, como também do direito, em nome do conflito não resolvido entre indivíduo e comunidade, embora eles remetam mais concretamente ao excedente histórico da classe sobre suas representações efêmeras e, mais além, do humano sobre a classe. Para Marx, desde os *Manuscritos econômico-filosóficos**, a identificação perfeita do indivíduo com a sociedade, a humanidade plenamente socializada, não é senão um horizonte histórico que supõe que todos os homens e mulheres, em sua existência particular, tenham uma relação consciente com o gênero humano. Que em seguida ele tenha definido os primeiros passos e os meios políticos para avançar nesse caminho não autoriza nenhum atalho que permita alcançar de um salto os limites desse horizonte.

Ciência, saber, consciência

Os que querem ver o marxismo como a fonte lógica do "totalitarismo" buscam o material de seu discurso em Hannah Arendt. Ora, segundo Arendt, o pecado original parte da teoria do conhecimento. Se existe uma racionalidade da história, uma racionalidade exaustiva do real histórico regida por um princípio de causalidade, o partido é seu revelador científico todo-poderoso.

Isso é passar ao largo de Marx, sem tomar a medida de sua ruptura com Hegel ou a distância que o separa do positivismo. A burocracia ergueu a Razão de Estado contra a consciência histórica. Reabilitou o racionalismo abstrato ao mesmo tempo que se fundia no delírio do terror. Travestiu o "socialismo científico" em "ciência socialista". Assassinou Marx em nome de Marx. Acreditando no próprio logro, Raymond Aron ou Cornelius Castoriadis, sob a sua aparente intransigência democrática, prestaram-lhe um excelente serviço: eles de certa forma autenticam a usurpação.

---

[7] Idem.

* Trad. Jesus Ranieri, São Paulo, Boitempo, 2004. (N. E.)

O marxismo revolucionário e militante não é nostálgico da ciência exata. Não tem necessidade de uma verdade absoluta ou revelada. Enraizado na história que se faz, é um saber revolucionário, uma teoria crítica, uma interpretação incessantemente corrigida, "uma verificação indefinida". O futuro que ele prescruta não é uma fatalidade, mas uma probabilidade. Do ponto de vista da ação que se vai realizar, essa probabilidade é real. A racionalidade histórica não é formal e unívoca, mas aberta e dialética.

Inscrito nesse horizonte, o partido revolucionário não é uma reedição tecnocrática do "grande relojoeiro" nem uma reencarnação do sujeito plenamente lúcido e unificado da psicologia clássica. É o difícil nó entre as condições herdadas e um projeto, entre a ação e a consciência, entre o objetivo e o subjetivo. Sua mediação não deixa os dois termos disjuntos e intactos. É por isso que, se não pode querer dizer "a verdade sobre a verdade", ele pode traduzir em atos uma parte dessa verdade histórica na qual se encontra "em exclusão interna".

Em *A invenção democrática**, Claude Lefort destaca a tendência de toda sociedade a dar um corpo ao poder, a "incorporá-lo". Do monarca absoluto ao paizinho dos povos, passando por todas as variantes militares ou presidenciais do bonapartismo, não faltam figuras dessa "incorporação".

Acusado de comportar o totalitarismo, o marxismo lança o desafio mais radical a toda forma de encarnação do poder. Traçando a perspectiva do definhamento do Estado, ele imagina o exercício transitório de um poder deslocalizado e "desincorporado", de uma democracia social que marcaria realmente a saída da nossa pré-história religiosa e mitológica.

Nada de assombroso no fato de que tal salto implique uma revolução nas noções de saber ou verdade. Só uma visão não religiosa da história permite agir de forma responsável, comprometer-se e lutar, e se necessário assumir os riscos mais extremos, com base nas convicções e na verdade que Lênin chamava "relativas"; em outras palavras, sem necessidade de se dopar com qualquer absoluto que seja.

Livre das desfigurações e difamações, o marxismo revolucionário é um antitotalitarismo radical.

---

* Trad. Isabel Loureiro e Maria Leonor Loureiro, 3. ed. rev., Belo Horizonte, Autêntica, 2011. (N. E.)

"A CONTRAPELO". A CONCEPÇÃO DIALÉTICA DA CULTURA NAS TESES DE WALTER BENJAMIN (1940)*

Michael Löwy

É legítimo considerar Walter Benjamin um historiador da cultura? De fato, ele rejeita a "história da cultura" como não dialética, reificada, fetichista e historicista; opõe-se à ideia de que a cultura possui uma história separada, desvinculada das condições sociais e políticas[1]. No entanto, é possível encontrar em suas teses "Sobre o conceito de história" (1940) alguns elementos poderosos e iconoclastas de uma concepção alternativa, dialética (e materialista) da cultura. Eles estão resumidos na Tese VII. Ao estudar as ideias de Benjamin sobre a cultura – ideias bastante heterodoxas e subversivas –, não podemos esquecer jamais que elas são inseparáveis de sua concepção geral da história e de seu engajamento político em favor das classes oprimidas. Seu objetivo é menos o de promover uma nova teoria estética que o de despertar a consciência revolucionária.

Em uma das notas preparatórias das teses, Benjamin enuncia, de forma lacônica, as diretrizes de seu método anti-historicista: "O momento destruidor: demolição da história universal, eliminação do elemento épico, nenhuma identificação com o vencedor. A história deve ser escovada a contrapelo. A história da cultura como tal é abandonada: ela deve ser integrada à história da luta de classes"[2]. A Tese VII trata desses temas, e em particular daqueles que se referem à cultura; porém, em outras

---

* Tradução de Fabio Mascaro Querido, publicada em *Lutas Sociais*, n. 25-26, 2011, p. 20-8. (N. E.)

[1] Sobre estas questões, sugerimos ao leitor o notável ensaio de Irving Wohlfarth, "Smashing the Kaleidoscope", em Michael Steinberg (org.). *Walter Benjamin and the Demands of History* (Ithaca, Cornell University Press, 1996).

[2] Walter Benjamin, "Anmerkungen", em *Gesammelte Schriften* (Frankfurt, Suhrkamp, 1981), v. I, 3, p. 1.240.

86   CENTELHAS

passagens desse texto de 1940, encontramos algumas observações críticas sobre o historicismo, nas quais são igualmente abordados os problemas culturais.

Em vez de fazer longos comentários, vamos nos esforçar para utilizar, como ferramentas hermenêuticas, certas "imagens dialéticas", a fim de compreender as proposições de Benjamin.

1. "Os partidários do historicismo [...] identificam-se afetivamente com o vencedor" (Tese VII).

Evidentemente, o termo "vencedor" não se refere, aqui, às batalhas ou às guerras comuns, mas à guerra de classes, em que um dos campos, a classe dominante, não cessou de levar vantagem sobre os oprimidos – desde Espártaco, o gladiador rebelde, até a Spartakusbund (Liga Espartaquista) de Rosa Luxemburgo e desde o Império Romano até o Tertium Imperium (Terceiro Reich) hitlerista.

O historicismo cultural se identifica empaticamente *(Einfühlung)* às classes dominantes. Ele compreende a história como sucessão gloriosa de altos feitos culturais, que vieram se juntar aos precedentes em uma acumulação de "tesouros culturais". Celebra as culturas dos senhores do passado e do presente. Elogiando as classes dirigentes e rendendo-lhes homenagens, confere-lhes o estatuto de "herdeiras" da cultura passada. Em outros termos, ele participa – tal como aqueles personagens que erguem a coroa de louros sobre a cabeça do vencedor – "desse cortejo triunfal que conduz os dominantes a marchar por cima dos que, ainda hoje, jazem por terra" (Tese VII).

A crítica de Benjamin ao historicismo se inspira na filosofia marxista da história, mas também comporta um componente nietzschiano. Em uma de suas obras de juventude, *Da utilidade e da desvantagem da história para a vida,* citada ao início da Tese XII, Nietzsche ridiculariza a "admiração nua do sucesso" dos historicistas, sua "idolatria do factual" *(Götzedienste des Tatsächlichen)* e sua tendência a se curvar diante do "poder da história"; numa imagem curiosa, mostra-os dizendo "sim" a todos os poderes existentes, de forma "mecanicamente chinesa". Na medida em que o diabo é o senhor do sucesso e do progresso, a verdadeira virtude consiste em se opor à tirania do real *(Tyrannei des Wirklichen),* em "nadar contra as ondas da história". Em outro momento, Nietzsche simplesmente despreza o "filisteísmo cultural histórico-estético" *(Bildungsphilister)* que esquece que a cultura só pode crescer e desabrochar a partir da vida: sem ela, não pode ser nada mais do que uma "folha de papel" estéril e artificial[3].

---

[3]   Friedrich Nietzsche, *Vom Nutzen und Nachteil der Historie für das Leben* (Stuttgart, Reclan, 1982), p. 81, 83-4, 96 e 102 [ed. bras.: *Segunda consideração intempestiva: da utili-*

"A CONTRAPELO"   87

Existe, portanto, um vínculo evidente entre esse panfleto nietzschiano de 1869 e a exortação de Benjamin – de 1940 – a escrevermos a história a contrapelo (*gegen den Strich*). Mas as diferenças não são menos importantes: enquanto a crítica nietzschiana do historicismo e da história da cultura é feita em nome da "vida", da "juventude" ou do "indivíduo heroico", Benjamin a realiza em nome dos vencidos. Como marxista, ele é um adversário decidido do nietzschianismo, colocando-se ao lado dos "condenados da terra", dos que caíram sob as rodas das carruagens majestosas e magníficas denominadas Civilização, Progresso e "tesouros culturais"*.

Aliás, sua interpretação do marxismo é radicalmente oposta à corrente evolucionista e positivista do "socialismo científico", que prevaleceu no movimento operário social-democrata e comunista. Para Benjamin, a tarefa do teórico materialista histórico é a de "quebrar", fazer explodir, destruir o fio conformista da continuidade histórica e cultural. O materialista histórico deve, portanto, desconfiar dos pretensos "tesouros culturais". Para ele, estes não são mais do que restos mortais provocados pelos vencedores na procissão triunfal, despojos que têm por função confirmar, ilustrar e validar a superioridade dos poderosos.

Tais desfiles triunfais são frequentemente representados nas alegorias barrocas, nas quais podemos ver reis e imperadores em plena glória, às vezes seguidos de prisioneiros acorrentados e arcas transbordando de ouro e joias. São estas as ilustrações surpreendentes da definição benjaminiana da alegoria como a fácies hipocrática da história. O cortejo mencionado na Tese VII traz ao espírito outras "imagens dialéticas", como aquela, bem conhecida, que parece encarnar, durante dois milênios, o destino do povo judeu: os altos-relevos do Arco de Tito em Roma, que mostram o cortejo dos romanos armados e vitoriosos exibindo seus espólios, a menorá judaica, o castiçal de sete hastes, tesouros pilhados do Templo de Jerusalém. Como Brecht no romance *Os negócios do senhor Júlio César*** ou na peça *O julgamento de Luculus****, Benjamin estava interessado nos paralelos entre os

---

dade e desvantagem da história para a vida, trad. Marco Antônio Casanova, Rio de Janeiro, Relume Dumará, 2003].

* Em *Walter Benjamin: aviso de incêndio*, Michael Löwy substitui, em uma passagem bastante parecida, o termo "tesouros culturais" por aquele, mais amplo, de "modernidade", o qual, junto com a ideia de Civilização e Progresso, é o verdadeiro inimigo da crítica revolucionária do historicismo efetuada pelo materialismo histórico. (N. T.)

** São Paulo, Hemus, 1970. (N. E.)

*** Em *Teatro completo*, Rio de Janeiro, Paz e Terra, 1992, v. 7. (N. E.)

imperialismos romano e moderno. Mas sua argumentação engloba a totalidade da "herança" cultural dos vencedores, desde a Grécia, Roma e, em seguida, a Igreja da Idade Média, caindo posteriormente nas mãos da burguesia – do Renascimento a nossos dias. Em cada caso, a elite dominante se apropria – pela guerra ou por outros meios bárbaros – da cultura precedente e a integra a seu sistema de dominação social e cultural. Cultura e tradição tornam-se, assim, como sublinha Benjamin na Tese VI, "um instrumento das classes dominantes".

2. "Não há nenhum documento de cultura que não seja, ao mesmo tempo, um documento de barbárie" (Tese VII).

Esse princípio é a chave de uma concepção dialética da cultura. Em vez de opor a cultura (ou a civilização) à barbárie como polos opostos que se excluem mutuamente, ou duas etapas diferentes da evolução histórica – dois *Leitmotiven* clássicos da *Aufklärung* (a filosofia das Luzes) –, Benjamin as apresenta como uma unidade contraditória.

O que Benjamin quer dizer concretamente quando menciona a barbárie presente em cada documento cultural? A Tese VII faz referência à "corveia sem nome" imposta ao povo. Os exemplos mais evidentes dessa barbárie podem ser encontrados nos monumentos da arquitetura: de novo nos vem ao espírito a imagem judaica tradicional (retirada da Agadá) que representa os hebreus escravizados construindo as pirâmides. Mas podemos dizer a mesma coisa das numerosas construções de prestígio, dos aquedutos romanos às catedrais, do palácio de Versalhes à Ópera de Napoleão III.

Muitas vezes, o elemento de barbárie está diretamente presente na natureza mesma do edifício. Os monumentos que celebram as vitórias imperiais (como o Arco do Triunfo em Paris) são claras ilustrações dessa "barbárie intrínseca". O interesse que Benjamin tem por esse tipo de arquitetura, em sua origem na Roma antiga e em sua função política e ideológica, aparece em *Passagens**, graças às várias referências ao ensaio de Ferdinand Noacks, *Triumph und Triumphbogen* [Triunfo e arco do triunfo], publicado em 1928 pela biblioteca Warburg de Leipzig[4].

---

* Do alemão *Die Passagen-Werk*, também conhecido como *Arcadas* (do francês *Arcades*). Walter Benjamin, *Passagens* (trad. Liene Aron e Cleonice Paes Barreto Mourão, São Paulo/ Belo Horizonte, Imprensa Oficial/Editora da UFMG, 2007) (N. E.)

4 Walter Benjamin, "Anmerkungen", cit., p. 150-2. Em *Das Passagen-Werk*, encontram-se ainda várias referências aos poemas de Victor Hugo sobre o Arco do Triunfo (Frankfurt, Suhrkamp, 1982, v. 1, p. 147, 149 e 154-5), assim como uma citação de Arsène Houssaye descrevendo a entrada de Napoleão III em Paris sob "2 mil arcos do triunfo".

Em "Infância berlinense", encontra-se uma descrição aterrorizante da *Siegessäule*, a coluna triunfal que ressalta o contraste entre a graça da estátua da Vitória, que coroa o monumento, e os aterrorizantes afrescos de sua parte baixa, que representam (na imaginação da criança) cenas em que soldados, fustigados pelo vento glacial, prisioneiros do gelo, lançados na obscuridade de um túnel, sofrem como os condenados do Inferno de Dante, tal como Gustave Doré os desenhou[5]. Essa descrição apresenta um paralelo impressionante com o poema de Brecht que abre a Tese VII: "Considerai a escuridão e o frio intenso/ Neste vale, onde ressoam lamentos".

Outros monumentos de "cultura bárbara" fazem referência direta às seguidas vitórias dos dirigentes na guerra de classes. A fonte da Renascença, em Mainz*, fornece um notável exemplo (que Benjamin certamente conhecia): essa magnífica obra-prima foi erigida pelo arcebispo Albert de Brandemburgo para comemorar a vitória dos príncipes sobre... a revolta camponesa de 1525 (*"Conspiratio rusticorum prostrata"*). Não é difícil encontrar equivalentes na literatura, na pintura ou na escultura.

Mas a ideia de Benjamin tem um significado mais amplo: na medida em que a alta cultura é produzida pelos privilégios advindos da labuta viva das massas, na medida em que não poderia existir na forma histórica sem o trabalho anônimo (escravos, camponeses ou operários), na medida em que os bens culturais são "produtos de luxo" fora do alcance dos pobres, esses tesouros da alta cultura são, inevitavelmente, em todos os modos de produção, fundados sobre a exploração – quer dizer, sobre a apropriação do trabalho excedente por uma classe dominante. Estes são os "documentos de barbárie", nascidos da injustiça de classe, da opressão social e política, da desigualdade, da repressão, dos massacres e das guerras civis.

3. O teórico do materialismo histórico "considera que sua tarefa consiste em escovar a história a contrapelo" (Tese VII). O que isso significa para a história da cultura? Antes de tudo, implica examinar os "tesouros culturais" com um "olhar distanciado", situando-se do lado dos vencidos, judeus, párias, escravizados, camponeses, mulheres, proletários. Desse ponto de vista, por exemplo, a rica cultura do Segundo Império francês, que Benjamin estudou com particular interesse,

---

5   Idem, "Berliner Kindhteit um Neunzenhundert", em *Gesammelte Schriften*, cit., v. IV, 1, p. 242 [ed. bras.: *Rua de mão única – Infância berlinense, 1900*, trad. João Barrento, Belo Horizonte, Autêntica, 2013].

*   Trata-se da *Marktbrunnen* (Fonte do Mercado). (N. E.)

deve ser analisada levando-se em conta a derrota dos operários em junho de 1848 e a supressão do movimento operário revolucionário (Blanqui!) que ela provocou durante várias décadas (ver *Passagens*). Da mesma forma, a brilhante cultura de Weimar deve ser comparada à situação dos desempregados, dos pobres e das vítimas da inflação (ver *Rua de mão única*). Para integrar a cultura na história da luta de classes, é preciso se colocar em uma perspectiva revolucionária/crítica, alimentada pelas imagens dos "ancestrais escravizados" e das "gerações derrotadas" (Tese XII).

Essa postura implica igualmente a necessidade de apreender o momento em que interferem vários fenômenos, a criação dos produtos e seu fetichismo, a reificação que encontramos na cultura oficial da sociedade burguesa. Esse é um dos aspectos fundamentais do projeto *Passagens* de Benjamin[6]. Simultaneamente, leva a considerar a cultura dos vencidos, a tradição cultural dos oprimidos. a cultura popular desprezada e ignorada pela cultura oficial da elite. Podemos citar, a título de exemplo, as antigas esculturas chinesas, uma arte popular celebrada por Eduard Fuchs. Para Benjamin, o respeito a esses artistas anônimos "contribui mais para a humanização da humanidade" do que o culto dominante imposto uma vez mais à sociedade[7].

No entanto, isso não significa que Benjamin seja partidário de um "populismo cultural"; longe de rejeitar as obras de "alta cultura", considerando-as reacionárias, ele estava convencido de que um bom número delas é aberta ou secretamente hostil à sociedade capitalista. Escovar a história da cultura a contrapelo também é redescobrir os momentos utópicos escondidos na "herança" cultural, sejam eles os contos fantásticos de Hoffmann, os escritos esotéricos de Franz von Baader, os ensaios de Bachofen sobre o matriarcado ou as narrativas de Leskov. Segundo Richard Wolin, Benjamin, em seus últimos ensaios e nas teses, "não fala mais de *Aufhebung* (supressão) da cultura tradicional burguesa, perspectiva que havia considerado no ensaio sobre *A obra de arte na era de sua reprodutibilidade técnica** e em seus comentários sobre Brecht**; é antes a preservação e a explicitação do potencial utópico secreto contido no cerne das obras de arte tradicionais que

---

[6]   Ver a excelente obra de Susan Buck-Morss, *The Dialectic of Seeing. Walter Benjamin and the Arcades Project* (Cambridge, MIT Press, 1989).

[7]   Walter Benjamin, "Eduard Fuchs: Collector and Historian (1936)", *New German Critique*, n. 5, p. 58.

*   Trad. Gabriel Valladão Silva, Porto Alegre, L&PM, 2014. (N. E.)

**   Idem, *Ensaios sobre Brecht* (trad. Claudia Abeling, São Paulo, Boitempo, 2017). (N. E.)

"A CONTRAPELO" 91

Benjamin considera a tarefa principal da crítica materialista"[8]. Por certo, desde que essa "preservação" seja dialeticamente ligada ao momento destruidor: somente quebrando a casca reificada da cultura oficial os oprimidos poderão tomar posse dessa amêndoa utópica.

Benjamin se interessa, acima de tudo, pela salvaguarda das formas subversivas e críticas da cultura – visceralmente opostas à ideologia burguesa –, procurando evitar que sejam embalsamadas, neutralizadas, academicizadas e incensadas (Baudelaire) pelo *establishment* cultural. É preciso lutar para impedir que a classe dominante apague as chamas da cultura passada e para que elas sejam subtraídas do conformismo que as ameaça (Tese VI)[9].

Isso não se resume a uma ampliação ou melhoramento da história da cultura (uma história "democrática" ou "popular" da cultura tal como os partidos comunistas puderam exprimir em sua política cultural). A atitude revolucionária de Benjamin dirige-se a algo mais radical: a uma intervenção dialética cujos objetivos se constituem na destruição do fetichismo burguês dos "tesouros culturais" e no desvendamento do lado bárbaro oculto nas produções culturais; e a uma ruptura materialista da continuidade histórico-cultural, a fim de procurar "no passado a chama da esperança", encontrar momentos da cultura passada portadores de uma afinidade secreta com os perigos de hoje.

Um exemplo extraído de nossa época permite ilustrar as intenções de Benjamin: a celebração do quinto centenário do descobrimento das Américas (1492-1992). As festividades culturais organizadas pelo Estado, pela Igreja ou pela iniciativa privada são bons exemplos de empatia com os vencedores do século XVI – uma identificação (*Einfühlung*) que invariavelmente beneficia os dominantes de hoje.

Escovar a história a contrapelo é recusar toda identificação com os heróis oficiais do quinto centenário, os conquistadores espanhóis, os poderosos europeus que levaram a religião, a cultura e a civilização aos índios "selvagens". Consequentemente, é preciso considerar cada monumento da cultura colonial – a Catedral

---

[8] Richard Wolin, *Walter Benjamin: An Aesthetic of Redemption* (Nova York, Columbia University Press, 1982), p. 263-4.

[9] O componente antiburguês da cultura do século XIX foi notavelmente evidenciado em dois livros de forte inspiração benjaminiana de Dolf Oehler, *Pariser Bilder I (1830-1848): Antibourgeois Aesthetik bei Baudelaire, Daumier und Heine* (Frankfurt, Suhrkamp, 1979) [ed. bras.: *Quadros parisienses: estética antiburguesa em Baudelaire, Daumier e Heine (1830-1848)*, trad. José Marcos Macedo e Samuel Titan Jr., São Paulo, Companhia das Letras, 1997], e *Ein Höllensturz der Alten Welt. Zur Selbstforschung der Moderne nach dem Juni 1848* (Frankfurt, Suhrkamp, 1988).

92   CENTELHAS

Metropolitana da Cidade do México, o Palácio de Cortés em Cuernavaca – um documento da barbárie, um produto da guerra, do extermínio, de uma opressão impiedosa. Ao examinar a história do ponto de vista dos vencidos, das diversas culturas indígenas das Américas eliminadas pelos vencedores, é preciso considerar os acontecimentos culturais do passado tendo em conta os perigos que ameaçam os descendentes dos índios e negros escravizados da época colonial e, em particular, o perigo que os atuais dirigentes imperialistas – substitutos do império espanhol no cortejo triunfal – representam hoje. Nenhuma pintura alegórica celebra os desfiles vitoriosos do Fundo Monetário Internacional na América Latina, mas ainda assim há uma filiação secreta entre os antepassados reduzidos à escravidão trabalhando nas minas para enviar cada vez mais ouro à Coroa espanhola e os pobres do continente de hoje, esmagados pelo peso de uma dívida externa impossível de pagar.

O passado permanece presente na memória coletiva das classes e das comunidades étnicas: a tradição dos vencedores e a tradição dos oprimidos se opõem inevitavelmente. Durante séculos, a história "oficial" da descoberta, da conquista e da evangelização não só foi dominante como também foi praticamente a única a ocupar o cenário político e cultural. Foi somente com a Revolução Mexicana de 1911 que essa dominação começou a ser contestada. Os afrescos de Diego Rivera no Palácio de Cortés (1930) marcam uma verdadeira guinada na história da cultura latino-americana em razão da desmitificação iconoclasta do conquistador e da atitude compreensiva do artista diante dos guerreiros indígenas.

Cinquenta anos depois, *As veias abertas da América Latina** (1981), o célebre livro de um dos maiores ensaístas do continente, Eduardo Galeano, registra, numa síntese poderosa, os autos de acusação da colonização ibérica do ponto de vista de suas vítimas e culturas, dos índios, dos negros escravizados, dos mestiços. Num recente comentário sobre o quinto centenário, Eduardo Galeano escreveu:

> Em todo o continente americano, de norte a sul, a cultura dominante consente em ver nos índios um objeto de estudo, mas não um sujeito da história: os índios têm um folclore, mas não cultura; praticam superstições, e não religião; falam dialetos, e não línguas; fazem artesanato, e não obras de arte.

Galeano conhecia as teses "Sobre a filosofia da história"? Seja como for, é em termos quase benjaminianos que ele conclama à "celebração dos vencidos e não dos vencedores" e à "salvaguarda de algumas de nossas mais antigas tradições",

---

*   Trad. Sergio Faraco, 8. reimp., Porto Alegre, L&PM, 2015. (N. E.)

como o modo de vida comunitário. Pois é "em suas mais antigas fontes" que a América pode buscar e encontrar "suas forças vivas mais jovens; o passado diz coisas que interessam ao futuro"[10].

Enquanto a Espanha, a Europa e os Estados Unidos se apressavam em celebrar a festa de Colombo, uma reunião latino-americana realizada em outubro de 1991 em Xelajú, na Guatemala – um dos bastiões da cultura maia –, conclamava à comemoração de "Cinco séculos de resistência indígena, negra e popular". Política, cultura e história foram intimamente inter-relacionadas nos enfrentamentos em torno do quinto centenário. Mas isso não teria surpreendido Walter Benjamin...

---

[10] Eduardo Galeano, "El tigre azul e nuestra tierra prometida", em *Nosotros decimos no* (Cidade doMéxico, Siglo XXI, 1991) [ed. bras.: *Nós dizemos não*, trad. Eric Nepomuceno, 3. ed., Rio de Janeiro, Revan, 1992].

A REVOLUÇÃO É O FREIO DE EMERGÊNCIA: A ATUALIDADE POLÍTICO-ECOLÓGICA DE WALTER BENJAMIN*

Michael Löwy

Walter Benjamin foi um dos raros marxistas a propor, antes de 1945, uma crítica radical do conceito de "exploração da natureza" e de sua relação "criminosa" com a civilização capitalista[1].

Em 1928, em *Rua de mão única*, denuncia a ideia de dominação da natureza como um discurso "imperialista" e propõe uma nova definição da técnica como "domínio das relações entre natureza e humanidade". Como em escritos dos anos 1930, dos quais falaremos mais adiante, Benjamin se refere às práticas das culturas pré-modernas para criticar a "ganância" destrutiva da sociedade burguesa em sua relação com a natureza. "Dos mais antigos usos dos povos parece vir a nós como uma advertência: na aceitação daquilo que recebemos tão ricamente da natureza, guardar-nos do gesto da avidez." Deveríamos "mostrar um profundo respeito" pela "mãe natureza". Um dia, "uma vez degenerada a sociedade, sob desgraça e avidez, a tal ponto que ela só pode ainda receber os dons da natureza pela rapina [...] sua terra empobrecerá e o campo trará más colheitas", escreve ele. Parece que esse dia chegou...

No mesmo *Rua de mão única*, encontramos com o título "Aviso de incêndio" uma premonição histórica das ameaças do progresso, intimamente associadas ao desenvolvimento tecnológico impulsionado pelo capital: se a derrubada da burguesia pelo proletariado "não estiver efetivada até um momento quase calculável

---

* Tradução de Fabio Mascaro Querido e Maria Teresa Mhereb, publicada em *Margem Esquerda*, n. 19, 2012. Texto original publicado na coletânea *Écosocialisme: l'alternative radicale à la catastrophe écologique capitaliste* (Paris, Mille et une Nuits, 2011), p. 103-13. (N. E.)

[1] Walter Benjamin, *Passagens* (trad. Liene Aron e Cleonice Paes Barreto Mourão, São Paulo/ Belo Horizonte, Imprensa Oficial/Editora da UFMG, 2007), p. 407.

do desenvolvimento econômico e técnico (a inflação e a guerra química o assinalam), tudo estará perdido. Antes que a centelha alcance a dinamite, é preciso que o pavio que queima seja cortado"[2], assinala Benjamin. Ele se enganou no que se refere à inflação, mas não no que se refere à guerra; entretanto, não podia prever que a arma "química", isto é, os gases letais, não seria utilizada nos campos de batalha, como na Primeira Guerra Mundial, mas para o extermínio industrial de judeus e ciganos. Na contramão do marxismo evolucionista vulgar, Benjamin não concebe a revolução como resultado "natural" ou "inevitável" do progresso técnico e econômico (ou da "contradição entre forças e relações de produção"), mas como *interrupção* de uma evolução histórica que conduz à catástrofe. A alegoria da revolução como "freio de emergência" já se encontra sugerida nessa passagem.

É exatamente porque percebe esse perigo catastrófico que Benjamin reivindica, em um artigo sobre o surrealismo (1929), o *pessimismo* – um pessimismo revolucionário que nada tem a ver com a resignação fatalista e menos ainda com o *Kulturpessimismus* alemão, conservador, reacionário e pré-fascista (como o de Carl Schmitt, Oswald Spengler ou Moeller van der Bruck). Aqui, o pessimismo está a serviço da emancipação das classes oprimidas. Sua preocupação não é o "declínio" das elites ou da nação, mas a ameaça que o progresso técnico e econômico promovido pelo capitalismo representa para a humanidade.

Nesse ensaio de 1929, a filosofia pessimista da história de Benjamin manifesta-se de modo particularmente agudo em sua visão do futuro europeu.

> Pessimismo integral. Sem exceção. Desconfiança acerca do destino da literatura, desconfiança acerca do destino da liberdade, desconfiança acerca do destino da humanidade europeia e, principalmente, desconfiança, desconfiança e desconfiança com relação a qualquer forma de entendimento mútuo: entre as classes, entre os povos, entre os indivíduos. E confiança ilimitada apenas na IG Farben e no aperfeiçoamento pacífico da Força Aérea.[3]

Esse olhar lúcido e crítico permite a Benjamin perceber – intuitivamente, mas com uma estranha acuidade – as catástrofes que atingiam a Europa, perfeitamente resumidas na expressão irônica "confiança ilimitada". Naturalmente, nem mesmo ele, o mais pessimista de todos, poderia prever a destruição que a Luftwaffe iria

---

[2] Idem, *Rua de mão única* (trad. Rubens Rodrigues Torres Filho, 5. ed., São Paulo, Brasiliense, 1995), p. 69, 26 e 46.

[3] Idem, "O surrealismo. O último instantâneo da inteligência europeia", em *Magia e técnica, arte e política* (trad. Sérgio Paulo Rouanet, 7. ed., São Paulo, Brasiliense, 1994), p. 34.

impor às cidades e às populações civis europeias. E menos ainda que, pouco mais de uma década depois, a IG Farben ficaria conhecida pela produção do gás Zyklon B, utilizado para "racionalizar" o genocídio, ou que suas fábricas utilizariam, aos milhares, a mão de obra dos prisioneiros dos campos de concentração. No entanto, único entre todos os pensadores e dirigentes marxistas dos anos 1930, Benjamin teve a premonição dos monstruosos desastres que a civilização industrial-burguesa em crise poderia produzir.

Embora rejeite as doutrinas do progresso inevitável, Benjamin propõe uma alternativa radical ao desastre iminente: a utopia revolucionária. As utopias, os sonhos de um futuro diferente, escreve ele em "Paris, capital do século XIX" (1935), nascem em íntima associação com os elementos de uma história primeva (*Urgeschichte*), "isto é, uma sociedade sem classes", primitiva. Depositadas no inconsciente coletivo, essas experiências do passado "geram, em interação recíproca com o novo, a utopia"[4].

Em um ensaio de 1935 sobre Johann Jakob Bachofen, antropólogo suíço do século XIX conhecido por suas pesquisas sobre o matriarcado, Benjamin desenvolve mais concretamente essa referência à pré-história. Se a obra de Bachofen fascinou tanto os marxistas (notadamente Friedrich Engels) e os anarquistas (como Élisée Reclus), é por sua "evocação de uma sociedade comunista na aurora da história", uma sociedade sem classes, democrática e igualitária, com formas de comunismo primitivo que significavam uma verdadeira "subversão do conceito de autoridade"[5].

As sociedades arcaicas também são caracterizadas por uma maior harmonia entre os seres humanos e a natureza. Em seu livro inacabado sobre as arcadas parisienses, *Passagens*, Benjamin se opõe novamente, e de modo mais enérgico, às práticas de "dominação" ou "exploração" da natureza pelas sociedades modernas. Uma vez mais, elogia Bachofen por ter mostrado que a "concepção criminosa [*mörderisch*] da exploração da natureza", concepção capitalista/moderna predominante a partir do século XIX, inexistia nas sociedades matriarcais do passado, nas quais a natureza era percebida como uma mãe generosa (*schenkende Mutter*)[6].

Não se trata, para Benjamin — nem para Engels ou Élisée Reclus, aliás —, de voltar ao passado pré-histórico, mas de propor a perspectiva de uma *nova harmo-*

---

[4]   Idem, "Paris, capital do século XIX", em *Passagens*, cit., p. 41.

[5]   Idem, "Johann Jakob Bachofen" (1935), em *Gesammelte Schriften* (Berlim, Suhrkamp, 1977), v. II, t. 1, p. 220-30.

[6]   Idem, *Passagens*, cit., p. 407.

nia entre a sociedade e o ambiente natural. A seus olhos, o pensador que melhor encarna essa promessa de reconciliação futura com a natureza é o socialista utópico Charles Fourier. Somente em uma sociedade socialista, na qual a produção deixará de se fundar na exploração do trabalho humano, "o trabalho se despe de seu caráter de exploração da natureza pelo homem". Ele seguirá o modelo do jogo infantil, que em Fourier é a base do "trabalho apaixonado" dos "harmonianos": "Um trabalho animado assim pelo jogo não visa à produção de valores, e sim ao melhoramento da natureza. [...] Numa terra cultivada a partir dessa imagem [...] a ação iria de mãos dadas com o sonho"[7].

Nas teses "Sobre o conceito de história", seu testamento filosófico, redigido em 1940, Benjamin volta mais uma vez a Fourier, esse utopista visionário que sonhava com "uma forma de trabalho que, longe de explorar a natureza, é capaz de dar à luz criações possíveis que dormitam em seu seio" – devaneios cuja expressão poética são suas "fantásticas fabulações", plenas de um "surpreendente bom senso". Isso não quer dizer que o autor das teses pretenda substituir o marxismo pelo socialismo utópico: ele considera Fourier um complemento a Marx e, na Tese XI, trata da discordância entre as observações de Marx sobre a natureza do trabalho e o conformismo do programa social-democrata de Gotha. De acordo com o positivismo social-democrata, representado por esse programa, e com os escritos do ideólogo Joseph Dietzgen, "o trabalho visa à exploração da natureza, exploração que é contraposta, com ingênua satisfação, à exploração do proletariado". Trata-se, nesse tipo de ideologia, de uma "concepção da natureza que rompe de maneira sinistra com as utopias socialistas do pré-março de 1848", em uma evidente alusão a Fourier. Pior ainda, por seu culto ao progresso técnico e seu desprezo à natureza – que é "dada de graça", segundo Dietzgen –, esse discurso positivista "já mostra os traços tecnocráticos que serão encontrados mais tarde no fascismo"[8].

Nas teses de 1940 encontramos uma *correspondência* – no sentido dado por Baudelaire no poema "Correspondances" – entre teologia e política: entre o paraíso perdido do qual somos afastados pela tempestade que chamamos de "progresso" e a sociedade sem classes na aurora da história; entre a era messiânica do futuro e a nova sociedade sem classes do socialismo. Como interromper a

---

[7] Idem.

[8] Idem, "Sur le concept d'histoire", em *Oeuvres* (Paris, Gallimard, 2000), v. III, p. 436. Como se sabe, em agosto de 1940, Walter Benjamin foi interceptado em Portbou, na fronteira espanhola, e ameaçado pela polícia franquista de ser entregue à Gestapo: ele escolheu o suicídio.

A REVOLUÇÃO É O FREIO DE EMERGÊNCIA   99

catástrofe permanente, o acúmulo de ruínas "até o céu" que resulta do "progresso" (Tese IX)? Uma vez mais, a resposta de Benjamin é religiosa e profana: isso é tarefa do messias, cujo "correspondente" profano não é outro senão a revolução. A interrupção messiânica/revolucionária do progresso é a resposta de Benjamin às ameaças que a continuação da tempestade maligna e a iminência de novas catástrofes fazem contra a humanidade. Estamos em 1940, dois anos antes da implantação da "Solução Final".

Nas teses "Sobre o conceito de história", Benjamin se refere várias vezes a Marx, mas num ponto importante ele se distancia criticamente do autor de *O capital*: "Marx disse que as revoluções são a locomotiva da história mundial. Talvez as coisas se apresentem de outra maneira. Pode ser que as revoluções sejam o ato pelo qual a humanidade que viaja nesse trem puxa o freio de emergência"[9]. Implicitamente, a imagem sugere que, se a humanidade permitir ao trem que siga seu caminho – já traçado pela estrutura de aço dos trilhos – e se nada detiver sua progressão, nós nos precipitaremos diretamente no abismo.

Entretanto, nem mesmo Walter Benjamin, o mais pessimista dos marxistas, poderia prever a que ponto o processo de exploração e dominação capitalista da natureza – e sua cópia burocrática nos países do Leste antes da queda do muro e da União Soviética – conduziria a consequências desastrosas para toda a humanidade.

● ● ●

Alguns comentários sobre a atualidade político-ecológica das reflexões de Benjamin.

Neste começo do século XXI, assistimos a um "progresso" cada vez mais acelerado do trem da civilização capitalista na direção do abismo, um abismo que se chama catástrofe ecológica e que tem na mudança climática sua expressão mais dramática. É importante ter em consideração a aceleração do trem, a velocidade vertiginosa com que ele se aproxima do desastre. De fato, a catástrofe já começou, e estamos numa corrida contra o tempo para tentar impedir, frear, parar essa fuga adiante, cujo resultado será o aumento da temperatura do planeta – e, consequen-

---

[9]   Idem, *Gesammelte Schriften*, cit., v. I, t. 3, p. 1.232. Trata-se de uma das notas preparatórias das teses, que não aparece nas versões finais do documento. A passagem de Marx a que se refere Benjamin está em Karl Marx, *As lutas de classes na França de 1848 a 1850* (1850): "*Die Revolutionen sind die lokomotiven der Geschichte*" ["As revoluções são a locomotiva da história"; trad. Nélio Schneider, São Paulo, Boitempo. 2012, p. 130]. A palavra "mundial" não aparece no texto de Marx.

tente, entre outras coisas, a desertificação de áreas imensas, a elevação do nível do mar, o desaparecimento de grandes cidades litorâneas como Veneza, Amsterdã, Hong Kong e Rio de Janeiro.

A revolução é necessária para frear esse curso, escreveu Benjamin. Ban Ki-moon, atual secretário das Nações Unidas, que não tem nada de revolucionário, fez o seguinte diagnóstico no jornal *Le Monde*, em 5 de setembro de 2009 : "Nós", referindo-se, sem dúvida, aos governantes do planeta, "enfiamos o pé no acelerador e nos precipitamos para o abismo".

Walter Benjamin escolheu a metáfora da "tempestade" para representar o progresso destrutivo que acumula catástrofes. O mesmo termo está no título do último livro de James Hansen, climatologista da Nasa e um dos maiores especialistas em mudança climática do mundo: *Tempestade dos meus netos: mudanças climáticas e as chances de salvar a humanidade**. Hansen também não é um revolucionário, mas a análise que faz da "tempestade" – que para ele, como para Benjamin, é a imagem de algo bem mais ameaçador – é de uma lucidez impressionante.

A humanidade conseguirá acionar o freio revolucionário? Cada geração, escreve Benjamin nas teses de 1940, recebeu uma "frágil força messiânica". A nossa também. Se não a utilizarmos antes de um momento quase calculável da evolução econômica e social, tudo estará perdido, poderíamos dizer para parafrasear a fórmula do "aviso de incêndio" de Benjamin em 1928.

Com raras exceções, podemos esperar muito pouco dos governos do planeta. A única esperança são os movimentos sociais reais, entre os quais um dos mais importantes, hoje, é o das comunidades indígenas, em particular na América Latina. Após o fracasso da Conferência das Nações Unidas sobre o Clima em Copenhague, reuniu-se em 2010, em Cochabamba, na Bolívia, a Conferência Mundial dos Povos sobre Mudanças Climáticas e Direitos da Mãe Terra (Pachamama), convocada pelo presidente Evo Morales, que se solidarizou com os protestos de rua na capital dinamarquesa. As resoluções adotadas em Cochabamba correspondem, quase palavra por palavra, ao argumento de Benjamin sobre o tratamento criminoso que a civilização ocidental capitalista dispensa à natureza – enquanto as comunidades tradicionais a consideram uma "mãe generosa".

• • •

---

* Trad. Renata Lúcia Botini, São Paulo, Senac, 2013. (N. E.)

Walter Benjamin foi um profeta. Não daqueles que dizem prever o futuro, como o oráculo grego, mas no sentido dado pelo Antigo Testamento: aquele que chama a atenção do povo para as ameaças futuras. Suas previsões são condicionais: "é isso o que acontecerá, a menos que...", "exceto se...". Nenhuma fatalidade: o futuro permanece aberto. Como afirma a Tese XVIII "Sobre o conceito de história", cada segundo é a porta estreita pela qual pode vir a salvação.

Haussmannização de Paris. Na ilustração, de autor desconhecido, vê-se o cruzamento da rue de la Paix com a rue de Rouen, década de 1860.

A CIDADE, LUGAR ESTRATÉGICO DO ENFRENTAMENTO DAS CLASSES: INSURREIÇÕES, BARRICADAS E HAUSSMANNIZAÇÃO DE PARIS NAS *PASSAGENS* DE WALTER BENJAMIN*

Michael Löwy

Introdução

O espaço urbano como lugar de combate entre as classes tem sido um aspecto seguidamente negligenciado pelos trabalhos eruditos sobre o tema da cidade em *Passagens* [*Das Passagen-Werk*]. Ele, entretanto, é central nesse projeto inacabado.

A abordagem do tema por Walter Benjamin é inseparável de seu método historiográfico, que se poderia tentar definir, provisoriamente, como uma variante herética do materialismo histórico, fundada (entre outros) em dois pontos essenciais: a) uma atenção sistemática e inquieta ao enfrentamento de classes, do ponto de vista dos vencidos – em detrimento de outros *topoi* clássicos do marxismo, como a contradição entre forças e relações de produção ou a determinação da superestrutura pela infraestrutura econômica; b) a crítica radical da ideologia do Progresso, em sua forma burguesa, mas também em seus prolongamentos na cultura política da esquerda.

A cidade em questão nas *Passagens* é, como se sabe, "a capital do século XIX". Deve-se acrescentar que se trata também da capital revolucionária do século XIX. É, em outras palavras, o que Friedrich Engels havia escrito em um artigo de 1889, citado por Benjamin, que, sem dúvida, é da mesma opinião: "Apenas a França tem Paris, uma cidade onde [...] se juntam todas as fibras nervosas da história europeia

---

* Tradução de Ana Paula Hey e revisão técnica de Afrânio Mendes Catani, publicada em *Margem Esquerda*, n. 8, 2006. Publicado originalmente como "La ville, lieu stratégique de l'affrontement des classes: insurrections, barricades et haussmannisation de Paris dans le *Das Passagen-Werk* de Walter Benjamin" em Philippe Simay (org.), *Capitales de la modernité: Walter Benjamin et la ville* (Paris, L'Éclat, 2005). (N. E.)

e de onde partem a intervalos regulares os impulsos elétricos que fazem tremer o mundo inteiro [...]"[1].

Seguirei neste ensaio uma ordem cronológica: 1) insurreições e combates de barricadas (1830-1848); 2) a haussmannização* de Paris como "embelezamento estratégico" (1860-1870); 3) a Comuna de Paris (1871). Esse material se inspira em três capítulos de *Das Passagen-Werk*: "Movimento social", "Haussmannização e combates de barricadas" e "A Comuna".

Como se sabe, *Passagens* tem um estatuto enigmático: trata-se de um conjunto de materiais classificados com a finalidade de redigir uma obra ou de uma colagem de citações como novo método de exposição? A não ser que se trate de uma mistura dos dois... Em todo caso, são documentos muito heterogêneos Podemos distinguir as seguintes categorias:

- comentários de Walter Benjamin, sem dúvida a fonte mais importante para compreender o movimento de seu pensamento;
- citações precedidas ou seguidas de um comentário que as esclarece;
- citações de autores marxistas ou socialistas, cujas opiniões, supõe-se, são compartilhadas por Benjamin (ainda que...);
- citações de trabalhos de historiadores, que ajudam a evidenciar aspectos dos fatos que lhe interessam;
- citações de autores reacionários, que ilustram a atitude das camadas dominantes; sua utilização por Benjamin é geralmente irônica.

Nem sempre é fácil compreender por que o autor dessa enorme compilação escolheu esta ou aquela citação. O lugar de alguns documentos em sua argumentação é misterioso, certos detalhes parecem ser destituídos de interesse e somos obrigados a fazer conjeturas, nem sempre chegando a uma conclusão. Mesmo assim, no conjunto, as peças do quebra-cabeça se encaixam, e podemos reconstituir

---

[1]   Walter Benjamin, *Paris, capitale du XIXe siècle: le livre des passages* (Paris, Cerf, 1998), p. 715 [ed. bras.: *Passagens*, trad. Liene Aron e Cleonice Paes Barreto Mourão, São Paulo/Belo Horizonte, Imprensa Oficial/Editora da UFMG, 2007].

Aqui se mantém o termo utilizado por Walter Benjamin e pelo autor em alusão ao barão Georges Haussmann (Paris, 1809-1891), *préfet* da região do Sena de 1853 a 1870, período em que dirigiu trabalhos monumentais de reforma urbana em Paris. Segundo o próprio Benjamin, Haussmann tinha como ideal urbanístico as visões em perspectiva, com o alinhamento das ruas existentes e a criação de novas avenidas, cujo objetivo político era o impedimento das barricadas. Haussmann autodenominava-se o "artista demolidor", sobretudo em razão de sua política de desapropriações, que empurrava o proletariado para locais afastados da intervenção e abria espaço para a especulação imobiliária. (N. T.)

A CIDADE, LUGAR ESTRATÉGICO DO ENFRENTAMENTO DAS CLASSES   105

o discurso de Benjamin e seu objeto nestes três capítulos: a cidade (Paris) como lugar estratégico do conflito entre as classes no século XIX, mas com reflexos, em geral implícitos, na conjuntura da Europa dos anos 1930.

Insurreições e combates de barricadas (1830-1848)

O material usado neste tópico provém de dois capítulos das *Passagens*: "Movimento social" e "Haussmannização e combates de barricadas". A primeira coisa que nos chama a atenção é o interesse, a fascinação de Benjamin pelas barricadas. Estas surgem, ao longo de citações e comentários, como a expressão material, visível no espaço urbano, da revolta dos oprimidos no século XIX, da luta de classes do ponto de vista das camadas subalternas. A barricada é sinônimo de levante popular, frequentemente derrotado, e de interrupção revolucionária do curso habitual das coisas, inscrita na memória popular, na história da cidade, de suas ruas e ruelas. Ilustra a utilização, pelos dominados, da geografia urbana em sua materialidade: a estreiteza das ruas, a altura das casas, a pavimentação das vias. Para os insurretos, é também um momento mágico, uma iluminação profana, que apresenta ao opressor, "entre relâmpagos vermelhos", a face de Medusa da revolta e que brilha, como diz o poema do blanquista Tridon, "no relâmpago e no motim"[2]. Enfim, a barricada é uma espécie de lugar utópico, que antecipa as relações sociais futuras: assim, segundo uma fórmula de Fourier, citada aqui, a construção de uma barricada é um exemplo de "trabalho atraente"[3].

A curiosidade de Benjamin pelos detalhes da construção das barricadas é ilimitada. Ele anota o número de paralelepípedos (8.125.000 para erguer as 4.054 barricadas das Três Gloriosas de 1830)[4], a utilização de *omnibus* (carruagens usadas para o transporte público, puxadas por cavalos), tombados para torná-las mais resistentes[5], o nome dos construtores (Napoléon Gaillard planejou a poderosa barricada da rua Royale em 1871)[6], a altura delas (em 1848, muitas chegavam à altura de um primeiro andar)[7], a aparição da bandeira vermelha em

---

[2]   Walter Benjamin, *Paris, capitale du XIXe siècle*, cit., p. 720 e 728.

[3]   Ibidem, p. 164.

[4]   Ibidem, p. 162.

[5]   Ibidem, p. 149 e 165.

[6]   Ibidem, p. 166.

[7]   Ibidem, p. 166.

106 CENTELHAS

1832[8] etc. Registra ainda os métodos pouco ortodoxos do combate popular nos arredores das barricadas: por exemplo, jogar das janelas móveis[9] ou paralelepípedos[10] na cabeça dos militares. Podemos dizer que, por esses detalhes, ele tenta dar a imagem mais precisa possível da barricada como lugar material, espaço urbano construído e poderoso símbolo de Paris como capital revolucionária do século XIX.

Mas, sobretudo, Benjamin se interessa pelo papel das mulheres nos combates de barricadas: elas aparecem jogando óleo quente ou água fervente nos soldados; as "sulfatosas" espirram ácido sulfúrico nos militares; e outras fabricam pólvora[11]. Em julho de 1830, uma jovem vestiu roupas masculinas para lutar ao lado dos homens: voltou conduzida em triunfo pelos artilheiros insurretos[12]. Ele fala também dos batalhões de mulheres, de Eugénie Niboyet e das "vesuvianas". Na ausência de comentários, podemos somente supor que Benjamin constata a transgressão, por parte das insurretas, do papel social que lhes é imposto pelo patriarcado.

Resta a questão da eficácia insurrecional da barricada. Benjamin cita a opinião de um historiador sobre o levante vitorioso de julho de 1830: "As ruas Saint-Denis e Saint-Martin são [...] a bênção dos amotinados [...]. Um punhado de insurretos atrás de uma barricada era capaz de impedir o avanço de um regimento inteiro"[13].

A avaliação de Friedrich Engels — embora este tenha escrito em 1847 uma peça em um ato que representava um combate de rua com barricadas em um pequeno Estado alemão, coroado pelo triunfo dos republicanos[14] — é mais sóbria: o efeito das barricadas é mais moral que material; são sobretudo um meio de abalar a segurança dos soldados[15]. As duas opiniões não são contraditórias e, na ausência de comentário explícito de Benjamin, podemos supor que ele as considere complementares.

É preciso acrescentar que a barricada não era o único método de luta insurrecional. Blanqui — um personagem que aparece frequentemente nas notas de Benjamin — e seus camaradas da "Sociedade das Estações" preferiam formas de

---

[8]   Ibidem, p. 724.

[9]   Ibidem, p. 160.

[10] Ibidem, p. 161.

[11] Ibidem, p. 712-3.

[12] Ibidem, p. 723.

[13] Ibidem, p. 155; citação de Dabech d'Espezel, *Histoire de Paris* (Paris, Payot, 1926).

[14] Walter Benjamin, *Paris, capitale du XIXe siècle*, cit., p. 164.

[15] Ibidem, p. 148.

A CIDADE, LUGAR ESTRATÉGICO DO ENFRENTAMENTO DAS CLASSES   107

combate mais ofensivas, mais próximas do "ataque surpresa" revolucionário. Assim, em 12 de maio de 1839, ele concentrou mil homens entre as ruas Saint-Denis e Saint-Martin, tencionando "tirar proveito das novas tropas, que conheciam mal os meandros das ruas de Paris"[16].

A atenção de Benjamin se volta não somente para os insurretos, mas também para o comportamento do adversário no violento enfrentamento de classes: os poderosos, os governantes. Como consequência dos levantes de 1830, 1831 e 1832, o poder – Luís Felipe, a Monarquia de Julho – cogitava construir fortificações nos bairros "delicados". Em 1833, o republicano Arago critica o "embastilhamento de Paris": "todos os fortes projetados teriam ação sobre os bairros mais populares da capital [...] Dois dos fortes, o da praça d'Italie e o de Passy, seriam suficientes para incendiar toda a margem esquerda do Sena"[17]. Em 1850, Blanqui denuncia essas primeiras tentativas de militarização urbana de Paris, expostas por um certo senhor De Havrincourt: de acordo com essa teoria estratégica da guerra civil, as tropas não deveriam permanecer nos focos de tensão, era preciso construir cidadelas e manter os soldados aquartelados, ao abrigo do contágio popular[18].

Polícia e Exército cooperam na repressão dos levantes populares: como lembra Victor Hugo, em *Os miseráveis*, em junho de 1832, por determinação do chefe de polícia Gisquet, agentes policiais vasculhavam os esgotos à procura dos últimos derrotados da insurreição republicana, enquanto as tropas do general Bugeaud esquadrinhavam Paris[19]. Benjamin constata também a utilização de artilharia no combate de rua, pela primeira vez, na insurreição de junho de 1848[20]. Os trechos e comentários de Benjamin sobre esse primeiro período apresentam um quadro de Paris como um lugar de motim, efervescência popular, levantes recorrentes, às vezes vitoriosos (julho de 1830, fevereiro de 1848). Entretanto, como a burguesia confisca as vitórias, arrisca-se a suscitar novas insurreições (junho de 1832, junho de 1848), esmagadas com violência. Cada classe procura utilizar e modificar o espaço urbano a seu favor. Vemos esboçar-se, nas entrelinhas, uma tradição dos oprimidos, cuja expressão material visível é a barricada.

---

[16] Ibidem, p. 165. Trata-se de um trecho da biografia de Blanqui por Gustave Geffroy, fonte constantemente citada por Benjamin.

[17] Ibidem, p. 164.

[18] Ibidem, p. 167.

[19] Ibidem, p. 727.

[20] Ibidem, p. 164.

Haussmannização: a resposta dos poderosos (1860-1870)

A haussmannização de Paris – ou seja, a abertura de grandes bulevares "estratégicos"* no centro da cidade e a destruição dos "bairros habituais dos motins", empreendidas pelo barão Haussmann, *préfet*** do Sena (departamento centrado em Paris) sob Napoleão III – constitui a resposta das classes dominantes à insuportável recorrência de insurreições populares e a seu método preferido de luta, a barricada.

Apresentada como uma operação de embelezamento, renovação e modernização da cidade, ela é, pela óptica de Benjamin, um exemplo paradigmático do caráter mistificador da ideologia burguesa do Progresso. Isso se aplica também a outro argumento utilizado para justificar os trabalhos: a higiene, a demolição de bairros "insalubres", o "arejamento" do centro de Paris. Nas ideias de alguns dos apologistas do barão Haussmann, citados na biografia escrita por Georges Laronze em 1932, os argumentos higienista e estratégico estão estreitamente ligados: as novas artérias fariam parte "do combate engajado contra a doença e a revolução; seriam vias estratégicas que atravessariam os focos epidêmicos e permitiriam, com a vinda de um ar revigorante, a chegada das forças armadas, ligando [...] os quartéis aos subúrbios"[21].

A obra modernizadora de Haussmann amealhava admiradores ainda no século XX, como o autor de um trabalho sobre Paris publicado em Berlim, em 1929, um certo Fritz Stahl, que Benjamin cita com uma ponta de ironia: o *préfet* de Paris, segundo esse defensor entusiasta, foi "o único urbanista genial da época moderna, que contribuiu indiretamente para a criação de todas as metrópoles estadunidenses. Ele fez da cidade um conjunto cuja unidade é evidente. Não, ele não destruiu Paris, ele a concluiu"[22].

Convencido do contrário, o autor de *Das Passagen-Werk* coleciona citações que denunciam, em todos os tons, o caráter profundamente destruidor dos trabalhos empreendidos por Haussmann – o qual, aliás, não hesitava em se proclamar, com

---

* Os chamados *grands boulevards* vão da place de la République à place de la Madeleine. (N. T.)

** Representante do governo central francês em nível local, não correspondendo ao cargo de prefeito (*maire*). Na época de Haussmann, a prefeitura de Paris havia sido extinta, o que garantia ao governo central controle direto sobre a cidade. (N. E.)

[21] Walter Benjamin, *Paris, capitale du XIXe siècle*, cit., p. 153.

[22] Ibidem, p. 171.

A CIDADE, LUGAR ESTRATÉGICO DO ENFRENTAMENTO DAS CLASSES   109

grande autossatisfação, "artista-demolidor"[23]. Os comentários de Benjamin são absolutamente explícitos a esse respeito: o barão Haussmann "está em guerra contra a cidade de sonho que Paris ainda era em 1860"[24]; cita longamente a obra *Paris nouveau et Paris futur* [Paris nova e Paris futura], de um certo Victor Fournel, que dá "uma ideia da amplitude da destruição provocada por Haussmann". Podemos dizer que o "artista-demolidor", ao arrasar os edifícios antigos, tentava apagar a memória histórica da cidade. Segundo Fournel, a "Paris moderna é uma arrivista [*parvenue*] que quer datar-se apenas por si mesma, e arrasa os velhos palácios e as velhas igrejas para ali erguer belas casas brancas, com ornamentos de gesso e estátuas de papelão". No que Benjamin classifica como uma "notável apresentação dos danos causados por Haussmann", Fournel descreve a velha Paris como um conjunto de vilinhas, cada uma com sua singularidade: "eis o que estão apagando [...] ao abrir por todos os cantos a mesma rua geométrica e retilínea, que prolonga numa perspectiva de uma légua suas fileiras de casas sempre iguais"[25]. Encontramos a mesma opinião em outro autor, várias vezes citado nesse contexto, Dubech-d'Espezel: "Paris deixou para sempre de ser um conglomerado de vilas, cada qual com sua fisionomia, com sua vida, onde as pessoas nasciam, morriam e amavam viver"[26].

Benjamin parece retomar, a respeito da haussmannização de Paris, uma de suas críticas fundamentais à modernidade capitalista: o caráter homogeneizador, a repetição infinita do mesmo sob a roupagem da "novidade", a destruição da experiência coletiva e da memória do passado. Esse é o sentido desta outra citação de Dubech-d'Espezel: o primeiro aspecto que impressiona na obra do *préfet* é "o desprezo pela experiência histórica [...] Haussmann traça uma cidade artificial, como no Canadá ou no Faroeste". As vias que ele construiu "são passagens surpreendentes, que partem não se sabe de onde para dar em lugar algum, derrubando tudo o que encontram no caminho"[27]. Do ponto de vista humano, a principal consequência dessa modernização imperial é – segundo vários comentadores, entre os quais o urbanista Le Corbusier[28] – a desertificação de Paris,

---

[23]   Ibidem, p. 153.

[24]   Ibidem, p. 151.

[25]   Ibidem, p. 168-9.

[26]   Ibidem, p. 153.

[27]   Ibidem, p. 156.

[28]   Ibidem, p. 149.

110 CENTELHAS

que se torna uma cidade "triste e desolada", onde "a solidão, a longa deusa dos desertos", virá instalar-se[29].

No entanto, a obra do "artista-demolidor" não fez apenas descontentes: para uns poucos privilegiados, graças à especulação imobiliária, foi um excelente negócio. É o aspecto financeiro, mercantil, capitalista da haussmannização que Benjamin documenta, em detalhes, com fartas referências[30]. Entre os especuladores, o círculo íntimo do *préfet* (uma lenda citada por D'Espezel atribui à senhora Haussmann esta reflexão ingênua: "É curioso, mas toda vez que compramos um imóvel, passa por ali um bulevar...")[31].

Confesso nem sempre compreender a função de algumas citações. Por exemplo, que interesse tem a tentativa infeliz de um modesto carvoeiro de obter uma gorda indenização por seu casebre, graças a um contrato de locação falsificado, com data de vários anos[32]? Qual é o sentido, para Benjamin, deste comentário de Victor Fournel: "Les Halles, segundo a opinião geral, constituem o edifício mais irrepreensível erguido nos últimos doze anos [...] Apresentam harmonias lógicas que satisfazem o espírito pela evidência de sua significação"[33]? Comentando o livro *Urbanismo*, de Le Corbusier, Benjamin define como "muito importante" o capítulo que descreve "os diferentes tipos de pá, picareta, carrinho de mão etc." utilizados pelo *préfet*[34]. Por que muito importante?

Esse tipo de questão é inevitável no estudo de um projeto inacabado como *Passagens*; presta-se a um número infinito de hipóteses e interpretações. Mas a problemática fundamental dessas três seções não é claramente decifrável.

Um de seus aspectos mais importantes diz respeito à natureza política da obra do barão Haussmann como expressão (*Ausdruck,* um dos conceitos favoritos de Benjamin) do caráter autoritário e arbitrário do poder, isto é, do Segundo Império de Luís Napoleão Bonaparte. Nos trabalhos do *préfet* imperial "cada pedra traz a marca do poder despótico" (Julius Meyer, 1869)[35]; segundo J. J. Honneger (1874), são "a perfeita representação dos princípios de governo do Império au-

---

[29] Ibidem, p. 154. Segundo obra anônima, *Paris désert: lamentations d'un Jérémie haussmannisé* (Paris, 1868).

[30] Walter Benjamin, *Paris, capitale du XIXe siècle*, cit., p. 150, 153, 156, 168-9.

[31] Ibidem, p. 156.

[32] Ibidem, p. 163.

[33] Ibidem, p. 169.

[34] Ibidem, p. 149.

[35] Ibidem, p. 150.

A CIDADE, LUGAR ESTRATÉGICO DO ENFRENTAMENTO DAS CLASSES 111

toritário" e de seu "ódio capital a toda individualidade"[36]. Essa também é a opinião daquele que, para Benjamin, encarna a oposição mais radical a Napoleão III, Auguste Blanqui: a haussmannização de Paris – "um dos grandes flagelos do Segundo Império" – é produto das "fantasias assassinas do absolutismo"; por sua "grandeza homicida", lembra os trabalhos dos faraós egípcios ("cem pirâmides de Quéops") ou dos imperadores romanos da decadência[37].

A dimensão política da urbanização imperial é ainda mais importante para Benjamin porque o Segundo Império – por seu autoritarismo ilimitado, sua personalização bonapartista do poder, sua manipulação das massas, a pompa grandiloquente de seus rituais e de sua arquitetura, suas relações íntimas com "tudo o que diz respeito à trapaça e à velhacaria"[38] – tem afinidades com o "Terceiro Império" hitlerista – não aquele dos campos de extermínio da Segunda Guerra Mundial, mas o dos primeiros anos do regime (1933-1936), tais como descritos e denunciados por Bertolt Brecht em *Terror e miséria do Terceiro Reich* e *A resistível ascensão de Arturo Ui**.

Em um dos comentários mais fecundos desse capítulo, Walter Benjamin parece resumir sua opinião não somente sobre Haussmann e Napoleão III mas sobre o poder das classes dominantes em geral: "Os poderosos querem manter sua posição por meio do sangue (a polícia), da astúcia (a moda), da magia (o fausto)"[39]. Antes de abordar o capítulo sobre "o sangue", algumas palavras sobre o fausto, que se exprime não somente na teatralidade monumental das perspectivas haussmannianas, mas também nas cerimônias espetaculares organizadas pelo *préfet* em homenagem ao imperador. Isso vai da impressionante decoração dos Champs-Élysées para o aniversário de Luís Napoleão Bonaparte (120 arcadas ornamentadas sobre duas fileiras de colunas ordenadas)[40] aos 2 mil arcos do triunfo ladeados de cinquenta estátuas colossais à semelhança do imperador que o recebem quando ele entra em Paris "ao galope dos cinquenta cavalos de sua carruagem" – fachada monumental que ilustra, segundo Arsène Houssaye, em 1856, "a idolatria dos súditos pelo

---

[36]   Ibidem, p. 147.

[37]   Ibidem, p. 167. Não posso discutir, no contexto deste texto, as relações complexas do pensamento de Benjamin com a figura de Blanqui: remeto os leitores ao destacado ensaio de Miguel Abensour, "Walter Benjamin entre mélancolie et révolution. Passages Blanqui", em Heinz Wismann (org.), *Walter Benjamin et Paris* (Paris, Cerf, 1986).

[38]   Walter Benjamin, *Paris, capitale du XIXe siècle*, cit., p. 159. Segundo artigo de Fritz Schulte sobre Daumier, publicado em *Die Neue Zeit*, a revista dos socialistas alemães.

*   Em *Teatro completo*, Rio de Janeiro, Paz e Terra, 1992, v. 5 e 8 respectivamente. (N. E.)

[39]   Walter Benjamin, *Paris, capitale du XIXe siècle*, cit., p. 157.

[40]   Ibidem, p. 153.

soberano"[41]. O fausto imperial é evocado também em uma passagem impressionante de um ensaio de 1931 de Heinrich Mann que consegue, em poucas palavras, descrever a quintessência do regime imperial e sua natureza de classe:

> a especulação, a mais vital das funções desse Império, o enriquecimento desmedido, o gozo gigantesco, tudo isso teatralmente glorificado em exposições e festas que terminavam por evocar a Babilônia; e ao lado dessas massas que participavam de uma apoteose ofuscante, atrás delas [...] massas obscuras, aquelas que despertavam [...].[42]

Como neutralizar essas "massas obscuras [...] que despertavam"?

Se o objetivo primordial de Napoleão III, sua vocação política por excelência, era, segundo a historiadora da fotografia Gisèle Freund, amiga de Benjamin, "assegurar a ordem burguesa"[43], a questão era essencial: como romper a tradição rebelde do povo parisiense, como impedi-lo de utilizar sua arma favorita, a barricada? A elegante solução encontrada foi, nas próprias palavras do *préfet*, "trespassar o bairro habitual dos amotinados"[44]. Um autor reacionário, Paul-Ernest de Rattier, para quem "nada é mais inútil e imoral que um motim", evocava em 1857 a imagem ideal de uma Paris modernizada, na qual um sistema de vias de comunicação "liga geometricamente e paralelamente todas as artérias [de Paris] a um único coração, o coração das Tulherias", constituindo assim "um admirável método de defesa e manutenção da ordem"[45].

Toca-se aqui no aspecto mais importante da haussmannização: seu caráter de "embelezamento estratégico" (a expressão data dos anos 1860). O "fato estratégico" comanda, conforme constata D'Espezel, o "retalhamento da antiga capital"[46]. Mas é Friedrich Engels quem melhor resume o desafio político-militar dos trabalhos de Haussmann: trata-se da "forma especificamente bonapartista de abrir longas artérias retas e largas através de bairros operários de ruas estreitas", com o objetivo estratégico de tornar "mais difíceis [...] os combates de barricadas"[47]. Os bulevares retilíneos tinham a grande vantagem, entre outras, de permitir a utilização do canhão contra eventuais insurretos – uma situação

---

[41] Ibidem, p. 161-2.

[42] Ibidem, p. 158-9.

[43] Walter Benjamin, *Paris, capitale du XIXe siècle*, cit., p. 155.

[44] Ibidem, p. 146.

[45] Ibidem, p. 161.

[46] Ibidem, p. 157.

[47] Ibidem, p. 167-8.

A CIDADE, LUGAR ESTRATÉGICO DO ENFRENTAMENTO DAS CLASSES   113

profeticamente evocada em uma frase de Pierre Dupont, em 1849, citada por Benjamin em epígrafe no capítulo sobre a haussmannização: "as capitais palpitantes foram abertas pelo canhão"[48].

Em resumo, os "embelezamentos estratégicos" do barão Haussmann eram um método racionalmente planejado de cortar pela raiz qualquer desejo de revolta ou de esmagá-la – se, apesar de tudo, ela ocorresse – de modo eficaz, fazendo uso do último recurso dos poderosos, segundo Benjamin: o sangue... Como ele mesmo escreve em *Paris, capital do século XIX* (1935), que pode ser considerada uma espécie de introdução a *Passagens*:

> A atividade de Haussmann insere-se no imperialismo de Napoleão III. Este favorece o capital financeiro. [...] O verdadeiro objetivo das obras de Haussmann era proteger a cidade da guerra civil. Ele queria tornar impossível, para sempre, a construção de barricadas em Paris. [...] A largura dos bulevares deve impedir a construção de barricadas, e novas aberturas devem aproximar os quartéis dos bairros operários.[49]

As referências à atualidade dos anos 1930 são raras em *Passagens*. Eis uma das mais impressionantes: "A obra de Haussmann está completa, como mostra a guerra da Espanha, por meios inteiramente distintos"[50]. Benjamin refere-se, sem dúvida, à destruição, sob as bombas da Luftwaffe, da cidade basca de Guernica, assim como de alguns bairros populares de Madri. Os bombardeios aéreos seriam a forma moderna do "embelezamento estratégico" inventado pelo *préfet* parisiense? Evidentemente há uma espécie de ironia amarga na observação de Benjamin. A analogia se refere, provavelmente, a dois aspectos essenciais da haussmannização: a destruição de bairros inteiros e o esmagamento preventivo dos "focos de motim".

Dito isso, não creio que o autor de *Passagens* quisesse estabelecer uma identificação entre os dois eventos, de naturezas radicalmente diferentes e, menos ainda, uma genealogia histórica. Sua breve observação parece esboçar sobretudo uma espécie de constelação única entre duas modalidades perfeitamente distintas de "demolição estratégica" pelas classes dominantes, de destruição urbana como meio de manutenção da ordem e neutralização das classes populares. Sua ironia visa, sem dúvida, à ideologia conformista do Progresso: desde Haussmann, os

---

[48]   Ibidem, p. 145.

[49]   Idem, *Oeuvres* (Paris, Gallimard Folio, 2000), t. III, p. 64. A seção intitulada "Haussmann ou les barricades" desse ensaio utiliza abundantemente o material que se encontra em *Passagens*.

[50]   Walter Benjamin, *Paris, capitale du XIXe siècle*, cit., p. 169.

114 CENTELHAS

poderosos "progrediram" consideravelmente em seus meios de destruição e instrumentos técnicos a serviço da guerra civil. Quem pode negar a superioridade dos bombardeiros da Luftwaffe hitlerista sobre as modestas pás e picaretas do *préfet* de Napoleão III?

Como os revolucionários parisienses dos anos 1860 responderam – antes da Comuna de Paris – ao desafio da haussmannização? Que retruque encontraram para a modernização imperial da cidade? De fato, houve pouquíssimas tentativas de levante durante o Segundo Império. Benjamin menciona somente uma, aquela organizada por Auguste Blanqui em 1870: "Para o golpe de agosto de 1870, Blanqui pôs trezentos revólveres e quatrocentos punhais à disposição dos trabalhadores. É característico das formas de combate de rua dessa época que estes preferissem os punhais aos revólveres"[51]. Como interpretar esse comentário sibilino? Podemos supor que Benjamin se limite a constatar a preferência dos rebelados blanquistas pelos métodos de combate "corpo a corpo", semelhantes ao uso cotidiano da faca como instrumento de trabalho ou meio de defesa. É mais provável, porém, que sua observação tenha uma conotação crítica, que evidencia o "atraso técnico" dos revolucionários e a desproporção gritante entre seu instrumento de combate favorito, o punhal, e aqueles de que dispunham as forças da ordem: fuzis e canhões...

A Comuna de Paris (1871)

Esse capítulo de *Passagens* é bem mais curto que os dois precedentes: seis páginas somente (contra 25 e 26). É caracterizado por certa ambivalência do autor em relação à Comuna de Paris de 1871.

Peguemos a questão crucial da relação da Comuna com a Revolução Francesa. Benjamin observa que "a Comuna tinha o pleno sentimento de ser herdeira de 1793"[52]; isso se traduz até na geografia urbana dos combates, impregnada de memória histórica, uma vez que "um dos últimos centros da resistência da Comuna" foi "a praça da Bastilha"[53]. O autor de *Passagens* poderia ter tratado essa relação intensa do povo rebelado de Paris com sua tradição revolucionária como um claro exemplo do "salto do tigre no passado" em momentos de perigo,

---

[51] Ibidem, p. 166.

[52] Ibidem, p. 789.

[53] Ibidem, p. 791.

A CIDADE, LUGAR ESTRATÉGICO DO ENFRENTAMENTO DAS CLASSES   115

característico das revoluções, segundo as teses "Sobre o conceito de história" (1940). A Comuna poderia ter sido, desse ponto de vista, um caso bem mais interessante que a Revolução de 1789, que procurava inspiração – erroneamente, segundo Marx – na República romana (exemplo citado por Benjamin, por uma ótica favorável, nas teses de 1940). Ora, os diversos comentários sobre a Comuna citados por Benjamin sugerem uma distância crítica, confirmada por suas próprias anotações. Por exemplo, quando afirma que "Ibsen vê bem mais longe que os chefes da Comuna na França", ou escreve a seu amigo Brandes, em 20 de dezembro de 1870: "Aquilo que vivemos hoje não é mais que migalhas da mesa da Revolução do século passado"[54]. Mais explícita e ainda mais severa é a opinião do marxista alemão – e biógrafo de Marx – Franz Mehring no artigo "Zum Gedachtnis der Pariser Kommune" [À memória da Comuna de Paris], publicado em *Die Neue Zeit* em 1896:

> As últimas tradições da velha lenda revolucionária também desabaram para sempre com a queda da Comuna [...]. Na história da Comuna, os germes dessa revolução [a proletária] são sufocados pelas trepadeiras que, oriundas da revolução burguesa do século XVIII, invadiram o movimento operário revolucionário do século XIX.

Como Benjamin não comenta esse texto, não é possível saber se de fato compartilha desse julgamento, mas sua observação sobre a clarividência de Ibsen vai na mesma direção[55].

O mínimo que se pode dizer é que a opinião de Mehring é completamente contraditória com o que Marx escreve em seu célebre texto de 1871 sobre a Comuna, *A guerra civil na França**, em que a apresenta sobretudo como anunciadora de revoluções vindouras. Ora, não somente Benjamin não cita uma única vez esse documento "clássico" do marxismo – altamente estimado por Lênin –, como prefere referir-se a uma observação tardia de Engels, feita em conversa com Bernstein em 1884, que, embora não critique explicitamente o documento de Marx, apresenta-o como um exagero "legítimo e necessário", "dadas as circunstâncias". De fato, Engels destaca o predomínio de blanquistas e proudhonianos entre os atores da insurreição, não sendo estes últimos "nem partidários da revolução

---

[54]   Ibidem, p. 793.

[55]   Benjamin cita também um comentário dos historiadores André Malet e Pierre Grillet que reforça essa leitura crítica: a maioria dos eleitos da Comuna eram "democratas jacobinos da tradição de 1793" (ibidem, p. 789).

*   Trad. Rubens Enderle, São Paulo, Boitempo, 2011. (N. E.)

116 CENTELHAS

social" nem "*a fortiori*, marxistas"[56] – um julgamento que, diga-se de passagem, é injusto na primeira parte (o proudhoniano Varlin não era "partidário da revolução social"?) e anacrônico na segunda (não existiam "marxistas" em 1871!).

Em todo caso, Benjamin parece partilhar a opinião negativa de Engels sobre Proudhon e seus discípulos: "as ilusões das quais a Comuna ainda era vítima encontravam uma expressão evidente na fórmula de Proudhon, seu apelo à burguesia: 'Salvem o povo, salvem-se a si mesmos, como fizeram seus pais, pela Revolução'"[57]. E, em outro comentário, observa: "É o proudhoniano Beslay que, como delegado da Comuna, deixa convencer-se [...] a não tocar nos 2 bilhões [do Banco da França] [...]. Ele consegue impor seu ponto de vista graças à ajuda dos proudhonianos do Conselho"[58]. A não expropriação do banco foi, como se sabe, uma das principais ressalvas de Marx sobre a prática dos *communards*. Dito isso, as críticas de Benjamin são frequentemente contestáveis: pode o apelo de Proudhon à burguesia ("salvem o povo") ser considerado representativo das ideias da Comuna?

Essa questão também é tratada no ensaio *Paris, capital do século XIX*, de 1935:

> Da mesma forma que o *Manifesto Comunista* encerra a era dos conspiradores profissionais, a Comuna põe fim à fantasmagoria que domina os primórdios do proletariado. Dissipa a ilusão de que seria tarefa da revolução proletária completar, de mãos dadas com a burguesia, a obra de 1789. Tal ilusão domina o período que vai de 1831 a 1871, da insurreição de Lyon à Comuna. A burguesia jamais compartilhou desse erro.[59]

A formulação é ambígua e, a rigor, poderia ser lida como um elogio à Comuna, comparada ao *Manifesto* de Marx e Engels por seu papel desmistificador. Mas também podemos interpretar essa passagem como uma condenação: a Comuna seria simplesmente o último episódio dessa "fantasmagoria". As citações de *Passagens* reforçariam essa segunda leitura.

Como explicar essa distância, essa ambivalência de Benjamin em relação à Comuna e suas críticas insistentes à herança de 1793? Poderíamos tentar situar sua atitude em certo contexto histórico: a conjuntura política na França na metade dos anos 1930. As duas citações mais longas do capítulo sobre a Comuna são, respectivamente, de abril de 1935 e de maio de 1936: podemos supor,

---

[56] Walter Benjamin, *Paris, capitale du XIXe siècle*, cit., p. 792.

[57] Ibidem, p. 790.

[58] Ibidem, p. 793.

[59] Idem, *Oeuvres*, cit., t. III, p. 64-5.

portanto, que uma parte – ou mesmo a maioria – do material tenha sido reunida durante os anos 1935-1936, anos da Frente Popular. Ora, a estratégia do Partido Comunista Francês (PCF) consistia, desde 1935, em tentar construir uma coalizão com a burguesia democrática – supostamente representada pelo Partido Radical – em nome de alguns valores comuns: a Filosofia das Luzes, a República, os Princípios da Grande Revolução (1789-1793). Sabe-se, pela correspondência de Benjamin, que ele tinha sérias reservas a essa orientação da esquerda francesa.

É possível, portanto, que as críticas de Benjamin às ilusões da Comuna – representadas, segundo ele, pelo apelo de Proudhon à burguesia, em nome da Revolução Francesa – sejam na verdade um questionamento, certamente implícito e indireto, da política do Partido Comunista Francês nessa época.

É somente uma hipótese, é claro, mas corresponde perfeitamente à ideia que Benjamin tem de uma historiografia crítica, elaborada a partir do ponto de vista do presente – um caminho fecundo, mas com problemas e riscos de deformação.

Não há dúvida de que existem também aspectos da Comuna que são apresentados, nesse curto capítulo, sob uma luz favorável. É o caso, em especial, de uma passagem de Aragon, extraída de um artigo publicado no periódico *Commune* em abril de 1935, que cita o poema de Arthur Rimbaud "As mãos de Jeanne-Marie" para celebrar as jovens operárias dos subúrbios parisienses, cujas mãos

Empalidecem encantadoras
Ao sol de amor carregado,
Ao som da metralhadoras
Na Paris rebelada!*

A participação feminina na Comuna também é evocada em outro parágrafo desse texto de Aragon, que constata a presença das "operárias de Paris" nas Assembleias da Comuna, ao lado de poetas, escritores, pintores e cientistas[60].

Como vimos a propósito dos levantes populares dos anos 1830-1848, o papel revolucionário das mulheres é, para Benjamin, um dos aspectos importantes da "tradição dos oprimidos" em Paris. Para documentar esse papel, não hesita em

---

* "[...] ont pâli, merveilleuses/ Au grand soleil, d'amour chargé/ Sur le bronze des mitrailleuses/ À travers Paris insurgé". O poema original tem 64 versos e foi escrito em 1871. É um hino à glória das mulheres da Comuna, celebra a mulher rebelada, brutal e doce, terrível e desejada. (N. T.)

[60] Walter Benjamin, *Paris, capitale du XIXe siècle*, cit., p. 789.

apelar para documentos reacionários, como uma gravura que representa a Comuna como uma mulher cavalgando uma hiena, deixando para trás as chamas negras dos edifícios incendiados[61]...

Curiosamente, a questão das barricadas não é abordada nessas notas sobre a Comuna. Em todo caso, para além dos silêncios e ambiguidades, não há dúvida de que a guerra civil de 1871 representa também, aos olhos de Benjamin, um exemplo notável da cidade – Paris – como lugar do impiedoso enfrentamento entre as classes.

---

[61] Ibidem, p. 790.

PARTE II

DEBATES CONTEMPORÂNEOS: TECENDO O FIO VERMELHO NAS LUTAS ATUAIS

Retrato de Daniel Bensaïd, por Troy Terpstra.

A HERESIA COMUNISTA DE DANIEL BENSAÏD*

Michael Löwy

"Auguste Blanqui, comunista herege" é o título de um artigo que Daniel Bensaïd e eu escrevemos juntos em 2006 para um livro sobre os socialistas do século XIX, organizado por nossos amigos Philippe Corcuff e Alain Maillard**. Esse conceito se aplica perfeitamente a seu próprio pensamento, obstinadamente fiel à causa dos oprimidos, mas alérgico a qualquer ortodoxia.

Daniel escreveu alguns livros importantes antes de 1989, mas a partir daquele ano, com a publicação de *Moi, la révolution: remembrances d'un bicentenaire indigne*[1] [Eu, a revolução: remembranças de um bicentenário indigno] e *Walter Benjamin, sentinelle messianique*[2] [Walter Benjamin, sentinela messiânico], começa um novo período que se caracteriza não apenas por uma enorme produtividade – dezenas de obras, das quais várias dedicadas a Marx –, mas também por uma nova qualidade da escrita, uma fantástica efervescência de ideias, uma surpreendente inventividade. Apesar da grande diversidade, esses escritos são tecidos com os mesmos fios vermelhos: a memória das lutas – e suas derrotas – do passado, o interesse pelas novas formas de anticapitalismo e a preocupação com os novos problemas que se apresentam à estratégia revolucionária. Sua reflexão teórica era inseparável de sua

---

*   Escrito por ocasião do falecimento de Daniel Bensaïd em 2010 e publicado originalmente como "L'hérésie communiste de Daniel Bensaïd", *Lignes*, n. 32, 2010, p. 79-85. Tradução de Leonardo Gonçalves, publicada em *Blog da Boitempo*, disponível em <https://blogdaboitempo.com.br/2011/06/06/a-heresia-comunista-de-daniel-bensaid>. (N. E.)

**   Ver p. 13 deste volume. (N. E.)

[1]   Daniel Bensaïd, *Moi, la révolution: remembrances d'une bicentenaire indigne* (Paris, Gallimard, 1989).

[2]   Idem, *Walter Benjamin, sentinelle messianique* (Paris, Plon, 1990).

militância, quer escrevesse sobre Joana D'Arc, em *Jeanne, de guerre lasse*[3] [Joana, cansada de guerra], quer sobre a fundação do Novo Partido Anticapitalista (NPA), em *Prenons parti: pour un socialisme du XXIᵉ siècle* [Tomemos partido: por um socialismo do século XXI], com Olivier Besancenot[4]. Seus escritos têm, consequentemente, forte carga emocional, ética e política, que lhes dá uma qualidade humana pouco comum. A multiplicidade de suas referências pode tomar muitos caminhos: Marx, Lênin e Trótski, com certeza, mas também Auguste Blanqui, Charles Péguy, Hannah Arendt, Walter Benjamin, sem esquecer Blaise Pascal, Chateaubriand, Kant, Nietzsche e muitos outros. Apesar de toda essa surpreendente variedade, aparentemente eclética, seu discurso tem uma notável coerência.

"Leio sem parar seus livros, como remédios contra a burrice e o egoísmo", escreveu recentemente o amigo e poeta Serge Pey. Se os livros de Daniel são lidos com tanto prazer, é porque foram escritos com a pena afiada de um verdadeiro escritor, daqueles que têm o dom da frase: uma frase que pode ser assassina, irônica, nervosa ou poética, mas que vai sempre direto ao ponto. Esse estilo literário, próprio do autor e inimitável, não é gratuito, mas vem a serviço de uma ideia, de uma mensagem, de um apelo: não se dobrar, não se resignar, não se reconciliar com os vencedores.

Essa ideia se chama *comunismo*. Ela não poderia ser identificada com os crimes burocráticos cometidos em seu nome, assim como o cristianismo não pode ser reduzido à Inquisição e às dragonadas. O comunismo, em última análise, é apenas a esperança de suprimir a ordem existente, o nome secreto da resistência e da sublevação, a expressão da grande cólera negra e vermelha dos oprimidos. É o sorriso dos explorados que esperam ao longe os tiros de fuzil dos insurgentes em junho de 1848 – episódio contado com inquietude por Alexis de Tocqueville e reinterpretado por Toni Negri. Seu espírito sobreviverá ao triunfo atual da mundialização capitalista tal como o espírito do judaísmo durante a destruição do Templo e a expulsão da Espanha (gosto dessa comparação insólita e um pouco provocadora).

O comunismo não é resultado do "Progresso" ou das leis da História (com P e H maiúsculos): é uma luta eterna, incerta e anunciada. A política, que é a arte estratégica do conflito, da conjuntura e do contratempo, implica uma responsabilidade humanamente falível e deve ser confrontada com as incertezas de uma história aberta.

---

[3] Idem, *Jeanne, de guerre lasse: chroniques de ce temps* (Paris, Gallimard, 1991).

[4] Daniel Bensaïd e Olivier Besancenot, *Prenons parti: pour un socialisme du XXIᵉ siècle* (Paris, Fayard, 2009).

O comunismo do século XXI era, para Daniel, herdeiro das lutas do passado, da Comuna de Paris, da Revolução de Outubro, das ideias de Marx e Lênin e dos grandes vencidos que foram Trótski, Rosa Luxemburgo, Che Guevara. Mas também era algo novo, à altura das questões do presente: um *ecocomunismo* (termo que ele inventou), no qual o combate ecológico contra o capital é peça central.

Para Daniel, o espírito do comunismo não podia ser reduzido a suas falsificações burocráticas. Se ele era, com suas últimas energias, contra a tentativa da contrarreforma liberal de dissolver o comunismo no stalinismo, tampouco reconhecia que se possa passar batido por um balanço crítico dos erros que desarmaram os revolucionários da Revolução de Outubro diante das provas da história, favorecendo a contrarrevolução termidoriana: confusão entre povo, partido e Estado, cega em relação ao perigo burocrático. É preciso retirar disso certas lições históricas, já esboçadas por Rosa Luxemburgo em 1918: a importância da democracia socialista, do pluralismo político, da separação dos poderes, da autonomia dos movimentos sociais em relação ao Estado.

A fidelidade ao espectro do comunismo não impediu que Daniel advogasse em favor de uma renovação profunda do pensamento marxista, especialmente em dois campos em que a tradição é falha: o feminismo e a ecologia. As feministas — como Christine Delphy — estavam certas ao criticar a abordagem de Engels, que definia a opressão doméstica como um arcaísmo pré-capitalista que desapareceria em breve com o salariado das mulheres. Quanto ao movimento operário, demonstrou muitas vezes um sexismo grosseiro, principalmente ao retomar a seu favor a noção burguesa de renda complementar. A necessária aliança entre a consciência de gênero e a consciência de classe não pode ser feita sem um retorno crítico dos marxistas a sua teoria e sua prática.

O mesmo vale para o meio ambiente: habitualmente ligado ao compromisso fordista e à lógica produtiva do capitalismo, o movimento operário era indiferente ou hostil à ecologia. Os partidos verdes, por sua vez, tendem a se contentar com uma ecologia de mercado e com um reformismo social-liberal. Ora, o antiprodutivismo de nossos dias deve necessariamente ser um anticapitalismo: o paradigma ecológico é inseparável do paradigma social. Diante dos danos catastróficos provocados no meio ambiente pela lógica do valor de mercado, é preciso propor a necessidade de uma mudança radical do modelo de consumo, civilização e vida.

· · ·

124 CENTELHAS

A filosofia de Daniel Bensaïd não era um exercício acadêmico, mas estava atravessada, de lado a lado, pelo fogo da indignação, um fogo que, segundo ele, não pode ser apagado nas águas mornas da resignação consensual. Daí seu desprezo pelo "*homo resignatus*", político ou intelectual que é reconhecido a distância por sua impassibilidade batraquiana perante a ordem impiedosa das coisas. Para além da modernidade e da pós-modernidade, resta, dizia Daniel, a força irredutível da indignação, a incondicional recusa da injustiça, que são o exato oposto do costume e da resignação. "A indignação é um começo. Uma maneira de se levantar e de entrar em ação. É preciso indignar-se, insurgir-se e só depois ver no que dá."*

Seu hino poético-filosófico à glória da resistência – essa "paixão messiânica de um mundo justo que não aceita sacrificar o cintilar do possível diante da terna fatalidade do real"** – inspira-se ao mesmo tempo na paciência do marrano e na impaciência messiânica de Franz Rosenzweig e Walter Benjamin. Inspira-se também na profecia do Antigo Testamento, que não se propõe predizer o futuro, como a adivinhação antiga, mas, ao contrário, soar o alarme da catástrofe possível. O profeta bíblico, como já havia sugerido Max Weber em seu trabalho sobre o judaísmo antigo, não procede com ritos mágicos, mas *convida a agir*. Ao contrário do esperar para ver apocalíptico e dos oráculos de um destino inexorável, a profecia é uma antecipação condicional, representada pelo "*ulaí*" ("se") hebraico. Ela busca desviar a trajetória catastrófica, conjurar o pior, manter aberto o feixe dos possíveis; logo, é um *apelo estratégico à ação*. Segundo Daniel, há profecia em toda grande aventura humana, amorosa, estética ou revolucionária.

• • •

De todas as "heresias" de Daniel Bensaïd, quer dizer, dentre suas contribuições para a renovação do marxismo, a mais importante, a meu ver, é a ruptura radical com o cientificismo, o positivismo e o determinismo que se impregnaram tão profundamente no marxismo "ortodoxo", sobretudo na França.

Um de seus últimos trabalhos foi uma longa introdução aos escritos de Marx sobre a Comuna – uma brilhante e enérgica defesa e ilustração do político como

---

*   Daniel Bensaïd, "Point d'orgue", em *Les Irréductibles, théorèmes de la résistance à l'air du temps* (Paris, Textuel, 2001) [ed. bras.: *Os irredutíveis: teoremas da resistência para o tempo presente*, trad. Wanda Caldeira Brandt, São Paulo, Boitempo, 2008, p. 97]. (N. E.)

** Idem, "L'arc tendu de l'attente", em *Le Monde de l'éducation, de la culture et de la formation*, n. 248, maio 1997. (N. E.)

pensamento estratégico revolucionário. A doutrina oficial diz que não há pensamento político em Marx, pois sua teoria se resume ao determinismo econômico. Ora, a leitura de seus escritos políticos, sobretudo a sequência *As lutas de classes na França, O 18 de brumário de Luís Bonaparte* e *A guerra civil na França*, mostra, muito pelo contrário, uma leitura estratégica dos acontecimentos, que leva em consideração a temporalidade própria do político, antípoda do tempo mecânico do relógio e do calendário. O tempo não linear e sincopado das revoluções, no qual se superpõem as tarefas do passado, do presente e do futuro, está sempre aberto à contingência. A interpretação de Marx por Daniel Bensaïd é certamente influenciada por Walter Benjamin e pelas polêmicas antipositivistas de Blanqui, dois pensadores revolucionários aos quais ele rende uma firme homenagem.

Auguste Blanqui é uma referência importante nessa abordagem crítica. No mencionado artigo de 2006, Daniel lembra a polêmica de Blanqui contra o positivismo, esse pensamento de progresso em boa ordem, de progresso sem revolução, essa "'doutrina execrável do fatalismo histórico' elevada a religião"[*]. Contra a ditadura do fato consumado, acrescentava Bensaïd, Blanqui proclamava que o capítulo das bifurcações ficava aberto à esperança. Contra "a mania do progresso e do desenvolvimento contínuo", a irrupção eventual do possível no real se chamava revolução. A política que prevalece sobre a história. E propunha as condições de uma temporalidade estratégica, e não mais mecânica, "homogênea e vazia". Logo, para Blanqui, "a engrenagem das coisas humanas não é inevitável como a do universo. Ela pode ser modificada a cada minuto"[**]. Daniel Bensaïd comparava essa fórmula com a de Walter Benjamin: cada segundo é a porta estreita por onde pode surgir o messias, isto é, a revolução, essa irrupção eventual do possível no real.

Sua releitura de Marx, à luz de Blanqui, Walter Benjamin e Charles Péguy, leva-o a conceber a história como uma série de ramificações e bifurcações, um campo de possíveis onde a luta de classes ocupa um lugar decisivo, mas cujo resultado é "imprevisível". Em *Le Pari mélancolique*[5] [A aposta melancólica], talvez seu mais belo livro, o mais "inspirado", ele retoma uma fórmula de Pascal para afirmar que a ação emancipadora é "um trabalho para o incerto", implicando uma aposta no futuro: uma esperança que não é demonstrável cientificamente, mas na

---

[*] Ver p. 32 deste volume. (N. E.)

[**] Auguste Blanqui, "Contre le progrès", em *Instructions pour une prise d'armes: l'éternité par les astres, hypothèse astronomique et autres textes* (org. Miguel Abensour e Valentin Pelosse, Paris, Tête de Feuilles, 1972), p. 103-5. (N. E.)

[5] Daniel Bensaïd, *Le Pari mélancolique* (Paris, Fayard, 2007).

qual está envolvida a existência inteira. Redescobrindo a interpretação marxista de Pascal por Lucien Goldmann, define o engajamento político como *uma aposta racional no devir histórico*, "com o risco de perder tudo ou de se perder". A aposta é inelutável, em um sentido ou em outro: como escrevia Pascal, "embarcamos". Tanto na religião do deus oculto (Pascal) como na política revolucionária (Marx), a obrigação da aposta define a condição trágica do homem moderno.

A revolução deixa, portanto, de ser o produto necessário das leis da história, ou das contradições econômicas do capital, para se transformar numa hipótese estratégica, num horizonte ético, "sem o qual a vontade renuncia, o espírito da resistência capitula, a fidelidade falha, a tradição se perde". A ideia de revolução se opõe à sequência mecânica de uma temporalidade implacável. Refratária à conduta causal dos fatos ordinários, ela é *interrupção*. Momento mágico, a revolução leva ao enigma da emancipação em ruptura com o tempo linear do progresso, essa ideologia da caixa econômica tão violentamente denunciada por Péguy, onde a cada minuto, a cada hora, supomos algum crescimento em nossa pequena poupança pelo aumento dos juros.

Em consequência, como ele explica em *Fragments mécréants*[6] [Fragmentos canalhas], o homem revolucionário é o homem da dúvida em oposição ao homem de fé, um indivíduo que aposta nas incertezas do século e põe uma energia absoluta a serviço de certezas relativas. Logo, alguém que tenta, incansavelmente, praticar esse imperativo exigido por Walter Benjamin em seu último escrito, as teses "Sobre o conceito de história" (1940): escovar a história a contrapelo.

• • •

Daniel fará falta. Já o faz, cruelmente. Mas pensamos que ele gostaria de que nos lembrássemos da famosa mensagem de Joe Hill, o I.W.W., poeta e músico do sindicalismo revolucionário estadunidense, a seus camaradas, às vésperas de ser fuzilado (sob falsas acusações) em 1915: "*Don't mourn, organize!*". Não lamentem, organizem (a luta)!

---

[6]   Idem, *Fragments mécréants* (Paris, Lignes, 2005).

O ROMANTISMO REVOLUCIONÁRIO DOS MOVIMENTOS DE MAIO*

Michael Löwy

O espírito de 1968 é uma bebida poderosa, uma mistura apimentada e embriagadora, um coquetel explosivo composto de diversos ingredientes. Um de seus componentes – e não o menor deles – é o *romantismo revolucionário*, isto é, um protesto cultural contra os fundamentos da civilização industrial-capitalista moderna e uma associação, única em seu gênero, entre subjetividade, desejo e utopia – o "triângulo conceitual" que, segundo Luisa Passerini, define 1968[1].

O romantismo é não apenas uma escola literária do século XIX, mas também uma das principais formas da cultura moderna. Como estrutura sensível e visão do mundo, manifesta-se em todas as esferas da vida cultural – literatura, poesia, arte, música, religião, filosofia, ideias políticas, antropologia, historiografia e outras ciências sociais. Surgiu em meados do século XVIII – pode-se considerar Jean-Jacques Rousseau "o primeiro romântico" –, estende-se pela *Frühromantik* alemã, Hölderlin, Chateaubriand, Victor Hugo, os pré-rafaelitas ingleses, William Morris, o simbolismo, o surrealismo e o situacionismo, e ainda nos acompanha neste início do século XXI. Pode-se defini-lo como uma revolta contra a sociedade capitalista moderna, em nome de valores sociais e culturais do passado, pré--modernos, e como um protesto contra o desencantamento moderno do mundo, a *dissolução individualista-competitiva das comunidades* humanas e o triunfo da mecanização, da mercantilização, da reificação e da quantificação. Dividido entre

---

* Tradução, a partir do francês, de Emir Sader para o texto "Le romantisme révolutionnaire de Mai 68", com revisão técnica de Ana Paula Hey, publicada em *Margem Esquerda*, n. 11, 2008. Texto publicado originalmente em inglês sob o título "The Revolutionary Romanticism of May 1968", em *Thesis Eleven*, n. 68, fev. 2002, p. 95-100. (N. E.)

[1] Luisa Passerini, "'Utopia' and Desire", *Thesis Eleven*, n. 68, fev. 2002, p. 12-22.

a nostalgia do passado e os sonhos de futuro, pode assumir formas regressivas e reacionárias, propondo um retorno às formas de vida pré-capitalistas, ou uma forma revolucionária utópica, que não prega um *retorno*, mas um *desvio* pelo passado em direção ao futuro: nesse caso, a nostalgia do paraíso perdido está contida na esperança de uma nova sociedade.

Entre os pensadores mais admirados pela geração dos anos 1960, podemos encontrar quatro que pertencem, sem dúvida alguma, à tradição romântica revolucionária e que, como os surrealistas da geração anterior, tentaram combinar – cada um a sua maneira, individual e singular – a crítica marxista e a crítica romântica da civilização: Henri Lefebvre, Guy Debord, Herbert Marcuse e Ernst Bloch.

Enquanto os dois primeiros tinham a simpatia dos rebeldes franceses, o terceiro era mais conhecido nos Estados Unidos e o último, sobretudo na Alemanha. Certamente a maior parte dos jovens que tomaram as ruas em Berkeley, Berlim, Milão, Paris ou no México jamais leu esses filósofos, mas suas ideias eram difundidas, de mil e uma maneiras, nos panfletos e nas palavras de ordem do movimento. Na França, isso vale principalmente para Debord e seus amigos situacionistas, aos quais o imaginário de Maio de 1968 deve alguns de seus sonhos mais audaciosos e algumas de suas fórmulas mais impactantes ("A imaginação no poder"). No entanto, não é a "influência" desses pensadores que explica o espírito de 1968, mas o contrário: a juventude rebelde buscava autores que pudessem fornecer ideias e argumentos para seu protesto e seus desejos. Entre eles e o movimento, houve, ao longo dos anos 1960 e 1970, um tipo de "afinidade eletiva" cultural: eles se descobriram e se influenciaram mutuamente, num processo de reconhecimento recíproco.

Esses movimentos *não foram* motivados por algo como uma crise da economia capitalista: ao contrário, era a época dos "trinta gloriosos" (1945-1975), anos de crescimento e prosperidade capitalista. Isso é importante para evitar a armadilha de esperar revoltas anticapitalistas apenas – ou somente – como resultado de uma recessão ou de uma crise mais ou menos catastrófica da economia: não há correlação direta entre os altos e baixos das bolsas e a ascensão e o declínio das lutas – ou das revoluções – anticapitalistas! Acreditar no contrário seria regressar ao tipo de "marxismo" economicista que predominava tanto na Segunda quanto na Terceira Internacional.

No célebre panfleto distribuído em março de 1968 por Cohn-Bendit e seus amigos, "Pourquoi des sociologues?" [Por que sociólogos?], encontra-se a rejeição mais explícita de tudo que se apresente sob o rótulo de "modernização", identi-

O ROMANTISMO REVOLUCIONÁRIO DOS MOVIMENTOS DE MAIO 129

ficada como nada mais do que a planificação, a racionalização e a produção de bens de consumo conforme as necessidades do capitalismo organizado. A isso devemos acrescentar o protesto contra as guerras imperialistas e/ou coloniais e uma poderosa *vague de sympathie* – não sem ilusões "românticas" – pelos movimentos de libertação dos países oprimidos do Terceiro Mundo. Enfim, *last but not least*, para muitos desses jovens militantes, uma profunda desconfiança em relação ao modelo soviético, considerado uma variante do mesmo paradigma de produção e consumo do Ocidente capitalista.

O espírito romântico de Maio de 1968 não é composto somente de "negatividade". Ele também está carregado de esperanças utópicas, sonhos libertários e surrealistas, de "explosões de subjetividade"[2]. A reivindicação do direito à subjetividade estava inseparavelmente ligada à impulsão anticapitalista radical que atravessava, de um lado a outro, o espírito de Maio de 1968. Essa dimensão não deve ser subestimada, pois permitiu a (frágil) aliança entre os estudantes, os diversos *grupúsculos* marxistas ou libertários e os sindicalistas que organizaram – apesar de suas direções burocráticas – a maior greve geral da história da França.

Em sua importante obra sobre "o novo espírito do capitalismo", Luc Boltanski e Ève Chiapello distinguem dois tipos (no sentido weberiano do termo) de crítica anticapitalista – cada uma com sua complexa combinatória de emoções, sentimentos subjetivos, indignações e análises teóricas – que de uma forma ou de outra convergiram em Maio de 1968: 1) a *crítica social*, desenvolvida pelo movimento operário tradicional, que denuncia a exploração dos trabalhadores, a miséria das classes dominadas e o egoísmo da oligarquia burguesa, que confisca os frutos do progresso; 2) a *crítica artística*, que se volta contra valores e opções de base do capitalismo e denuncia, em nome da liberdade, um sistema que produz alienação e opressão[3].

Esses autores se referem, em relação ao conceito de *crítica artística* do capitalismo, a uma crítica do desencantamento, da inautenticidade e da miséria da vida cotidiana, da desumanização do mundo pela tecnocracia, da perda de autonomia, enfim, do autoritarismo opressivo dos poderes hierárquicos. Mais do que liberar as potencialidades humanas pela autonomia, pela auto-organização e pela

---

[2] Idem.

[3] Luc Boltanski e Ève Chiapello, *Le Nouvel esprit du capitalisme* (Paris, Gallimard, 1999), p. 244-5 [ed. bras.: *O novo espírito do capitalismo*, trad. Ivone C. Benedetti, São Paulo, WMF Martins Fontes, 2009].

130 CENTELHAS

criatividade, o capitalismo submete os indivíduos à "jaula de aço" da racionalidade instrumental e da mercantilização do mundo. As formas de expressão dessa crítica são emprestadas do repertório da festa, do jogo, da poesia, da libertação da palavra, enquanto sua linguagem se inspira em Marx, Freud, Nietzsche e no surrealismo. Ela é antimoderna na medida em que enfatiza o desencantamento e é modernista quando destaca a libertação. Suas ideias podem ser encontradas já nos anos 1950, nos pequenos "grupos de vanguarda" artística e política – como o Socialismo ou Barbárie (Cornelius Castoriadis, Claude Lefort) ou o situacionismo (Guy Debord, Raoul Vaneigem) –, antes de explodir abertamente na revolta estudantil, em 1968[4].

De fato, o que Boltanski e Chiapello chamam de "crítica artística" é fundamentalmente o mesmo fenômeno que designo como crítica *romântica* do capitalismo. A principal diferença é que os dois sociólogos tentam explicá-lo por um "modo de vida boêmio", pelos sentimentos de artistas e dândis formulados de maneira exemplar nos escritos de Baudelaire[5]. Tal abordagem me parece demasiado estreita: o que chamo de romantismo anticapitalista é não só mais antigo, como tem uma base social muito mais ampla. Está implantado não só entre os artistas, como também entre intelectuais, estudantes, mulheres e todos os tipos de grupos sociais cujo estilo de vida e cultura são negativamente afetados pelo processo destruidor da modernização capitalista.

Outro aspecto problemático do ensaio desses autores – no mais, notável pela riqueza de suas propostas – é a tentativa de demonstrar que, no curso das últimas décadas, a *crítica artística*, separando-se da crítica social, foi integrada e recuperada pelo novo espírito do capitalismo, por seu novo estilo de gerência, que, fundado nos princípios de flexibilidade e liberdade, propõe uma maior autonomia no trabalho, mais criatividade, menos disciplina e menos autoritarismo. Uma nova elite social, bastante ativa nos anos 1960 e atraída pela *crítica artística*, rompeu com a crítica social do capitalismo – considerada "arcaica" e associada à velha esquerda comunista – e aderiu ao sistema, ocupando postos de direção[6].

Certamente há muito de verdade nesse esquema, porém, mais do que uma continuidade direta e sem conflitos entre os rebeldes de 1968 e os novos gerentes, ou entre os desejos e as utopias de maio e a última ideologia capitalista, noto uma

---

[4] Ibidem, p. 245-6 e 86.
[5] Ibidem, p. 83-4.
[6] Ibidem, p. 283-7.

O ROMANTISMO REVOLUCIONÁRIO DOS MOVIMENTOS DE MAIO 131

profunda ruptura ética e política – às vezes na vida de um mesmo indivíduo. O que foi perdido nesse processo, nessa metamorfose, não foi um detalhe, mas o essencial: o *anticapitalismo*... Uma vez despojada de seu conteúdo anticapitalista típico – diferente daquele da crítica social –, a crítica *artística* ou romântica deixa de existir como tal, perde todo o significado e torna-se um simples ornamento. É claro que a ideologia capitalista pode integrar elementos "artísticos" ou "românticos" em seu discurso, mas antes eles foram esvaziados de todo conteúdo social significativo para se tornar uma forma de publicidade. Há pouco em comum entre a nova "flexibilidade" industrial e os sonhos utópicos libertários de 1968. Falar de um "capitalismo esquerdista"[7], como fazem Boltanski e Chiapello, parece-me puro contrassenso, uma *contradictio in adjecto*.

Qual é a herança de 1968 então? Podemos concordar com Perry Anderson quando diz que o movimento foi permanentemente derrotado, que vários de seus participantes e dirigentes se tornaram conformistas e que o capitalismo – em sua forma neoliberal – não só triunfou no decurso dos anos 1980 e 1990, como também se tornou o único horizonte possível[8]. Mas parece-me que, nos últimos anos, assistimos ao surgimento, em escala planetária, de um novo e vasto movimento social, com forte componente anticapitalista. É evidente que a história jamais se repete, e seria tão inútil quanto absurdo esperar um "novo Maio de 1968" em Paris ou em outro lugar: cada nova geração rebelde inventa sua própria e singular combinatória de desejos, utopias e subjetividades.

A mobilização internacional contra a globalização neoliberal, que se inspira no princípio de que "o mundo não é uma mercadoria" e que tomou as ruas de Seattle, Praga, Porto Alegre e Gênova, é – inevitavelmente – muito diferente dos movimentos dos anos 1960. Ela está longe de ser homogênea: enquanto seus participantes mais moderados ou pragmáticos ainda acreditam na possibilidade de regular o sistema, um amplo setor do "movimento dos movimentos" é abertamente anticapitalista, e podemos encontrar em seus protestos, como em 1968, uma fusão única entre as críticas romântica e marxista à ordem capitalista, a suas injustiças sociais e avidez mercantil. Certamente podemos notar algumas analogias com os anos 1960 – a poderosa tendência antiautoritária ou libertária –, mas também diferenças importantes: a ecologia e o feminismo, que ainda estavam nas-

---

[7] Ibidem, p. 290.

[8] Refiro-me às intervenções de Perry Anderson nos debates por ocasião de um seminário, em Florença, sobre Maio de 1968, que gerou a publicação de um número da revista *Thesis Eleven*.

cendo em Maio de 1968, são agora componentes centrais da nova cultura radical, enquanto as ilusões sobre o "socialismo realmente existente" – seja ele soviético, seja chinês – praticamente desapareceram.

Esse movimento está apenas começando, é impossível prever como se desenvolverá, mas já mudou o clima intelectual e político em alguns países. Ele é realista, o que significa que reivindica o impossível.

INTRODUÇÃO CRÍTICA À *INTRODUÇÃO AO MARXISMO*, DE ERNEST MANDEL: TRINTA ANOS DEPOIS*

Daniel Bensaïd

A primeira edição, pela Fundação Léon Lesoil, de *Introduction au marxisme* [*Introdução ao marxismo*] data de 1974. A data não é sem importância. Depois do "choque do petróleo" de 1973, Ernest Mandel foi, sem dúvida, um dos primeiros a diagnosticar o esgotamento dos "trinta gloriosos"** e a prognosticar a inversão da longa onda de crescimento consecutiva à Segunda Guerra Mundial[1]. Os debates na esquerda e no movimento operário europeus continuavam marcados pela ilusão de um progresso ilimitado, garantido por um compromisso keynesiano e um "Estado Providência". Essa visão otimista do desenvolvimento histórico alimentava na esquerda parlamentar e nos aparelhos sindicais a esperança de um socialismo a passo de tartaruga, respeitador das instituições existentes, à espera de que a maioria política terminasse por se juntar à maioria social, em países onde – como mostrou em Maio de 1968 a maior greve geral da história – o trabalho assalariado representava, pela primeira vez, mais de dois terços da população ativa.

Introdução ao marxismo não é, portanto, um texto fora do tempo. Mas, embora ainda válido por suas qualidades pedagógicas na apresentação da gênese do capitalismo, do funcionamento da economia, das crises cíclicas, do desenvolvi-

---

* Tradução de João Machado Borges Neto. Texto escrito em 25 de julho de 2007 e publicado originalmente como introdução a Ernest Mandel, *Introduction au marxisme* (Paris, Formation Léon Lesoil, 2007). (N. E.)

** Expressão tirada do título de um livro do economista Jean Fourastié, designa os cerca de trinta anos de crescimento capitalista entre o fim da Segunda Guerra Mundial e a primeira grande crise econômica do pós-guerra (1974-1975). (N. T.)

[1] Ernest Mandel, *La Crise* (Paris, Flammarion, 1978) [ed. bras.: *A crise do capital*, trad. Juarez Guimarães e João Machado Borges, São Paulo/Campinas, Ensaio/Editora da Unicamp, 1990].

mento desigual e combinado etc., tem também uma dimensão polêmica, da qual alguns pontos essenciais foram amplamente confirmados nos trinta anos transcorridos desde sua redação:

- A lógica do capitalismo não tende a uma redução progressiva das desigualdades, ou mesmo à extinção delas. Se essas desigualdades pareceram declinar no período pós-guerra, não foi pela generosidade de um capitalismo compassivo, mas em razão das correlações de forças sociais que nasceram da guerra e da resistência, da onda de revoluções coloniais, do grande medo que tomou as classes dirigentes nos anos 1930 e no momento da Liberação. Desde o começo da contrarreforma liberal, nos anos 1980, o Programa das Nações Unidas para o Desenvolvimento (Pnud) tem registrado, ano após ano, o aumento das desigualdades, não apenas entre os países do Sul e os do Norte, mas também entre os mais ricos e os mais pobres nos próprios países desenvolvidos, e entre os sexos, apesar das conquistas das lutas feministas. Não apenas o "Estado social" e a "economia mista" não eram eternos, não apenas não eram a solução enfim descoberta para as contradições e crises do capitalismo, como também, contrariamente às ilusões reformistas, nada está definitivamente conquistado pelos trabalhadores enquanto os possuidores detiverem a propriedade dos grandes meios de produção e as alavancas do poder. Thatcher e Reagan não tardariam a demonstrar isso, e George W. Bush confirma, a sua maneira, que ainda estamos na época das guerras e revoluções.
- A propriedade privada dos meios de produção, troca e comunicação, longe de se diluir no acionariato popular, sofre uma concentração sem precedentes e exerce o poder efetivo que lhe corresponde – não apenas na esfera econômica, mas também nas esferas política e midiática. Para qualquer um que não tenha renunciado à necessidade urgente de "mudar o mundo", a transformação radical das relações de propriedade no sentido da apropriação social permanece tão decisiva quanto na época do *Manifesto Comunista*. E isso é ainda mais verdadeiro no momento de globalização, quando o capital transforma tudo em mercadoria e a privatização do mundo se estende à educação, à saúde, à vida, ao saber, ao espaço.
- Se o Estado não é apenas um "bando de homens armados" ou um "Estado vigia noturno", se cumpre cada vez mais funções sofisticadas e complexas na reprodução social – uma "função ideológica", como destaca Mandel –, nem por isso é apenas uma relação de poder entre outras (doméstica,

INTRODUÇÃO CRÍTICA À *INTRODUÇÃO AO MARXISMO*, DE ERNEST MANDEL   135

cultural, simbólica). Ele é o garantidor e a trava das relações de poderes, a *Boa constrictor* que envolve a sociedade em suas múltiplas voltas. A questão, portanto, ainda é a de quebrá-lo a fim de abrir caminho para seu definhamento como aparelho especializado, separado da sociedade. Todas as revoluções do século XX, tanto nas vitórias quanto nas derrotas, confirmaram essa grande lição da Comuna de Paris.

Apesar dessa pertinência verificada, *Introdução ao marxismo*, de Mandel, chama a atenção por alguns silêncios. Nos anos 1970 houve uma nova ascensão planetária dos movimentos de emancipação das mulheres. A Quarta Internacional adotaria um importante documento programático sobre essa questão durante seu XI Congresso Mundial, em 1979. Ora, as relações de gênero ocupam no máximo um lugar marginal nesse texto. Do mesmo modo, enquanto as preocupações ecológicas cresciam, especialmente a partir dos movimentos contra as centrais nucleares ou da catástrofe de Three Miles Island, elas estão praticamente ausentes da primeira edição da *Introdução*. Isso pode provavelmente ser explicado — mas não justificado — pelo otimismo humanista e prometeico que coexistia em Mandel com uma lucidez indiscutível quanto às ambivalências do progresso técnico e às ameaças de barbárie.

Essa incoerência — ou contradição — é confirmada pelo papel que ele atribui, quando se trata de responder aos desafios da transição a uma sociedade socialista, ao que chamo de "curinga da abundância": "Uma sociedade igualitária fundada na abundância, eis o objetivo do socialismo". Essa marcha rumo à abundância implica um crescimento das forças produtivas e da produtividade do trabalho que permita uma redução maciça do tempo de trabalho. Se isso é verdade em termos gerais, ainda é necessário submeter essas forças produtivas a um exame crítico, sob pena de cairmos no produtivismo cego e na irresponsabilidade ecológica. Além disso, a própria noção de abundância é problemática. A suposição de uma abundância absoluta e de uma saturação das necessidades materiais aparece, de fato, como uma escapatória diante da necessidade de estabelecer prioridades e fazer escolhas na alocação de recursos limitados: quanto atribuir à saúde, à educação, à habitação, aos transportes, como decidir a localização desses investimentos etc.? Existe um limite natural às necessidades da saúde ou da educação. Assim como a abundância, as necessidades são históricas e sociais, portanto relativas. Podemos considerar, com toda a razão, que a lógica do consumo mercantil suscita e alimenta necessidades artificiais, suntuosas, desnecessárias, que uma sociedade socialista poderia muito bem dispensar. Mas daí a pregar a austeridade e a fruga-

136 CENTELHAS

lidade aos pobres, há uma distância que alguns ideólogos do decrescimento não hesitam em transpor. Quem está habilitado a discriminar as necessidades verdadeiras e as falsas, as boas e as más? Certamente não um areópago de especialistas, mas a arbitragem democrática dos produtores e usuários associados.

Ora, o recurso ao curinga da abundância permite não apenas escamotear, ou ao menos simplificar, a questão das prioridades sociais em um ecossistema submetido a limites e limiares, como também deixar no vácuo a questão das instituições democráticas de uma sociedade em transição para o socialismo. Não se trata, é claro, de reclamar uma utopia democrática constituída por planos preconcebidos de uma cidade perfeita, mas de destacar a importância decisiva das formas democráticas numa sociedade em que o desaparecimento do Estado não é sinônimo de um desaparecimento da política na simples "administração das coisas" (como sugere uma fórmula inadvertidamente emprestada – especialmente por Engels* – de Saint-Simon).

Não poderíamos censurar Mandel por essa subestimação, uma vez que ele foi o principal redator da resolução "Democracia socialista e ditadura do proletariado", adotada em 1979 pelo XI Congresso Mundial da Quarta Internacional. Mas o fato é que sua insistência no tema da abundância tende a relativizar o papel da política em favor de uma gestão técnica da distribuição sem limites: "O salariado deve ser substituído pela retribuição do trabalho por meio do livre acesso a todos os bens necessários à satisfação das necessidades dos produtores. Somente em uma sociedade que assegure ao homem tal abundância de bens pode nascer uma nova consciência social". Com razão essa questão da gratuidade – o "livre acesso" –, não apenas de certos serviços sanitários ou escolares, mas de produtos de consumo alimentares e de vestimenta de primeira necessidade, importava tanto para ele. Disso dependem, de fato, a desmercantilização do mundo e certa revolução das mentalidades, pondo fim pela primeira vez à maldição bíblica que obriga o ser humano a ganhar o pão "com o suor de seu rosto". Assim, Mandel insiste:

> Tal abundância de bens não é utópica, desde que seja introduzida gradualmente e parta de uma racionalização progressiva das necessidades dos homens, emancipados das imposições da concorrência, da caça ao enriquecimento privado e da manipulação por uma publicidade interessada em criar nos indivíduos um estado de insatisfação permanente. Assim, os progressos do nível de vida já criaram uma situação de saturação do consumo

---

* Ver, por exemplo, *Anti-Dühring*, em que Engels diz que no comunismo, com o fim do Estado, o "governo político sobre pessoas" seria substituído pela "administração de coisas". Ed. bras.: trad. Nélio Schneider, São Paulo, Boitempo, 2015, p. 292. (N. T.)

INTRODUÇÃO CRÍTICA À *INTRODUÇÃO AO MARXISMO*, DE ERNEST MANDEL   137

de pão, batatas, legumes, certas frutas, ou até de produtos lácteos, gorduras e carne suína, na parte menos pobre da população dos países imperialistas. Uma tendência análoga se manifesta em relação à vestimenta, aos calçados, aos móveis básicos etc. Todos esses produtos poderiam ser distribuídos gratuitamente, pouco a pouco, sem a intervenção do dinheiro, e sem que isso provoque aumentos importantes nas despesas coletivas.

Essa lógica da gratuidade como condição do desaparecimento parcial das relações monetárias continua atual. No entanto, a ênfase nas condições de "saturação do consumo" pela parte menos pobre da população nos países mais ricos esconde o peso das desigualdades planetárias e a relação entre a produção e a evolução demográfica. A noção de "racionalização progressiva das necessidades humanas", por mais pertinente que seja para a crítica do modo de vida induzido pela concorrência capitalista, não deve ser confundida com a de abundância, exceto uma abundância relativa em dado estado de desenvolvimento social que não dispensa critérios e prioridades no uso e na distribuição das riquezas. A política – logo, a "democracia socialista", e não a "administração das coisas" – continua necessária para a validação das necessidades e da maneira de satisfazê-las.

A parte mais datada dessa obra de 1974, a que sofreu mais com a prova dos anos e dos acontecimentos do último quarto de século, é incontestavelmente a que diz respeito ao stalinismo e sua crise. Mandel retoma o essencial da análise da Oposição de Esquerda e de Trótski sobre a contrarrevolução burocrática na União Soviética e suas razões: "O reaparecimento de uma desigualdade social acentuada na União Soviética de hoje se explica fundamentalmente pela pobreza da Rússia após a revolução, pela insuficiência do nível de desenvolvimento das forças produtivas, pelo isolamento e pelo fracasso da revolução na Europa no período de 1918 a 1923". Essa abordagem tem o mérito de enfatizar as condições sociais e históricas da gangrena burocrática, ao contrário da hagiografia reacionária que está na moda – entre outras, a dos autores de *O Livro negro do comunismo** –, para a qual os grandes dramas históricos são apenas o resultado mecânico do que germinou nos cérebros férteis de Marx ou Lênin, quando não simplesmente "culpa de Rousseau". As pesquisas contemporâneas sérias, apoiadas na abertura dos arquivos soviéticos (em especial as de Moshe Lewin) confirmam em larga medida o método de Mandel e esclarecem as diversas etapas da reação burocrática na União Soviética.

---

*   Stephane Courtois et al., *O livro negro do comunismo* (trad. Caio Meira, Rio de Janeiro, Bertrand Brasil, 1999). (N. E.)

Mandel retoma a análise clássica da burocracia na tradição da Oposição de Esquerda ao stalinismo: a burocracia não é uma "nova classe dominante"; "não cumpre um papel indispensável no processo de produção"; mas é "uma camada privilegiada que usurpou o exercício das funções de gestão no Estado e na economia soviéticos e outorgou-se, com base nesse monopólio de poder, vantagens copiosas no domínio do consumo". Ainda que discutível (a definição das classes – no sentido amplo e histórico, ou no sentido mais específico às sociedades modernas – não é claramente estabelecida nem no próprio Marx), a distinção entre classes fundamentais e casta burocrática se esforçava para pensar a singularidade de um fenômeno inédito. Permitia evitar as simplificações que faziam da União Soviética ou da China "pátrias do socialismo" que requeriam uma fidelidade incondicional ou, inversamente, identificá-las pura e simplesmente com uma versão oriental dos imperialismos ocidentais.

Mandel vai mais longe. A burocracia não é senão "uma camada privilegiada do proletariado". Como tal, "continua adversária do restabelecimento do capitalismo na União Soviética, que destruiria os próprios fundamentos de seus privilégios". Portanto, a União Soviética continua, "como logo depois da Revolução de Outubro, uma sociedade de transição entre o capitalismo e o socialismo; o capitalismo pode ser restaurado, mas à custa de uma contrarrevolução social; o poder dos trabalhadores pode ser restaurado, mas à custa de uma revolução política que quebre o monopólio do exercício do poder pela burocracia". Entretanto, nos anos 1970, já havia corrido água demais sob as pontes da história, e haviam sido cometidos crimes demais para que pudéssemos reivindicar tal continuidade entre a sociedade soviética de Brejniev e "os dias seguintes à Revolução de Outubro". Quanto à burocracia no poder, ela não tardaria a mostrar que não era um "adversário" determinado do restabelecimento do capitalismo.

Mesmo descontada a intenção didática, essa passagem de *Introdução ao marxismo* não resiste à prova dos fatos. Por um lado, reduzindo a burocracia a uma excrescência funcional do proletariado, Mandel exclui a hipótese de sua transformação completa em classe dominante. A desintegração da União Soviética e as revoluções de veludo no Leste Europeu mostraram, ao contrário, que uma fração substancial da burocracia podia, com base em uma "acumulação burocrática primitiva", tornar-se uma burguesia mafiosa. Por outro lado, a concepção pouco dialética da burocracia como "excrescência parasitária do proletariado" funda uma alternativa duplamente discutível entre contrarrevolução social e revolução política. A hipótese de uma restauração do capitalismo como "contrarrevolução social" evoca, de fato, uma simetria

INTRODUÇÃO CRÍTICA À *INTRODUÇÃO AO MARXISMO*, DE ERNEST MANDEL   139

de acontecimentos entre a Revolução de Outubro e essa contrarrevolução. Ora, e é esse o interesse da noção analógica de Termidor: uma contrarrevolução não é uma revolução em sentido contrário (uma revolução às avessas), mas o contrário de uma revolução; não um evento simétrico ao evento revolucionário, mas um processo. Nesse sentido, a contrarrevolução burocrática na União Soviética começou nos anos 1920, e a queda da União Soviética foi apenas o último episódio.

Se, à luz dos últimos vinte anos, é necessário submeter a chave de leitura de Mandel ao crivo da crítica, isso não nos impede de reconhecer que ela também teve sua utilidade para orientar os tumultos do século. Mas, além disso, é preciso reconhecer que ela produziu erros de apreciação, em especial quanto ao sentido da *perestroika* sob Gorbatchov ou da queda do Muro de Berlim. Tendo identificado no "declínio da revolução internacional após 1923" e no atraso da economia soviética "os dois pilares principais do poder da burocracia", Mandel deduziu logicamente que, com o desenvolvimento da economia soviética (simbolizado pelo lançamento do Spútnik) e a retomada da revolução mundial (nos países coloniais, mas também na Europa depois de Maio de 1968), soaria a hora da revolução política na União Soviética e no Leste Europeu. Assim, a superestimação das "conquistas socialistas", que supostamente facilitariam uma revolução política que democratizaria as relações sociais já constituídas, levou-o, no livro *Além da perestroika* (1989)*, a superestimar a dinâmica da revolução política e a subestimar as forças da restauração capitalista. Da mesma maneira, seu entusiasmo compreensível diante da derrubada do Muro de Berlim levou-o a interpretar o evento como um retorno à tradição de Rosa Luxemburgo e dos conselhos operários, pondo fim a um longo parêntese de reação, e a subestimar a lógica restauracionista inscrita na correlação de forças internacional. Da sua parte, não se tratou apenas de uma demonstração de otimismo da vontade, mas também de um erro de avaliação que remetia, em parte, a raízes teóricas.

Sua visão se apoiava na concepção, compartilhada no interior da Quarta Internacional desde o congresso de 1963, de uma convergência dos "três setores da revolução mundial": a revolução democrática nos países coloniais, a revolução social nas metrópoles imperialistas e a revolução política antiburocrática nos países socialistas. Nos anos 1960, não faltavam indicadores factuais a essa perspectiva: onda de choque da Revolução Chinesa, vitória da Revolução Cubana e das lutas

---

*   Trad. João Machado, Isaac Akselrud e Celso Paciornik, 3. ed., São Paulo, Busca Vida, 1989, 2 v. (N. E.)

140 CENTELHAS

de libertação na Argélia, na Indochina e nas colônias portuguesas; insurreição antiburocrática em Budapeste, em 1956, Primavera de Praga, em 1968, e lutas antiburocráticas na Polônia; retomada das lutas sociais e dos grandes movimentos grevistas na França, na Itália e na Grã-Bretanha nos anos 1960; enfraquecimento das ditaduras franquista e salazarista. Em meados dos anos 1970, com o golpe de contra-ataque à revolução portuguesa em 1975, a transição monárquica na Espanha, a guerra entre Vietnã e Camboja, a virada em direção à austeridade das esquerdas europeias, a normalização na Tchecoslováquia e o golpe na Polônia, os ventos começaram a mudar de direção, e os "três setores", longe de convergir harmoniosamente, passaram a divergir. Forças centrífugas levaram a melhor... As lutas antiburocráticas no Leste não eram mais feitas em nome dos conselhos operários ou da autogestão ("devolvam nossas fábricas!"), como foi o caso em 1980, durante o congresso do Solidarność, mas alimentavam-se das miragens da sociedade de consumo ocidental. O refluxo desigual das revoluções sociais profanas já anunciava a onda contrária das "revoluções de veludo" e das "revoluções sagradas", das quais Foucault foi um dos primeiros a perceber a importância, a partir da Revolução Iraniana de 1979.

Partindo de uma fórmula famosa de Trótski no *Programa de transição*, segundo a qual "a crise da humanidade" se reduz à crise de sua direção revolucionária, Mandel recorreu com frequência à noção de atraso para explicar um curso imprevisto dos acontecimentos. As condições objetivas da revolução estariam quase sempre maduras, ou até já passadas. Apenas o "fator subjetivo" estaria ausente, ou consideravelmente atrasado, em relação à hora certa da história. Se as antigas ideias continuavam a dominar o movimento operário, era "em razão da força de inércia da consciência, que sempre se atrasa em relação à realidade material". Essa ideia de um atraso imputável à "força de inércia da consciência" é estranha. É verdade que o pássaro da sabedoria tem a reputação de só levantar voo no crepúsculo*, mas as dificuldades da consciência de classe deviam-se bem mais aos efeitos da alienação do trabalho e do fetichismo da mercadoria do que a um tempo de latência que, apesar de tudo, tranquilizava, pois sugeria que a consciência talvez viesse depois, mas necessariamente viria... A menos que viesse tarde demais.

A noção de "atraso" – assim como a de "desvio", tão frequentemente usada por Mandel – pressupõe uma concepção normativa discutível do desenvolvimento

---

* Alusão a uma metáfora presente no prefácio dos *Princípios da filosofia do direito*, de Hegel, segundo a qual a filosofia só consegue apreender a realidade quando esta já está deixando de existir. (N. T.)

INTRODUÇÃO CRÍTICA À *INTRODUÇÃO AO MARXISMO*, DE ERNEST MANDEL   141

histórico. Além disso, introduz uma relação problemática (pouco dialética, apesar do que diz Mandel na parte metodológica de *Introdução ao marxismo* – capítulos XVI e XVII, sobre a dialética materialista e o materialismo histórico) entre as "condições objetivas" e as "condições subjetivas" da ação revolucionária. Se as condições objetivas são tão propícias quanto se afirma, como explicar que o fator subjetivo seja tão infiel à maior parte de seus encontros? Tal divórcio entre os dois traz o risco de levar à paranoia da traição: se o fator subjetivo não é o que deveria ser, isso não ocorre em razão de certos limites relativos da situação e de correlações de força efetivas, mas por ser incessantemente traído desde dentro. As capitulações, ou mesmo as traições bem reais das direções burocráticas do movimento operário, custaram muito caro à humanidade no século passado (e ainda lhe custarão), mas fazer delas o fator explicativo principal ou exclusivo das desilusões e derrotas do século XX leva quase inevitavelmente a uma visão policial de história, à qual as organizações trotskistas nem sempre escaparam.

Felizmente Mandel é muito mais sutil. Assim, enriquece sua noção de "condições objetivas", "independentes do nível de consciência dos proletários e dos revolucionários", incluindo nelas "as condições materiais e sociais" (a força do proletariado) e "as condições políticas", isto é, a incapacidade das classes dominantes de governar e a recusa das classes dominadas de se deixar governar. Assim revisitadas, as "condições objetivas" comportam uma forte dose de subjetividade. Só restam às chamadas condições subjetivas o nível de consciência de classe do proletariado e o nível de força de "seu partido revolucionário". Elas tendem, assim, a se reduzir à existência, à força, à consciência, à maturidade de sua vanguarda, isoladas das mediações complexas da luta de classes e das instituições. Está aberto o caminho a um voluntarismo exacerbado, que é para a vontade revolucionária o que o individualismo é para a individualidade livre.

O risco de reduzir o problema das revoluções modernas à vontade de sua vanguarda é compensado em Mandel por uma confiança sociológica na extensão, na homogeneidade e na maturidade crescentes do proletariado no conjunto. Embora admita que "a classe operária não é completamente homogênea do ponto de vista de suas condições sociais de existência", a tendência à homogeneidade ganha de longe, a seu ver. Supostamente, ela supera de forma quase espontânea as divisões internas e os efeitos da concorrência no mercado de trabalho:

> Contrariamente à lenda amplamente difundida, essa massa proletária, embora fortemente estratificada, vê seu grau de homogeneidade crescer amplamente, e não decrescer. Entre um trabalhador manual, um empregado de banco e um pequeno funcioná-

rio público, a distância é menor hoje do que era há meio século ou há um século, em relação ao padrão de vida, à tendência à sindicalização e às greves, e ao acesso potencial à consciência anticapitalista.

Relendo essa passagem, convém ter em mente, mais uma vez, o contexto social e os objetivos polêmicos do autor. Diante das mutações da divisão e da organização do trabalho que acompanharam a longa onda de crescimento, colocava-se a questão de saber se aquilo se tratava da formação de uma nova classe operária ou de uma extensão do proletariado ou, ao contrário, do aparecimento maciço de uma nova pequena burguesia. As alianças de classe e a formação de um novo bloco histórico colocavam novas questões estratégicas, como defendiam alguns textos de Poulantzas, Baudelot e Establet, ou algumas correntes maoistas empenhadas em encontrar um equivalente europeu ao "bloco das quatro classes" tão prezado pelo presidente Mao.

Mandel sustentava que a situação dos chamados empregados do terciário aproximava-se da condição operária, do ponto de vista da forma (salário) e do montante médio de renda, da posição subalterna na divisão de trabalho, da exclusão do acesso à propriedade. Essa aproximação material era confirmada por uma aproximação cultural, verificada depois pelo comportamento das novas camadas assalariadas nas lutas de 1968 na França ou do *Maggio Rampante* [Maio Rastejante] italiano: o antigo antagonismo surdo entre os macacões azuis e os colarinhos--brancos, entre a fábrica e o escritório, apagava-se diante das solidariedades nas lutas comuns contra a exploração e a alienação.

Se o argumento de Mandel se justificava sociológica e estrategicamente (o problema principal era unificação dos próprios trabalhadores, e não a busca de uma aliança de classe ou de uma nova versão de frente popular diante do "capitalismo monopolista de Estado"), ele transformava em tendência histórica irreversível a situação particular criada pelo capitalismo industrial do pós-guerra e seu modo específico de regulação. Portanto, tomava para si a aposta sociológica de Marx, para quem as dificuldades estratégicas da revolução social acabariam por se resolver graças ao desenvolvimento da grande indústria e à concentração crescente do proletariado em grandes unidades de produção, ela mesma propícia a uma ascensão do movimento sindical, a um fortalecimento das solidariedades e a uma elevação da consciência política. Se isso parecia ser a tendência dos anos 1960 e do começo dos anos 1970, o contragolpe do capital veio rapidamente com a ofensiva liberal. Longe de ser irreversível, a homogeneização tendencial foi minada pelas políticas de desconcentração das unidades de trabalho, intensificação da

INTRODUÇÃO CRÍTICA À *INTRODUÇÃO AO MARXISMO*, DE ERNEST MANDEL 143

concorrência no mercado de trabalho globalizado, individualização dos salários e do tempo de trabalho, privatização do lazer e dos modos de vida, demolição metódica das solidariedades e das proteções sociais. Em outras palavras, longe de ser uma consequência mecânica do desenvolvimento capitalista, a unificação das forças de resistência e de subversão da ordem estabelecida pelo capital é uma tarefa sempre reiniciada nas lutas diárias, e cujos resultados nunca são definitivos.

Como ele mesmo destacava já no prefácio, Mandel dava importância sobretudo aos capítulos metodológicos sobre a dialética materialista e a teoria do materialismo histórico. Esse tipo de exposição geral tem suas virtudes pedagógicas. Os famosos *Princípios elementares de filosofia**, de Georges Politzer, contribuíram para iniciar, em questões teóricas fundamentais, no mundo inteiro, dezenas ou centenas de milhares de militantes que não eram intelectuais de formação. Mas, tanto para Mandel como para Politzer, a vulgarização pedagógica tem um preço. Ela dá à apresentação de uma teoria uma forma de manual, um tanto doutrinária, e tende a apresentar leis universais abstratas – "a dialética como lógica universal do movimento e da contradição", escreve Mandel – que ultrapassam seus campos de validade específicos. Assim, se é abstratamente correto dizer que "negar a causalidade é, em última análise, negar a possibilidade do conhecimento", uma afirmação geral como essa não diz nada sobre as numerosas questões levantadas pela própria noção de causalidade e sobre as diversas modalidades de causalidade, irredutíveis à causalidade mecânica inspirada pela física clássica. Do mesmo modo, definir a dialética como "a lógica do movimento" e das formas de passagem de um estado a outro tende a torná-la uma lógica formal, separada dos conteúdos, um sistema de leis gerais que regem as singularidades em ação no mundo real.

Isso é, certamente, matéria para uma discussão que ultrapassa de longe os limites desta introdução crítica a *Introdução ao marxismo*. No entanto, não é supérfluo assinalar que suas implicações estão longe de ser desprezíveis. O capítulo de Mandel sobre a dialética se conclui com a ideia de que "a vitória da revolução socialista mundial e o advento de uma sociedade sem classes confirmarão na prática a validade da teoria marxista revolucionária". A fórmula é, no mínimo, arriscada. Se a vitória deve confirmar a validade de uma teoria, a acumulação de derrotas deve, simetricamente, invalidá-la? Mas o que é vencer historicamente? Em qual escala de tempo? Quem é o juiz? De acordo com quais critérios? As questões colidem e se encadeiam, remetendo em última instância à ideia que temos de

---

* Trad. Silvio Donizete Chagas, 3. ed., São Paulo, Centauro, 2007. (N. E.)

ciência e verdade científica, ou da relação entre verdade e eficácia[2]. Essa é outra e – muito – longa história.

As interrogações e as críticas que *Introdução ao marxismo*, de Mandel, pode suscitar trinta anos depois de sua primeira publicação são reveladoras de uma época e das relações de um revolucionário com seu tempo. Roland Barthes escreveu de Voltaire que ele foi "o último escritor feliz", pois pôde expressar a visão de mundo de uma burguesia em plena ascensão, ainda capaz de acreditar, sem peso na consciência, que representava o futuro de uma humanidade esclarecida e libertada. Da mesma maneira, poderíamos dizer de Ernest Mandel que foi um dos últimos revolucionários felizes. A fórmula poderia surpreender ou chocar, tratando-se de um militante que sofreu as provações da guerra e do cárcere, testemunhou as tragédias do século dos extremos e teve de lutar a vida toda contra os ventos dominantes. Contudo, foi um revolucionário feliz na medida em que, apesar das derrotas e das desilusões, conservava intacta a confiança dos pioneiros do socialismo no futuro da humanidade, assim como o otimismo que foi deles, no limiar de um século XX que anunciava o fim das guerras e da exploração do homem pelo homem. Para Ernest, humanista clássico e homem das Luzes, as desilusões do século XX foram apenas um longo desvio, ou um desagradável atraso, que não colocaria em xeque a lógica do progresso histórico. Essa convicção obstinada faz, ao mesmo tempo, sua grandeza e sua fraqueza.

---

[2] A citação de Mandel, em certa medida, vai ao encontro do critério de cientificidade teórica adotado por Popper, o da refutabilidade (ou da "falseabilidade": uma teoria só pode ser dita científica se ela se expõe aos desmentidos ou refutações da prática). É por isso que, segundo Popper, tanto a teoria de Marx quanto a de Freud, que sobrevivem aos desmentidos de seus prognósticos ou a seus fracassos terapêuticos, não poderiam pretender qualquer título de cientificidade. O argumento repousa numa série de pressupostos discutíveis, que dizem respeito tanto à relação entre ciências sociais e ciências exatas quanto às diversas formas de causalidade.

POR UM NOVO INTERNACIONALISMO*
Michael Löwy

De todas as frases do *Manifesto Comunista*, a última é sem dúvida a mais importante, a que tocou a imaginação e o coração de várias gerações de militantes (mulheres e homens) operários e socialistas: "*Proletarier aller Länder, vereinigt euch!*" ["Proletários de todos os países, uni-vos!"]. Não por acaso, essa interjeição se tornou bandeira e palavra de ordem das correntes mais radicais do movimento nos últimos 150 anos. Trata-se de um grito, de uma convocação, de um imperativo categórico ao mesmo tempo ético e *estratégico*, que serviu de bússola em meio a guerras, confrontos confusos e nevoeiros ideológicos.

Esse apelo era *visionário*. Em 1848, o proletariado era apenas uma minoria da sociedade na maior parte dos países da Europa, sem falar do resto do mundo. Hoje, a massa dos trabalhadores assalariados explorados pelo capital – operários, empregados de escritório, funcionários públicos, precários, trabalhadores rurais – é a maioria da população do globo. Essa é, de longe, a principal força no combate de classe contra o sistema capitalista mundial, o eixo em torno do qual podem e devem se articular outras lutas e outros atores sociais.

De fato, o desafio não diz respeito somente ao proletariado: é o conjunto das vítimas do capitalismo, o conjunto de categorias e grupos sociais oprimidos – mulheres (um pouco ausentes do *Manifesto*), nações e etnias dominadas, desempregados e excluídos (o "pobretariado") de todos os países que estão interessados na mudança social. Sem falar da questão ecológica, que não atinge um ou outro grupo, mas o conjunto da espécie humana.

---

* Tradução de Renata Gonçalves, publicada em *Lutas Sociais*, n. 5, 1998, p. 97-106. Publicado originalmente com o título "Pour um nouveau internationalisme", em *Recherches Internationales*, n. 52-53, 1998. (N. E.)

Para Marx e Engels, o internacionalismo era ao mesmo tempo uma peça central da estratégia de organização e luta do proletariado contra o capital global e a expressão de uma perspectiva *humanista revolucionária*, para a qual a emancipação da humanidade era o valor ético supremo e o objetivo final do combate. Eles eram "cosmopolitas" comunistas, na medida em que o mundo inteiro, sem fronteiras nem limites nacionais, era tanto o horizonte de seus pensamentos e de suas ações como o conteúdo de sua utopia revolucionária.

O comunismo é um movimento internacionalista em razão do caráter universalista e humanista de seus objetivos. Sem essa dimensão ética, é impossível compreender o engajamento total e o sacrifício de gerações de militantes do movimento operário no mundo todo em favor da causa do socialismo internacional. Entretanto, se o internacionalismo fosse apenas um princípio moral, um imperativo categórico, seria fácil rejeitá-lo como uma bela utopia. Se não é assim, é porque ele tira sua força política de condições objetivas, concretas e materiais, já analisadas por Marx e Engels no *Manifesto*: a unificação econômica do mundo pelo sistema capitalista.

Como toda totalidade dialética, o capitalismo mundial não é a soma de suas partes (as economias nacionais), assim como a luta de classes internacional não é a soma das lutas nacionais. Um e outro configuram um todo orgânico, com suas próprias formas de evolução, distintas da particularidade de seus componentes. György Lukács tinha razão em enfatizar, em *História e consciência de classe** (1923), a importância da categoria da totalidade como fundamento metodológico do ponto de vista revolucionário. Do ponto de vista dialético da totalidade, não podemos compreender teoricamente e transformar na prática uma situação local ou nacional se ignorarmos como ela se articula com o conjunto, isto é, com a evolução mundial econômica, social e política.

É preciso acrescentar que a unificação do planeta pelo modo de produção capitalista atingiu, hoje, um nível incomparavelmente mais elevado que em 1848. Seja pela lógica do próprio mercado mundial, seja por suas instituições (Fundo Monetário Internacional, Banco Mundial, Organização Mundial do Comércio), o grande capital financeiro internacional impõe suas leis, suas regras, seus *diktats* ao mundo inteiro. E essa unificação econômica também encontra expressão política e militar no atlantismo ocidental, no intervencionismo estadunidense etc. O internacionalismo socialista também consiste, portanto, na tomada de consciência dessa realidade objetiva.

---

*   Trad. Rodnei Nascimento, 2. ed., São Paulo, WMF Martins Fontes, 2016. (N. E.)

POR UM NOVO INTERNACIONALISMO   147

Qual é, então, o fator decisivo da luta de classes: as condições nacionais ou as internacionais? Deve-se privilegiar a importância do processo mundial ou, como escreveu Mao, os fatores internos e as determinações nacionais (endógenas)? Apresentada desse modo, a questão não leva a parte alguma. Implica uma separação abstrata, metafísica e estática entre o nacional e o internacional, o "interno" e o "externo", o "dentro" e o "fora". O ponto de vista dialético debruça-se precisamente sobre a compreensão da unidade contraditória entre a economia nacional e o mercado mundial, entre a luta de classes nacional e internacional – unidade que já aparece no fato de a especificidade nacional (econômica e social) ser produto do desenvolvimento desigual do capitalismo internacional.

Em compensação, o falso no *Manifesto* é a ideia de que o capitalismo industrial moderno é em essência uma força de homogeneização, que cria condições de vida e de luta idênticas para os explorados de todos os países. Essa tese ignora não somente as especificidades culturais de cada nação, mas também as incríveis desigualdades e as profundas diferenças nas condições de vida entre o centro e a periferia do sistema capitalista mundial. A solidariedade não pode resultar da identidade, mas da complementaridade e da interdependência dos interesses e dos combates[1].

Marx e Engels não se limitaram a pregar a unidade proletária sem fronteiras. Tentaram, durante boa parte da vida, *dar forma concreta e organizada à solidariedade internacionalista*. Num primeiro momento, reunindo revolucionários alemães, franceses e ingleses na Liga dos Comunistas de 1847-1848 e, mais tarde, contribuindo para a construção da Associação Internacional dos Trabalhadores, fundada em 1864, e – no caso de Engels – da herdeira dela, a Segunda Internacional.

Como se sabe, agosto de 1914 provocou o desmoronamento catastrófico da Internacional, quando a grande maioria do movimento operário socialista foi engolida por uma imensa onda de histeria nacionalista e chauvinista, em nome da "defesa nacional". Mas isso não marcaria o fim do internacionalismo no século XX, e sim o início de um novo impulso internacionalista dentro do movimento operário: primeiro limitado a pequenos círculos de revolucionários ou pacifistas,

---

[1]   Como observava Trótski, "se tomarmos a Inglaterra e a Índia como os dois polos do capitalismo, teremos de reconhecer que o internacionalismo dos proletários ingleses e indianos não é em nada fundado na identidade de suas condições, tarefas e métodos, mas em sua estreita interdependência". Ver Leon Trótski, "Vorwort zur deutschen Ausgabe", em *Die permanente Revolution* (Berlim, Die Aktion, 1930) [ed. bras: *A revolução permanente*, São Paulo, Expressão Popular, 2007].

desenvolvendo-se, após Outubro de 1917, num impressionante movimento de massa, a Internacional Comunista.

Apesar de seus defeitos – estrutura demasiado centralista, peso excessivo do partido bolchevique –, o Comintern foi um movimento mundial que realmente pôs em prática o internacionalismo proletário – pelo menos durante seus primeiros anos. Sua existência constituiu uma prova histórica de que o ideal de solidariedade internacional dos explorados não é uma utopia, um princípio abstrato, mas pode, em circunstâncias dadas, exercer uma atração de massa sobre os trabalhadores e outras camadas sociais oprimidas. Em vários países europeus ou coloniais importantes, a Terceira Internacional conquistou setores decisivos e, às vezes, até mesmo a maioria do movimento operário organizado, desmentindo o mito conservador segundo o qual as grandes massas do povo trabalhador não podem ir além da ideologia nacional.

Em outras palavras, o internacionalismo socialista – como, aliás, a esperança revolucionária – fundamenta-se não somente em uma análise objetiva da economia e da política mundiais, mas também em uma aposta histórica na racionalidade da classe operária, na capacidade das massas populares de compreender, cedo ou tarde, seus interesses objetivos históricos.

No entanto, esse formidável movimento de fé e ação internacionalistas – sem precedente na história do socialismo –, o incrível capital de energia e engajamento internacionalistas representado pela Internacional Comunista, tudo isso foi destruído pelo stalinismo. Este último canalizou tal energia em benefício do nacionalismo burocrático, de sua política de Estado e de sua estratégia de poder. O internacionalismo foi posto a serviço da política externa soviética e o movimento comunista mundial, transformado em instrumento da construção do "socialismo em um só país". A política do Comintern em relação ao nazismo alemão, do fim dos anos 1920 a sua dissolução em 1943, fornece o exemplo mais chocante: seus estranhos zigue-zagues tinham pouco a ver com os interesses vitais dos trabalhadores e dos povos europeus, eram exclusivamente determinados pelas mudanças na política soviética (stalinista) de alianças diplomáticas e militares.

Contudo, a Europa dos anos 1930 ainda assistiu a um dos exemplos mais impressionantes de prática internacionalista, com as Brigadas Internacionais na Espanha e a mobilização geral em solidariedade à luta antifascista durante a Guerra Civil Espanhola. Dezenas de milhares de voluntários – comunistas, socialistas, anarquistas, trotskistas, marxistas independentes, antifascistas de tendências diversas – deslocaram-se do mundo inteiro para ajudar o povo espanhol em sua

POR UM NOVO INTERNACIONALISMO   149

luta desesperada contra o fascismo. Em razão da ajuda de Hitler e Mussolini – e à chamada política de "não intervenção" das democracias ocidentais –, a guerra foi perdida, mas o combate das Brigadas Internacionais – em cujas batalhas morreram inúmeros voluntários – segue sendo uma das mais grandiosas manifestações do internacionalismo do século XX.

O que restou do "internacionalismo" dentro do movimento comunista mundial dominado pelo stalinismo após a dissolução do Comintern era essencialmente uma fidelidade cega à União Soviética e a seu papel dirigente. Foram exceções algumas pequenas tendências revolucionárias, entre as quais a mais importante era a Quarta Internacional, mas a influência delas era limitada.

O grande mérito da Quarta Internacional, fundada por Leon Trótski em 1938, foi o de ter não somente salvaguardado a herança comunista/internacionalista da falsificação burocrática stalinista, mas também renovado, sob o impulso de figuras como Ernest Mandel, a reflexão e a prática revolucionárias, em função das novas condições históricas. O preço que se pagou pela posição independente em relação aos campos da Guerra Fria foi um certo isolamento e uma série de crises, seguidas de cisões e multiplicação de grupos – em geral seitas – reclamando a si o trotskismo.

A partir do fim dos anos 1950, assistiu-se a uma nova onda de práticas internacionalistas, minoritárias sem dúvida, mas significativas: as redes de apoio à Revolução Argelina, a rede de solidariedade às lutas do Terceiro Mundo liderada por Henri Curiel, os movimentos de apoio aos revolucionários vietnamitas etc. Em 1968, houve uma explosão de radicalidade internacionalista que encontrou expressão em palavras de ordem magnificamente insolentes: "As fronteiras que se danem", "Somos todos judeus alemães".

Ao contrário do que afirmam os ideólogos neoliberais, a globalização capitalista em nada contribui para a criação de uma "nova ordem mundial" pacífica e harmoniosa: muito pelo contrário, ela alimenta os pânicos identitários e os nacionalismos tribais. A falsa universalidade do mercado mundial desperta os particularismos e endurece as xenofobias: o cosmopolitismo mercante do capital e as pulsões identitárias agressivas alimentam-se mutuamente[2].

Graças ao conceito de imperialismo, o marxismo pode escapar às armadilhas do falso universalismo eurocentrista – ou "ocidental" – que pretende impor a

---

[2]   Faço minhas as análises de Daniel Bensaïd em seu notável *Le Pari mélancolique* (Paris, Fayard, 1997).

150 CENTELHAS

todos os povos do mundo, principalmente aos da periferia, sob pretexto de "civilização", a dominação do modo de vida burguês/industrial moderno: propriedade privada, economia de mercado, expansão econômica ilimitada, produtivismo, utilitarismo, individualismo possessivo e racionalidade instrumental.

O marxismo visa à realização de um *universal concreto* (Hegel), capaz de integrar em si, sob a forma da *Aufhebung* (suprassunção/inclusão) dialética, toda a riqueza do particular. Enfim, um universalismo que respeite a diversidade das culturas sem absolutizá-las, e que não seja a fachada do particularismo ocidental.

Não se trata de negar o valor universal de certas conquistas da cultura europeia após 1789, como a democracia, a laicidade e os direitos humanos. Trata-se simplesmente de rechaçar o falso dilema entre o pretenso universalismo "ocidental" e o culto bitolado das diferenças culturais – ou, no caso da unificação europeia, entre a unidade capitalista/mercantil supranacional e o ensimesmamento nacionalista das "pátrias" existentes.

Para o marxismo, o valor fundamental dessa unidade concreta é a libertação dos seres humanos de todas as formas de opressão, dominação, alienação e aviltamento. Trata-se de uma *universalidade utópica*, contrariamente às pseudouniversalidades ideológicas que fazem a apologia do *status quo* ocidental como ele se fosse o universal humano acabado, o fim da história, o espírito absoluto realizado. Somente um universal crítico desse tipo, orientado para o futuro emancipado, permite ultrapassar os nacionalismos tacanhos, os culturalismos estreitos, os etnocentrismos.

Esse universalismo autêntico só poderá ser realizado pela *ação comum* das vítimas da ordem mundial capitalista. Ora, 150 anos após o *Manifesto Comunista* e 80 após a fundação da Internacional Comunista, o que resta do grande sonho de solidariedade internacional entre os oprimidos?

Depois da queda do Muro de Berlim, decretou-se o fim do socialismo, o fim da luta de classes e até mesmo o fim da história. Os movimentos sociais dos últimos anos, na França, na Itália, na Coreia do Sul, no Brasil ou nos Estados Unidos – de fato, em todos os lugares do mundo – trouxeram um desmentido cabal a esse tipo de elucubração pseudo-hegeliana[3].

---

[3]   Que pensam os próprios alemães sobre essa questão, oito anos após a queda do muro? Será que acreditam que "Hoje a luta de classes está ultrapassada. Empregadores e assalariados devem se arranjar entre parceiros" ou que "É justo falar de luta de classes. Empregadores e empregados no fundo têm interesses totalmente incompatíveis"? Eis uma pesquisa interessante, publicada no dia 10 de dezembro pelo *Frankfurter Allgemeine Zeitung*, jornal pouco suspeito de simpatias marxistas: enquanto, em 1980, 58% dos cidadãos alemães-ocidentais optavam pela primeira resposta e 25% pela segunda, em 1997 a tendência se inverteu:

POR UM NOVO INTERNACIONALISMO 151

Por outro lado, o que falta dramaticamente às classes subalternas é um mínimo de coordenação internacional. Mais do que em qualquer outra época, e muito mais que em 1848, os problemas urgentes da atualidade são internacionais. Os desafios que representam a mundialização capitalista, o neoliberalismo, o jogo descontrolado dos mercados financeiros, a monstruosa dívida e o empobrecimento do Terceiro Mundo, a degradação do meio ambiente, a ameaça de crise ecológica grave – para mencionar somente alguns exemplos – exigem soluções mundiais.

Ora, somos obrigados a constatar que, diante da unificação regional (Europa) ou mundial do grande capital, a de seus adversários come poeira. Se, no século XIX, os setores mais conscientes do movimento operário, organizados nas Internacionais, estavam à frente da burguesia, hoje estão dramaticamente *para trás*. A necessidade de associação, coordenação e ação comum internacional – do ponto de vista sindical, em torno de reivindicações comuns e, do ponto de vista do combate, a favor do socialismo – nunca foi tão urgente, e nunca foi tão fraca, frágil e precária.

Isso não quer dizer que o movimento por uma mudança social radical não deva começar no nível de uma ou algumas nações, ou que os movimentos de libertação nacional não sejam legítimos. Mas as lutas contemporâneas são, num grau jamais visto, interdependentes e inter-relacionadas, de um lado a outro do planeta. A única resposta racional e eficaz à chantagem capitalista da deslocalização e da "competitividade" – é preciso baixar salários e "encargos" em Paris para poder concorrer com os produtos de Bangcoc – é a solidariedade internacional organizada e efetiva dos trabalhadores. Hoje é visível, de maneira mais nítida que no passado, a que ponto os interesses dos trabalhadores do Norte e do Sul são convergentes: o aumento dos salários dos operários no Sul da Ásia interessa diretamente aos operários europeus; o combate dos camponeses e dos indígenas pela proteção da floresta amazônica contra os ataques destruidores do agronegócio toca de perto os defensores do meio ambiente nos Estados Unidos; a recusa ao neoliberalismo é comum aos movimentos sindicais e populares de todos os países. Poderíamos multiplicar os exemplos.

De qual internacionalismo se trata? O falso "internacionalismo" submetido a blocos ou "Estados-guia" (União Soviética, China, Albânia etc.) está morto e enterrado. Ele foi instrumento de burocracias nacionais mesquinhas, que o utilizaram

---

41% ainda julgam a luta de classes em desuso, e 44% a estimam na ordem do dia. Na ex-Alemanha Oriental – ou seja, as pessoas que derrubaram o Muro de Berlim –, a maioria é mais nítida ainda: 58% de partidários do combate de classe contra 26%! Ver *Le Monde Diplomatique*, n. 526, jan. 1998, p. 8.

152 CENTELHAS

para legitimar sua política de Estado. É hora de um *novo começo*, que ao mesmo tempo preserve o que havia de melhor nas tradições internacionalistas do passado.

É fácil identificar o inimigo comum: a mundialização capitalista, os mercados financeiros, o grande capital transnacional e suas instituições (FMI, Banco Mundial, OMC, OCDE, G7), assim como todas as políticas neoliberais e todos os tratados de livre-comércio, como o Nafta, na América do Norte, o Tratado de Maastricht, o Acordo Multilateral de Investimentos. São eles os responsáveis pelo horror econômico: crescimento vertiginoso do desemprego e da exclusão, desigualdades cada vez mais gritantes, endividamento dos países pobres, desmantelamento dos serviços públicos e da seguridade social, pilhagem e contaminação do meio ambiente.

Como reação aos malefícios da globalização, pode-se observar aqui e ali os germes de um novo internacionalismo, independente de qualquer Estado. Eles são as bases daquilo que se tornará um dia a *Internacional da Resistência* contra a ofensiva capitalista neoliberal. Sindicatos combativos, socialistas de esquerda, comunistas desestalinizados, trotskistas não dogmáticos e anarquistas sem sectarismo buscam caminhos para a renovação da tradição do internacionalismo proletário.

Iniciativas de coordenação internacional se multiplicaram nos últimos anos. Mencionemos, entre muitas outras, o Instituto de Pesquisas Críticas de Amsterdã, uma rede de intelectuais marxistas que se estende a vários continentes; o Fórum por uma Alternativa Econômica, lançado por iniciativa de Samir Amin; a Conferência dos Povos contra o Livre-Comércio e a OMC, de Genebra; a associação internacional Attac (Ação por uma Taxa Tobin de Ajuda aos Cidadãos) contra a especulação nos mercados financeiros, criada pelo jornal *Le Monde Diplomatique*.

Os intelectuais críticos têm um papel importante nessa pesquisa. Em *Espectros de Marx** (1993), Jacques Derrida denunciava a "nova ordem internacional" – "nunca a violência, a desigualdade, a exclusão, a fome e, portanto, a opressão econômica afetaram tantos seres humanos na história da Terra e da humanidade" – e chamava a atenção para o processo de gestação de uma resistência internacional:

> A "nova ordem internacional" não é somente a que procura um novo direito internacional através desses crimes. É um laço de afinidade, sofrimento e esperança, um laço ainda discreto, quase secreto, como à época de 1848, mas cada vez mais visível – há mais de um sinal. É um laço intempestivo e sem estatuto, sem título e sem nome, pouco público, embora não clandestino, sem contrato, *out of joint*, sem coordenação, sem partido, sem pátria, sem comunidade internacional (internacional

---

*   Trad. Anamaria Skinner, Rio de Janeiro, Relume Dumará, 1994. (N. E.)

antes, através e além de qualquer determinação nacional), sem cidadania, sem pertencimento comum a uma classe.[4]

Mais recentemente, numa conferência aos sindicalistas alemães da DGB, Pierre Bourdieu lançou um apelo por um "novo internacionalismo, em nível sindical, intelectual e popular", inspirado pela "vontade de romper com o fatalismo do pensamento neoliberal"[5].

A esses posicionamentos, é preciso somar certas atividades intelectuais coletivas importantes ao longo dos últimos anos. Iniciativas como os Congressos Marx I (1995) e II (1998), organizados em Paris pela revista *Actuel Marx*, ou o Encontro Internacional pelos 150 anos do *Manifesto Comunista* (maio de 1998), realizado em Paris por iniciativa da associação Espaços Marx, com a participação de universitários e atores do movimento social de sessenta países, são a expressão de uma necessidade de debate e confronto de ideias em escala planetária, num espírito de pluralismo e respeito mútuo. Esses encontros podem contribuir para o impulso de uma resistência cultural à dominação dos dogmas neoliberais e para a busca de alternativas às catástrofes da globalização capitalista. A Rede Espaços Marx Internacional, criada após o encontro de maio de 1998, pode ser um instrumento útil para essa tarefa essencial.

Mas, em última análise, o futuro depende da coordenação entre atores políticos e sociais dos movimentos socialistas, democráticos e anti-imperialistas. O que aconteceu com as correntes organizadas do movimento operário internacional?

A mais importante é, sem dúvida, a Internacional Socialista: reconstruída em 1951 por cerca de vinte partidos, hoje agrupa mais de 140, dos socialistas chilenos ao Partido da Revolução Democrática mexicano, do Fatah aos sociais-democratas mongóis, sem esquecer os grandes partidos social-democratas europeus. Mas seria ela "o recurso natural contra a opressão política e o poder do dinheiro", como queria Pierre Mauroy[6]? É questionável, a julgar pelas propostas de um Tony Blair ou de um Gerhard Schröder, ou se considerarmos que o projeto de futuro a ser apresentado no congresso de 1999 da Internacional Socialista será redigido por... Felipe González. Muitos componentes da IS estão comprometidos com a

---

[4] Jacques Derrida, *Spectres de Marx* (Paris, Galilée, 1993), p. 141-2.

[5] Pierre Bourdieu, *Contre-feux* (Paris, Liber-Raisons d'Agir, 1998), p. 71-4 [ed. bras.: *Contrafogos: táticas para enfrentar a invasão neoliberal*, trad. Lucy Magalhães, Rio de Janeiro, Zahar, 2011].

[6] Pierre Mauroy, "Indispensable Internationale Socialiste", *Le Monde*, 27 maio 1998.

154 CENTELHAS

ordem de coisas existente – mesmo que haja dentro dela correntes críticas que se propõem lutar contra o consenso neoliberal.

O movimento comunista internacional passou por uma crise profunda após o desmoronamento pouco glorioso da União Soviética e das outras "democracias populares". Muitos partidos comunistas, comprometidos por sua cegueira em relação aos erros e crimes do stalinismo, perderam muito de sua força ou desapareceram. Mas o fim do chamado "socialismo real" também criou um dado novo e permitiu que uma parte do movimento comunista operasse uma mutação e procurasse novos caminhos. Sem dúvida, alguns dos partidos e/ou correntes comunistas contribuirão de maneira importante para a renovação do internacionalismo, desde que escapem das duas tentações contraditórias que os ameaçam: fechar-se no passado stalinista ou na social-democratização.

A Quarta Internacional é, hoje, o único agrupamento internacional orgânico de formações revolucionárias que compartilham uma mesma orientação programática geral. Mas ela está consciente de sua fraqueza e da necessidade de contribuir para a criação de um quadro internacional mais amplo, pluralista e democrático. Em seu último congresso, propôs-se desenvolver "o necessário debate com nossos parceiros sobre a constituição de um agrupamento internacional, ou mesmo a construção de uma nova Internacional"[7].

Uma iniciativa interessante, embora se limite a uma única região do mundo, é o Fórum de São Paulo, lugar de debate e ação comum das principais forças da esquerda latino-americana constituída em 1990, cujo objetivo é o combate ao neoliberalismo e a busca de vias alternativas, em função dos interesses e necessidades das grandes maiorias populares. Graças a seu caráter democrático, "policêntrico" e pluralista, o Fórum de São Paulo conseguiu, pela primeira vez, reunir a grande maioria das correntes progressistas da América Latina, inclusive forças tão diversas como o Partido dos Trabalhadores brasileiro, o Partido Comunista Cubano, a Frente Sandinista, a Frente Farabundo Martí de Libertação Nacional de El Salvador, o Partido da Revolução Democrática do México e a Frente Ampla do Uruguai, entre muitas outras.

A renovação do internacionalismo não passa somente pelas forças sindicais e políticas do movimento operário e socialista. Novas sensibilidades internacionalistas estão surgindo nos movimentos sociais com vocação planetária, como o feminismo e a ecologia, nos movimentos antirracistas, na Teologia da Libertação, nas

---

[7] "XIV Congrès Mondial de la Quatrième Internationale", *Inprecor*, fev. 1996, p. 61.

associações de defesa dos direitos humanos ou de solidariedade com o Terceiro Mundo. Se certas ONGs internacionais se adaptam ao quadro neoliberal dominante e se limitam a dar "conselhos" ao FMI e ao Banco Mundial, outras, como o Comitê pela Abolição da Dívida do Terceiro Mundo, de Bruxelas, têm uma vocação claramente anti-imperialista. Os cristãos radicalizados são componente essencial tanto de movimentos sociais do Terceiro Mundo (caso do Movimento dos Sem-Terra no Brasil) como de associações europeias de solidariedade com as lutas dos países pobres. Inspirados pela ética humanista e ecumênica do cristianismo, dão uma contribuição importante para a elaboração de uma nova cultura internacional.

Uma amostra dos representantes mais ativos dessas diferentes tendências, vindos tanto do Norte como do Sul do planeta, da esquerda radical ou dos movimentos sociais, reuniu-se, num espírito unitário e fraterno, na Conferência Intergaláctica pela Humanidade e contra o Neoliberalismo, convocada, nas montanhas de Chiapas, no México, em julho de 1996, pelo Exército Zapatista de Libertação Nacional – um movimento revolucionário que soube combinar de maneira original e concreta o local (as lutas indígenas de Chiapas), o nacional (o combate pela democracia no México) e o internacional (a luta mundial contra o neoliberalismo). Trata-se de um primeiro passo, ainda modesto, mas que vai na direção certa: a reconstrução da solidariedade internacional.

É evidente que, nesse combate global contra a globalização capitalista, as lutas nos países industriais avançados, que dominam a economia mundial, têm um papel decisivo: uma mudança profunda da relação de forças internacional é impossível sem que o próprio "centro" do sistema capitalista mude. O renascimento de um movimento sindical combativo nos Estados Unidos é um sinal que encoraja, mas é na Europa que os movimentos de resistência ao neoliberalismo são mais potentes, mesmo que sua coordenação em escala continental ainda seja pouco desenvolvida. Só muito recentemente, com as greves contra o fechamento da fábrica da Renault em Vilvorde, a marcha europeia dos desempregados em Amsterdã, a iniciativa dos sindicatos europeus em Luxemburgo e a confraternização entre os movimentos de desempregados da França e da Alemanha, vimos esboçar-se as primeiras iniciativas nesse sentido.

É da convergência entre a renovação da tradição socialista, anticapitalista e anti-imperialista do internacionalismo proletário – inaugurada por Marx no *Manifesto Comunista* – e as aspirações universalistas, humanistas, libertárias, ecológicas, feministas e democráticas dos novos movimentos sociais que poderá surgir o internacionalismo do século XXI.

O INÍCIO DE UM NOVO DEBATE: O REGRESSO DA ESTRATÉGIA*

Daniel Bensaïd

Verificamos, desde o início dos anos 1980, um "eclipse do debate estratégico", em contraste com as discussões alimentadas nos anos 1970 pelas experiências do Chile e de Portugal (ou, apesar de suas características distintas, da Nicarágua e da América Central). Diante da contraofensiva neoliberal, os anos 1980 foram, na melhor das hipóteses, uma década de resistências sociais, marcada pelo caráter defensivo da luta de classes, mesmo nos casos – em especial na América Latina – nos quais a pressão democrática popular conduziu à queda de ditaduras. O abandono da questão política encontrou expressão no que pode ser designado por "ilusão social" (por analogia à "ilusão política" denunciada pelo jovem Marx nos que consideravam a emancipação "política" – os direitos cívicos – a última palavra da "emancipação humana").

Até certo ponto, a experiência inicial dos fóruns sociais depois de Seattle (1999) e do primeiro Fórum Social Mundial de Porto Alegre (2001) reflete essa ilusão em relação à autossuficiência dos movimentos sociais e ao abandono da questão política, como consequência de uma primeira fase de ascensão das lutas sociais, no fim dos anos 1980.

Simplificando, é o que designo como o "momento utópico" dos movimentos sociais, ilustrado por diversas formas: utopias liberais (baseadas num liberalismo regulado); utopias keynesianas (baseadas num keynesianismo europeu) e, acima

---

* Esta contribuição foi apresentada inicialmente num seminário do Project K, rede europeia de jornais marxistas, em 17 de junho de 2006, em Paris. Refere-se notadamente aos textos sobre estratégia publicados na revista *Critique Communiste*, n. 179, mar. 2006, disponíveis no site da ESSF: <www.europe-solidaire.org>. Foi completada em 9 de agosto levando-se em conta o debate que se seguiu a sua apresentação. Tradução de Hugo Dias, para as Edições Combate. (N. E.)

de tudo, utopias neolibertárias de mudar o mundo sem tomar o poder, ou contentando-se com um sistema equilibrado de contrapoderes (John Holloway, Toni Negri, Richard Day). A ascensão das lutas sociais traduziu-se, na América Latina, em vitórias políticas ou eleitorais (Venezuela e Bolívia). Na Europa, ccm exceção do movimento anti-CPE* na França, elas sofreram derrotas e não ccnseguiram impedir as privatizações, as reformas da proteção social e o desmantelamento dos direitos sociais. Essa contradição fez com que, sem vitórias sociais, as expectativas se voltassem novamente para as soluções políticas (em especial eleitorais), como demonstraram as eleições italianas[1].

Esse "retorno da questão política" inicia a retomada, ainda balbuciante, dos debates acerca da estratégia, como ilustram as polêmicas em torno dcs livros de Holloway, Negri e Michael Albert, bem como do balanço comparativo do processo venezuelano e da administração de Lula no Brasil, ou, ainda, da inflexão da orientação zapatista ilustrada pela VI Declaração da Selva Lacandona e pela "outra campanha" no México. As discussões sobre o projeto de manifesto da Liga Comunista Revolucionária na França ou o livro de Alex Callinicos[2] surgem nesse mesmo contexto. A fase da grande recusa e da resistência estoica – o "grito" de Holloway, os slogans "o mundo não é uma mercadoria" ou "o mundo não está à venda" – esgota-se. Torna-se necessário especificar que mundo "possível" é esse e, acima de tudo, explorar os caminhos para chegar lá.

Há estratégias e estratégias

As noções de estratégia e tática (mais tarde as de guerra de posição e guerra de movimento) foram incorporadas pelo movimento operário a partir do vocabulário militar (em especial dos escritos de Clausewitz e Delbruck). No entanto, seu sentido variou significativamente. Houve um tempo em que "estratégia" era a arte de vencer uma batalha, referindo-se a tática às manobras das tropas no campo de batalha. Desde então, das guerras dinásticas às guerras nacionais, da guerra total à guerra global, o campo estratégico se expandiu no tempo e no espaço. Atualmente

---

* Movimento que se opôs, em 2006, ao projeto do Contrato de Primeiro Emprego, que retirava garantias e proteções dos trabalhadores jovens sob a alegação de estimular a criação de vagas de emprego. (N. E.)

[1] Essa foi a ênfase dada por Stathis Kouvelakis após a vitória do "Não" no referendo constitucional francês, no artigo "Le retour de la question politique", *Contretemps*, n. 14, 2005.

[2] Alex Callinicos, *An Anti-Capitalist Manifesto* (Cambridge, Polity, 2003).

O INÍCIO DE UM NOVO DEBATE   159

é possível distinguir uma estratégia global (em escala mundial) de uma "estratégia limitada" (a luta pela conquista do poder num território determinado). De certa forma, a teoria da revolução permanente era um esboço de estratégia global: a revolução começa na arena nacional (num país) e expande-se ao nível continental e mundial; ascende a um patamar decisivo com a conquista do poder político, mas prolonga-se e aprofunda-se numa "revolução cultural". Combina, portanto, ato e processo, acontecimento e história.

Diante de Estados poderosos, que têm estratégias econômicas e militares mundiais, essa dimensão da estratégia global é hoje ainda mais importante do que foi na primeira metade do século XX. A emergência de novos espaços estratégicos continentais e mundiais demonstra isso. A dialética da revolução permanente (em oposição à teoria do socialismo num só país), ou seja, a imbricação das escalas nacional, continental e mundial, é mais estreita do que nunca. É possível tomar as alavancas do poder político num país (como na Venezuela e na Bolívia), mas a questão da estratégia continental (a Alba contra a Alca, a relação com o Mercosul, com o Pacto Andino etc.) apresenta-se imediatamente como questão de política doméstica. De forma mais prosaica, na Europa, as resistências às contrarreformas neoliberais podem se escorar nas relações de forças, nas conquistas e apoios legislativos em nível nacional. Mas uma resposta transitória sobre serviços públicos, impostos, proteção social e ecologia (para uma "refundação social e democrática da Europa") exige uma escala europeia[3].

Hipóteses estratégicas

A questão abordada aqui se limita, portanto, ao que designei como "estratégia limitada", isto é, a luta pela conquista do poder em escala nacional. Estamòs todos de acordo[4] que o contexto da globalização pode enfraquecer os Estados nacionais e que existem certas transferências de soberania. Mas o nível nacional (que estrutura as relações de classe e articula um território a um Estado) mantém-se decisivo na escala móvel dos espaços estratégicos. É essencialmente desse nível do problema que trata o dossiê publicado na *Critique Communiste*, n. 179, 2006.

---

[3]   Não irei mais longe sobre esse aspecto da questão. É um simples lembrete (ver a esse propósito as teses propostas no debate organizado por *Das Argument*).

[4]   Na reunião de trabalho do Project K.

160   CENTELHAS

Coloquemos de lado as críticas – de John Holloway a Cédric Durand[5] – que nos atribuem uma visão "etapista" do processo revolucionário, segundo a qual conceberíamos a tomada do poder como a "precondição absoluta" para qualquer transformação social. O argumento é uma caricatura, ou advém da ignorância pura e simples. Nunca fomos adeptos do salto com vara sem impulso. Se me perguntei frequentemente "como do nada tornar-se tudo", para ressaltar que a ruptura revolucionária é um salto perigoso, do qual parece se aproveitar o terceiro ladrão (a burocracia), Guillaume Liégeard tem razão ao nuançá-la, lembrando não ser verdade que o proletariado não é nada antes da tomada do poder – e é duvidoso querer tornar-se tudo! A fórmula do tudo e do nada tirada do hino da Internacional visa tão somente ressaltar a assimetria estrutural entre revolução (política) burguesa e revolução social.

As categorias de frente única, reivindicações transitórias e governo operário defendidas não apenas por Trótski, mas também por Thalheimer, Rádek e Clara Zetkin no debate programático da Internacional Comunista até o seu VI Congresso, visam articular o acontecimento a suas condições de preparação, as reformas à revolução, o movimento ao objetivo...

As noções gramscianas de hegemonia e "guerra de posição" vão no mesmo sentido[6]. A oposição entre Oriente (onde o poder seria mais fácil de conquistar e mais difícil de manter) e Ocidente advém da mesma preocupação[7]. De uma vez por todas, nunca fomos adeptos da teoria do colapso (*Zusammenbruchstheorie*)[8].

Contra as visões espontaneístas do processo revolucionário e do imobilismo estruturalista dos anos 1960, sempre destacamos o papel do "fator subjetivo", no que designamos não como um "modelo", mas como "hipóteses

---

[5]   Em artigo publicado na revista *Critique Communiste*, n. 179, Durand parece nos atribuir uma "visão etapista da mudança social" e "uma temporalidade da ação política centrada exclusivamente na preparação da revolução como momento decisivo" (à qual opõe "um período histórico altermundialista e zapatista"??!!). Quanto a John Holloway, ver a crítica detalhada de sua abordagem em Daniel Bensaïd, *Un Monde à changer* (Paris, Textuel, 2003); Chiara Bonfiglioli e Sebastien Budgen (orgs.), *Planète altermondialiste* (Paris, Textuel, 2006); e artigos da *Contretemps*.

[6]   Ver o livrinho de Perry Anderson, *Les Antinomies de Gramsci* (Paris, PCM) [ed. bras.: *As antinomias de Gramsci*, trad. Juarez Guimarães e Felix Sanchez, São Paulo, Joruês, 1986].

[7]   Ver a esse respeito os debates sobre o balanço da revolução alemã no V Congresso da Internacional Comunista.

[8]   Ver Giacomo Marramao, *O político e as transformações* (trad. Antonio Roberto Bertelli, Belo Horizonte, Oficina dos Livros, 1990), e o panfleto de Daniel Bensaïd, *Stratégies et partis* (Paris, La Brèche, 1987).

estratégicas"[9]. Não se trata de simples coquetismo vocabular. Os modelos existem para ser copiados, são instruções de uso. Uma hipótese é um guia para a ação a partir das experiências passadas, mas aberto e modificável em função de novas experiências ou circunstâncias inesperadas. Portanto, não se trata de especular, mas do que podemos reter das experiências passadas – o único material que temos à disposição. Sabendo, no entanto, que o presente e o futuro são necessariamente mais ricos. Por isso, os revolucionários correm o mesmo risco que os militares, dos quais se costuma dizer que estão sempre atrasados para a guerra.

A partir das grandes experiências revolucionárias do século XX (Revolução Russa, Revolução Chinesa, Revolução Alemã, frentes populares, Guerra Civil Espanhola, guerra de libertação vietnamita, Maio de 1968, Portugal, Chile...), distinguimos duas hipóteses principais: a greve geral insurrecional e a guerra popular prolongada. Estas resumem dois tipos de crise, duas formas de poder dual, duas maneiras de resolver a crise.

No caso da greve geral insurrecional, o poder dual assume uma forma predominantemente urbana, do tipo comuna (não apenas a Comuna de Paris, mas também o Soviete de Petrogrado, as insurreições em Hamburgo, Cantão, Barcelona...). Os dois poderes não podem coexistir muito tempo num espaço concentrado. Portanto, a confrontação tem uma resolução – que pode resultar numa confrontação prolongada: guerra civil na Rússia, guerra de libertação no Vietnã após a insurreição de 1945... Nessa hipótese, o trabalho de desmoralização do exército e de organização dos soldados tem um papel importante (dentre as experiências mais recentes e significativas a esse respeito destacam-se os comitês de soldados na França, o movimento Soldados Unidos Vencerão em Portugal e, numa perspectiva mais conspiratória, o trabalho do MIR no exército chileno).

No caso da guerra popular prolongada, há dois poderes territoriais (nas zonas liberadas e autoadministradas) que podem coexistir por muito mais tempo. Mao compreendeu essas condições já em 1927, no panfleto "Por que o poder vermelho pode existir na China?", e a experiência da República de Yanan é uma ilustração delas.

Na primeira hipótese, os órgãos de poder alternativo são socialmente determinados pelas condições urbanas (Comuna de Paris, Soviete de Petrogrado, conselhos operários, comitê de milícias da Catalunha, cordões industriais, comandos

---

[9] Como Antoine Artus relembra em artigo na *Critique Communiste*.

comunais etc.); na segunda. eles são centralizados no "exército popular" (predominantemente camponês).

Existe uma grande amplitude de variantes e combinações intermédias entre essas duas hipóteses ideais. Assim, apesar da lenda foquista simplificada (em particular pelo livro de Régis Debray, *Revolução na revolução*)*, a Revolução Cubana articula o foco de guerrilha como núcleo do exército rebelde e as tentativas de organização e de convocação de greve geral urbana em Havana e Santiago. A relação entre as duas foi problemática, como mostra a correspondência de Frank País, Daniel Ramos Latour e do próprio Che acerca das tensões entre "*la sierra*" e "*el llano*"[10]. *A posteriori*, a narrativa oficial privilegiou a heroica epopeia do *Granma* e de seus sobreviventes e contribuiu para reforçar a legitimidade dos componentes do 26 de Julho e do grupo castrista dirigente, em detrimento de uma compreensão mais complexa do processo. Essa versão simplificada da história, erigindo a guerrilha rural em modelo, inspirou experiências nos anos 1960 (Peru, Venezuela, Nicarágua, Colômbia, Bolívia). As mortes em combate de La Puente e Lobaton no Peru (1965), Camilo Torres na Colômbia (1966), Yon Sosa e Lúcio Cabañas no México, Carlos Marighella e Lamarca no Brasil etc., a trágica expedição de Che à Bolívia, a quase aniquilação dos sandinistas em 1963 e 1967 em Pancasán, o desastre de Teoponte na Bolívia em 1970, marcam o fim desse ciclo.

A hipótese estratégica do Partido Revolucionário dos Trabalhadores na Argentina e do MIR no Chile fez maior uso, no início dos anos 1970, do exemplo vietnamita da guerra popular (e, no caso do PRT, da versão mítica da guerra de libertação na Argélia). A história da Frente Sandinista até a sua vitória sobre a ditadura de Somoza, em 1979, mostra uma mistura de diferentes orientações. A da tendência à guerra popular prolongada e de Tomás Borge enfatizou o desenvolvimento da guerrilha nas montanhas e a necessidade de um longo período de acumulação gradual de forças. A da Tendência Proletária (Jaime Wheelock) insistiu nos efeitos sociais do desenvolvimento capitalista na Nicarágua e no fortalecimento da classe operária, embora retendo a perspectiva de uma acumulação prolongada de forças com vista a um "momento insurrecional". A da tendência "terceirista" (irmãos Ortega) sintetiza as outras duas e permite a articulação entre a frente sul e o levante em Manágua.

---

*   São Paulo, Centro Editorial Latino-Americano, 1967. (N. E.)

[10]   Ver também Carlos Franqui, *Journal de la Révolution cubaine* (Paris, Seuil, 1976).

O INÍCIO DE UM NOVO DEBATE   163

Posteriormente, Humberto Ortega resumiu as divergências da seguinte forma:

Chamo de política de acumulação passiva de forças a política que consiste em não intervir na conjuntura, acumular forças a frio. Essa passividade se manifestava no nível das alianças. Havia passividade também no fato de pensarmos que poderíamos acumular armas, nos organizar, juntar recursos humanos sem combater o inimigo, sem a participação das massas.[11]

Contudo, ele reconhece que as circunstâncias precipitaram os diversos planos:

Nós convocamos a insurreição. Os acontecimentos se precipitaram, as condições objetivas não permitiram que nos preparássemos mais. Na realidade, não podíamos dizer não à insurreição. O movimento das massas tomou uma tal amplitude que a vanguarda foi incapaz de dirigi-lo. Não podíamos nos opor a essa torrente. Tudo o que podíamos fazer era tomar a frente para conduzi-la como possível e lhe dar uma direção.

E conclui: "Nossa estratégia insurrecional sempre gravitou em torno das massas e não de um plano militar. Isso deve ficar claro". De fato, a opção estratégica implica um ordenamento das prioridades políticas, dos momentos de intervenção, das palavras de ordem, e também determina a política de alianças.

De *Los dias de la selva* [Os dias da selva] a *El trueno en la ciudad* [O trovão na cidade], o relato de Mario Payeras sobre o processo guatemalteco ilustra o regresso da floresta para a cidade e a mudança de relação entre o militar e o político, o campo e a cidade. *La Critique des armes* [A crítica das armas] (ou a autocrítica) de Régis Debray, publicado em 1974, faz um balanço dos anos 1960 e da evolução iniciada. As aventuras desastrosas da Fração do Exército Vermelho (RAF) na Alemanha e dos Weathermen nos Estados Unidos – sem falar da efêmera tragicomédia da Esquerda Proletária na França e das teses de July e Geismar no inesquecível *Vers la guerre civile* [A caminho da guerra civil], de 1969 – e outras tentativas de tradu-

---

[11] "La stratégie de la victoire", entrevista concedida a Marta Harnecker. Perguntado sobre a data da convocação à insurreição, Ortega respondeu: "Porque se apresentou toda uma série de condições objetivas cada vez mais favoráveis: crise econômica, desvalorização da moeda, crise política. E porque, após os acontecimentos de setembro, entendemos que era necessário combinar simultaneamente e no mesmo espaço estratégico o levante das massas em nível nacional, a ofensiva das forças militares no *front* e a greve nacional, na qual os empregadores se envolveram e que apoiaram na prática. Se não tivéssemos combinado esses três fatores estratégicos, a vitória não teria sido possível. Tínhamos convocado várias vezes uma greve nacional, mas sem combiná-la com uma ofensiva das massas. As massas já estavam rebeladas. mas isso não tinha sido conjugado com a greve no momento em que a capacidade militar da vanguarda estava fraca. E a vanguarda já tinha infligido vários golpes ao inimigo, mas sem a presença dos outros dois fatores".

zir a experiência da guerrilha rural em "guerrilha urbana" terminaram de fato nos anos 1970. Os únicos casos de movimentos armados que duraram foram os que se basearam em lutas contra a opressão nacional (Irlanda, País Basco)[12].

Essas experiências e hipóteses estratégicas não são redutíveis a uma orientação militarista. Elas ordenam um conjunto de tarefas políticas. Assim, a concepção da revolução argentina pelo PRT como uma guerra nacional de libertação fez com que se privilegiasse a construção de um exército (Exército Revolucionário do Povo) em detrimento da auto-organização em empresas e bairros. Do mesmo modo, a orientação do MIR, enfatizando a acumulação de forças (e bases rurais) no quadro da Unidade Popular, segundo uma perspectiva de luta armada prolongada, conduziu a relativizar a ameaça de um golpe de Estado e, acima de tudo, a subestimar suas consequências de longo prazo. Como constatou Miguel Enríquez, secretário-geral do MIR, após o fracasso do "tancazo", houve um breve período favorável à formação de um governo de combate que poderia ter preparado um confronto de forças.

A vitória sandinista em 1979 marca, sem dúvida, uma nova fase. Ao menos essa é a opinião de Mario Payeras, que enfatiza que na Guatemala (e em El Salvador) os movimentos revolucionários não foram confrontados por decrépitas ditaduras fantoche, mas por "conselheiros" israelenses, taiwaneses e estadunidenses em guerras de "baixa intensidade" e em "contrainsurreição". Essa crescente assimetria tornou-se global com as novas doutrinas estratégicas do Pentágono e a declaração de guerra "ilimitada" contra o "terrorismo".

Essa é uma das razões (juntamente com a trágica hiperviolência da experiência cambojana, da contrarrevolução burocrática na União Soviética e da Revolução Cultural na China) pelas quais a questão da violência revolucionária se tornou um assunto espinhoso, ou mesmo tabu, quando no passado era vista como inocente e libertadora (através das sagas épicas do *Granma* e de Che, ou dos escritos de Fanon, Giap ou Cabral). O que assistimos agora é a uma busca tateante de uma estratégia assimétrica do fraco para o forte que sintetize Lênin e Gandhi[13] ou se oriente para a não violência[14]. No entanto, o mundo não se tornou menos violento depois da queda do Muro de Berlim. Seria imprudentemente ingênuo apostar,

---

[12] Ver, de autoria coletiva, *Dissidences, révolution, lutte armée et terrorisme* (Paris, L'Harmattan, 2006).

[13] Esse em especial é o tema de textos recentes de Étienne Balibar.

[14] O debate sobre a não violência na revista teórica da Rifondazione Comunista (*Alternative*) tem relação com esse curso atual. Ver o debate em *Alternative* e *Refondation Communiste*.

hoje, numa hipotética "via pacífica", que nada no século dos extremos veio a confirmar. Mas essa é outra história, que extrapola os limites de nosso propósito.

A hipótese da greve geral insurrecional

A hipótese estratégica que nos serviu de orientação nos anos 1970 é a da greve geral insurrecional, que, na maioria dos casos, era oposta às variantes de maoismo aclimatado e às interpretações imaginárias da Revolução Cultural. É a hipótese da qual somos "órfãos" hoje, segundo Antoine Artous. Ela teve certa "funcionalidade" no passado, hoje perdida. No entanto, Artous reafirma a relevância sempre atual das noções de crise revolucionária e poder dual, destacando a necessidade de reconstrução de uma hipótese séria, em lugar do deleite com a palavra "ruptura" e promessas verbais. Dois aspectos cristalizam sua preocupação.

Por um lado, Antoine Artous insiste que a dualidade do poder não pode ser situada no exterior das instituições existentes ou surgir subitamente a partir do nada sob a forma de uma pirâmide de sovietes ou conselhos. Pode ser que, em tempos idos, tenhamos nos rendido a essa visão ultrassimplificada dos processos revolucionários reais que estudamos em detalhe nas escolas de formação (Alemanha, Espanha, Portugal, Chile, e a própria Revolução Russa). Mas tenho dúvidas, tal era o modo como essas experiências nos confrontavam com a dialética entre as formas variadas de auto-organização e as instituições parlamentares ou municipais existentes.

Seja como for, ainda que tenhamos tido essa visão, outros textos vieram rapidamente corrigi-la[15]. A ponto de, na época, termos ficado chocados ou perturbados com o alinhamento de Ernest Mandel à "democracia mista", após ter reavaliado a relação entre sovietes e constituinte na Rússia. No entanto, não é possível imaginar um processo revolucionário de outra forma que não seja por meio de uma transferência de legitimidade que dê preponderância ao "socialismo pela base", mas em interferência com as formas representativas, principalmente em países com longas tradições parlamentares e onde o princípio do sufrágio universal esteja firmemente enraizado.

Na prática, nossas ideias evoluíram – como foi o caso, por exemplo, da revolução nicaraguense. Poderíamos contestar o fato de se organizarem eleições "livres"

---

[15] Sobre as polêmicas de Mandel contra as teses eurocomunistas, ver, notadamente, seu livro na coleção Maspero e, sobretudo, sua entrevista à *Critique Communiste*.

em 1989, num contexto de guerra civil e estado de sítio, mas não questionávamos o princípio. No entanto, criticamos os sandinistas por terem suprimido o "conselho de Estado", que poderia ter constituído uma espécie de segunda câmara social e sido um polo de legitimidade alternativa diante do Parlamento eleito. Similarmente, em escala bem mais modesta, seria útil reconsiderarmos a dialética de Porto Alegre entre instituições municipais (eleitas por sufrágio universal) e instâncias participativas.

Na realidade, o problema que enfrentamos não é o da relação entre democracia territorial e democracia no local de trabalho (a Comuna de Paris, os sovietes e a Assembleia Popular de Setúbal eram estruturas territoriais) ou o da relação entre democracia direta e democracia representativa (toda democracia é parcialmente representativa, e Lênin não era partidário do mandato imperativo). O problema é a formação de uma vontade geral.

A maioria das críticas (feitas pelos eurocomunistas ou por Norberto Bobbio) ao modelo soviético de democracia visa a sua tendência ao corporativismo: uma soma (ou pirâmide) de interesses particulares (de paróquia, empresa, escritório), ligados por mandato imperativo, não permitiria a emergência de uma vontade geral. A subsidiariedade democrática também tem suas limitações: se os habitantes de um vale se opuserem à passagem de uma estrada ou se uma cidade for contra um centro de tratamento de resíduos, transferindo o problema para os vizinhos, então será necessária uma forma de centralização arbitral[16]. No debate com os eurocomunistas, sempre enfatizamos a necessária mediação (e pluralidade) dos partidos para se chegar a propostas sintéticas e contribuir para a formação de uma vontade geral a partir de pontos de vista particulares. Sem nos aventurarmos em mecanismos institucionais especulativos, incorporamos cada vez mais em nossos documentos programáticos a hipótese geral de uma dupla câmara, cujas modalidades práticas continuam abertas à experiência.

A segunda preocupação de Antoine Artous, em especial em sua crítica ao texto de Alex Callinicos, refere-se ao fato de que a abordagem transitória deste último termina no limiar da questão do poder, abandonada a um improvável *deus ex machina* ou supostamente decidida por uma explosão espontânea das massas e pela irrupção generalizada de democracia de tipo soviético. Apesar de a defesa das liberdades políticas figurar claramente no programa de Callinicos, não há nele nenhuma reivindicação de tipo institucional (eleições proporcionais, assembleia

---

[16] A experiência do orçamento participativo em nível estadual no Rio Grande do Sul oferece muitos exemplos concretos a esse respeito: alocação de recursos, hierarquização de prioridades, compartilhamento territorial de equipamentos coletivos etc.

constituinte ou única, democratização radical). Cédric Durand, por outro lado, parece conceber as instituições como meros intermediários de estratégias autônomas de protesto, o que pode muito bem se traduzir na prática num compromisso entre a "base" e o "topo" – em outras palavras, um *lobbying* do primeiro sobre o segundo, mantido intacto.

Na realidade, existe entre os protagonistas da controvérsia da *Critique Communiste* uma convergência sobre o *corpus* programático inspirado em *A catástrofe que nos ameaça e como combatê-la** (panfleto de Lênin publicado no verão russo de 1917) ou no *Programa de transição*, da Quarta Internacional (inspirado por Trótski em 1937) – reivindicações transitórias, política de alianças (frente única)[17] e lógica de hegemonia – e sobre a dialética (e não a antinomia) entre reformas e revolução. Assim, opomo-nos à ideia de dissociar e estabelecer um programa "mínimo" (antiliberal) e um programa "máximo" (anticapitalista), pois estamos convencidos de que um antiliberalismo consequente conduz ao anticapitalismo e ambos se encontram interligados pela dinâmica das lutas.

Podemos discutir a formulação exata das reivindicações transitórias em função da relação de forças e dos níveis de consciência existentes, mas facilmente concordaremos com o lugar que aí ocupam as questões relativas à propriedade privada dos meios de produção, comunicação e troca – quer se trate de uma pedagogia do serviço público, da temática dos bens comuns da humanidade ou da questão cada vez mais importante da socialização dos saberes (por oposição à propriedade intelectual privada). Do mesmo modo, concordaremos facilmente que, para chegar ao enfraquecimento do salariato, devemos explorar as formas de socialização do salário pelos sistemas de proteção social. Finalmente, à mercantilização generalizada, opomos as possibilidades abertas pela extensão do âmbito da gratuitidade (portanto da "desmercantilização") não apenas aos serviços, mas a certos bens básicos de consumo.

A espinhosa questão da medida transitória é a do "governo operário" ou "governo dos trabalhadores". Essa dificuldade não é nova. Os debates do V Congresso da Internacional Comunista (1924) sobre a Revolução Alemã e o governo da Saxônia-Turíngia mostram a ambiguidade não resolvida das fórmulas saídas dos primeiros

---

*   Trad. Edições Avante!, em *Obras escolhidas em três tomos*, Lisboa/Moscou, Avante!/Progresso, 1978, t. 2. (N. E.)

[17]   Ainda que a noção de frente única, ou *a fortiori* de frente única anti-imperialista reformulada ao gosto atual por certos revolucionários na América Latina, mereça ser rediscutida à luz da evolução das formações sociais, do papel e da composição das partes políticas etc.

congressos da Internacional Comunista e o leque de interpretações práticas a que podem levar. Albert Treint ressalta em seu relatório que "a ditadura do proletariado não cai do céu; precisa de um início, e o governo operário é o sinônimo do inicio da ditadura do proletariado". No entanto, denuncia a "saxonização" da frente única: "A entrada dos comunistas num governo de coligação com pacifistas burgueses para prevenir uma intervenção contra a revolução não estava errada em teoria, mas governos como os do Partido Trabalhista ou do Cartel das Esquerdas fazem com que a "democracia burguesa encontre eco em nossos partidos".

No debate sobre a atividade da Internacional, Smeral declara: "No que diz respeito às teses do nosso congresso [dos comunistas tchecos] em fevereiro de 1923 sobre o governo operário, estávamos convencidos, ao redigi-las, de que elas estavam de acordo com as decisões do V Congresso. Foram adotadas por unanimidade". Mas "o que as massas têm em mente quando falam de um governo operário?".

> Na Inglaterra, têm em mente o Partido Trabalhista; na Alemanha e em outros países onde o capitalismo está em decomposição, a frente única significa que os comunistas e os sociais-democratas, em vez de lutar uns contra os outros quando começa a greve, marcham lado a lado. Para essas massas, o governo operário tem o mesmo significado, e, quando usamos essa fórmula, imaginam um governo de união de todos os partidos operários.

Smeral continua: "em que consiste a profunda lição da experiência saxã? Acima de tudo, que não é possível saltar de pés juntos, sem tomar impulso".

Ruth Fischer responde que, como coligação dos partidos operários, o governo operário significaria a "liquidação do nosso partido". No relatório sobre o fracasso do Outubro Alemão, Clara Zetkin argumenta:

> No que concerne ao governo operário e camponês, não posso aceitar a declaração de Zinóviev, que afirma que se trata simplesmente de um pseudônimo, um sinônimo, ou deus sabe lá que homônimo, da ditadura do proletariado. Talvez isso valha para a Rússia, mas não para os países onde o capitalismo está vigorosamente desenvolvido. Neles, o governo operário e camponês é a expressão política de uma situação em que a burguesia não consegue mais se manter no poder, mas o proletariado não se encontra ainda em posição de impor sua ditadura.

De fato, Zinóviev define como "objetivo elementar do governo operário" o armamento do proletariado, o controle operário sobre a produção, revolução fiscal...

Poderíamos continuar a citar outras contribuições, mas o resultado seria a impressão de uma enorme confusão expressando uma contradição real e um problema não resolvido, apesar de a questão ter sido colocada em relação a uma situação revolucionária ou pré-revolucionária.

Seria irresponsável resolvê-la por uma solução válida para qualquer situação; no entanto, podemos deduzir três critérios de participação (combinados de forma variável) num governo de coligação dentro de uma perspectiva transitória:

a) a questão da participação surge numa situação de crise ou, pelo menos, de um crescimento significativo da mobilização social, e não no vazio;

b) o governo em causa deverá estar comprometido a dar início a uma dinâmica de ruptura com a ordem estabelecida (por exemplo – e mais modestamente que o armamento exigido por Zinóviev – reforma agrária radical, "incursões despóticas" no domínio da propriedade privada, abolição dos privilégios fiscais, ruptura com as instituições, como da Quinta República na França, dos tratados europeus, dos pactos militares etc.);

c) por fim, a relação de forças deve permitir aos revolucionários, se não garantir os compromissos, ao menos fazer com que se pague caro por eventuais descumprimentos.

À luz dessa abordagem, a participação no governo Lula parece equivocada:

a) nos últimos dez anos, com exceção do movimento dos sem-terra, o movimento de massa refluiu;

b) a campanha eleitoral de Lula e sua "Carta aos brasileiros" anunciavam uma política claramente social-liberal e hipotecavam por antecipação o financiamento da reforma agrária e do programa Fome Zero;

c) por fim, a relação de forças dentro do partido e do governo era tal que, com um Semiministério do Desenvolvimento Agrário, não se tratava de apoiar o governo "como a corda que segura o enforcado", mas como um fio de cabelo que não poderia sustentá-lo. Posto isso, e tendo em conta a história do país, sua estrutura social e a origem do Partido dos Trabalhadores, exprimimos oralmente nossas reservas quanto a essa participação e alertamos nossos camaradas sobre os perigos, não tornando isso uma questão de princípio. Preferimos acompanhar a experiência para fazer um balanço com nossos camaradas, em vez de dar lições "a distância"[18].

---

[18] O que estava em jogo, além da orientação no Brasil, era uma concepção da Quarta Internacional e sua relação com as seções nacionais. Mas essa é uma questão que ultrapassa este texto.

Sobre a questão da ditadura do proletariado

A questão do governo operário nos levou inevitavelmente à questão da ditadura do proletariado. Uma conferência anterior da Liga Comunista Revolucionária francesa decidiu por maioria de mais de dois terços remover sua menção dos estatutos. Foi uma decisão justa. Hoje em dia o termo "ditadura" evoca mais facilmente as ditaduras militares ou burocráticas do século XX do que a venerável instituição romana de poderes de exceção devidamente mandatados pelo Senado e limitados no tempo. Desde que Marx considerou a Comuna de Paris "a forma política acabada" dessa ditadura do proletariado, seríamos mais bem compreendidos evocando a Comuna, os sovietes, os conselhos ou a autogestão do que nos mantendo presos a uma palavra-fetiche que a história converteu numa fonte de confusão.

No entanto, não conseguimos ainda resolver a questão levantada pela fórmula de Marx e a importância que lhe atribuiu na célebre carta a Kugelmann. Em geral, temos tendência a associar à "ditadura do proletariado" a imagem de um regime autoritário e a vê-la como sinônimo de ditaduras burocráticas. Mas, para Marx, era uma solução democrática para um problema antigo, o exercício pela primeira vez majoritário (pelo proletariado) do poder de exceção, até então reservado a uma elite virtuosa (Comitê de Salvação Pública no caso da Revolução Francesa, embora o comitê em questão fosse uma emanação da Convenção e pudesse ser revocado por ela) ou um "triunvirato" de homens exemplares[19]. Devemos acrescentar que o termo "ditadura" era muitas vezes contraposto ao de "tirania" como expressão de arbitrariedade.

Mas a noção de ditadura do proletariado tinha também um significado estratégico, muitas vezes lembrado nos debates dos anos 1970, após seu abandono pela maioria dos partidos (euro)comunistas. Marx percebeu claramente que o novo direito, como expressão de uma nova relação social, não poderia nascer na continuidade do direito antigo: entre duas legitimidades sociais, "entre dois direitos iguais, é a força que decide". A revolução implica, portanto, uma passagem obrigatória pelo estado de exceção. Carl Schmitt, leitor atento da polêmica entre Lênin e Kautsky, percebeu perfeitamente o que estava em jogo quando fez a distinção entre a "ditadura comissária", cuja função em situação de crise é preservar a ordem estabelecida, e a "ditadura soberana", que institui uma nova ordem pelo

---

[19] Ver Alessandro Galante Garrone, *Philippe Buonarotti et les révolutionnaires du XIXe siècle* (Paris, Champ Libre, 1975).

exercício do poder constituinte[20]. Se essa perspectiva estratégica, independentemente do nome que lhe seja dado, continua válida, disso decorre necessariamente uma série de consequências para a organização dos poderes, o direito, a função dos partidos etc.

A atualidade ou inatualidade de uma abordagem estratégica

A noção de atualidade tem um duplo significado: um sentido amplo ("a época das guerras e revoluções") e um sentido imediato e conjuntural. Na situação defensiva em que o movimento social foi lançado há mais de vinte anos na Europa, ninguém poderá reclamar a atualidade da revolução num sentido imediato. Por outro lado, seria arriscado, e não sem consequências, eliminá-la de nosso horizonte. Se é essa distinção que Francis Sitel pretendia fazer em sua contribuição, preferindo, para evitar "uma visão alucinada da atual relação de forças", "uma perspectiva em ato [...] que instrua as lutas presentes sobre os resultados necessários dessas mesmas lutas", então não há motivo para divergência. Mais discutível é a ideia de que poderíamos manter o objetivo da conquista do poder "como condição para a radicalidade, mas admitir que sua atualização está sempre acima de nosso horizonte". Para ele, a questão governamental – vista de cima de nosso horizonte? – não está ligada à questão do poder, mas a uma "exigência mais modesta": a de "proteção" contra a ofensiva neoliberal.

O debate sobre as condições para a participação num governo não entra "pelo portal monumental da reflexão estratégica", mas "pela porta estreita dos partidos amplos". Nosso medo é que não seja mais o programa necessário (ou a estratégia) que comande a construção do partido, mas o alcance de um partido algebricamente amplo que determine e limite o melhor dos mundos e dos programas possíveis. Seria o caso então de desdramatizar a questão governamental como questão estratégica e considerá-la mero "problema de orientação" (de certa forma, foi o que fizemos no caso do Brasil). Mas um "problema de orientação" não é desconectado da perspectiva estratégica, a não ser que se caía na dissociação clássica entre programa mínimo e programa máximo. E se "amplo" é necessariamente mais generoso e aberto que estreito e fechado, há amplo e amplo em matéria de partido: a amplidão do Partido dos Trabalhadores no Brasil, do Partido da Esquerda na Alemanha, do Partido da Liberdade e Solidariedade na Turquia, do

---

[20] Ver Carl Schmitt, *La Dictature* (Paris, PUF, 1990).

Bloco de Esquerda em Portugal, da Refundação Comunista na Itália etc. não é da mesma natureza.

"Os desenvolvimentos mais eruditos em matéria de estratégia revolucionária surgem como demasiado etéreos", conclui Francis Sitel, "quando comparados à questão do que fazer aqui e agora." Certamente essa máxima pragmática pode ter sido enunciada em 1905, em fevereiro de 1917, em maio de 1936, em fevereiro de 1968, reduzindo assim o sentido do possível ao sentido prosaico do real.

O diagnóstico de Francis Sitel e seu ajustamento programático na linha de nosso horizonte, ou abaixo dela, têm, evidentemente, implicações práticas. A partir do momento que a nossa perspectiva não se limita mais à tomada do poder, mas inscreve-se num processo mais longo de "subversão dos poderes", temos de reconhecer que "o partido tradicional[21] que se concentra na conquista de poder é conduzido a amoldar-se a esse mesmo Estado" e, consequentemente, a "transmitir em si mesmo mecanismos de dominação que minam a própria dinâmica de emancipação". Uma nova dialética entre o político e o social teria de ser criada. Não há dúvida, e fazemos isso teoricamente e na prática quando rejeitamos tanto "a ilusão política" quanto a "ilusão social", ou quando tiramos conclusões das experiências negativas passadas (a independência das organizações sociais em relação ao Estado e aos partidos, o pluralismo político, a democracia interna dos partidos...).

O problema não é tanto a transmissão dos mecanismos estatais de dominação por um partido "amoldado ao Estado", mas o fenômeno mais profundo e mais bem compartilhado da burocratização, enraizado na divisão do trabalho e inerente às sociedades modernas: ele afeta o conjunto das organizações sindicais ou associativas. De fato, a democracia partidária (por oposição à democracia midiática e plebiscitária, dita de "opinião pública") seria, se não um remédio absoluto, ao menos um dos antídotos à profissionalização do poder e à "democracia de mercado". Isso é esquecido muitas vezes por aqueles que veem o centralismo democrático como uma imitação barata de um centralismo burocrático, embora certa centralização seja a própria condição para a democracia, e não sua negação.

A ênfase na adaptação do partido ao Estado faz eco ao isomorfismo (constatado por Boltanski e Chiapello em *O novo espírito do capitalismo*)* entre a própria estrutura do capital e as estruturas subalternas do movimento operário. Essa ques-

---

[21] "Tradicional" designa aqui os partidos comunistas ou, mais amplamente, os partidos social-democratas orientados para a conquista do poder governamental pelas vias parlamentares?

* Trad. Ivone C. Benedetti, São Paulo, WMF Martins Fontes, 2009. (N. E.)

tão da subalternidade é crucial e não pode ser evitada nem facilmente resolvida: a luta salarial e o direito ao emprego (às vezes chamado "direito ao trabalho") é uma luta subordinada (isomórfica) à relação capital/trabalho. Por trás dela, há todo o problema da alienação, do fetichismo e da reificação[22]. Mas acreditar que as formas "fluidas", a organização em rede, a lógica das afinidades (por oposição às lógicas da hegemonia) escapam a essa subordinação e à reprodução das relações de dominação é uma ilusão grotesca. Essas formas são perfeitamente isomórficas à moderna organização do capital informacional, ao trabalho flexível, à "sociedade líquida" etc. Isso não significa que as antigas formas de subordinação eram melhores ou preferíveis a essas formas emergentes, apenas que não existe caminho real que nos permita romper com o círculo vicioso da exploração e da dominação.

Sobre o "partido amplo"

Francis Sitel receia que as noções de "eclipse" ou "retorno" da razão estratégica signifiquem o fechar de um simples parêntese e o regresso à questão nos termos em que foi colocada pela Terceira Internacional. Enfatiza a necessidade de "redefinições fundamentais", de uma reinvenção, de uma "nova construção" para o movimento operário. Sem dúvida, mas não em tábula rasa. "Recomeçamos sempre do meio!". A retórica da novidade não previne recaídas no mais antigo do antigo e no manjado. Se algumas são genuínas (sobre ecologia, feminismo, guerra, direito...), outras nada mais são do que efeito de moda (que, como qualquer moda, nutre-se de citações do passado) e reciclagem de velhos temas utópicos do século XIX e do início do movimento operário.

Tendo apontado corretamente que reformas e revolução constituem um par dialético em nossa tradição, e não uma oposição de termos mutuamente exclusivos (embora as reformas possam, conforme a situação, transformar-se em processo revolucionário ou, ao contrário, opor-se a ele), Francis Sitel arrisca a previsão de que "um partido amplo será definido como um partido de reformas". Talvez. Mas essa é uma ideia especulativa e normativa por antecipação. E esse não é seguramente nosso problema. Não há por que colocar a carroça diante dos bois e inventar um programa mínimo (de reformas) para um hipotético "partido amplo". Temos de definir nosso projeto e nosso programa. A partir daí, diante de situações concretas e com aliados tangíveis, poderemos avaliar que compromissos são

---

[22] Sobre o fetichismo, ver Jean-Marie Vincent, Antoine Artous...

possíveis, caso isso implique (certa) perda de clareza em troca de (muito) mais influência social, experiência e dinamismo. Isso não é novidade: participamos da criação do Partido dos Trabalhadores (para construí-lo, e não numa óptica tática de infiltração) e continuamos defendendo nossas posições; nossos camaradas militam como corrente na Refundação Comunista; têm um papel ativo no Bloco de Esquerda em Portugal etc. Mas essas configurações são específicas e não devem ser todas reunidas na categoria "guarda-chuva" de "partido amplo".

Incontestavelmente, o dado estrutural da situação abre um espaço à esquerda das grandes formações tradicionais do movimento operário (social-democratas, stalinistas, populistas). Existem muitas razões para isso. A contrarreforma neoliberal, a privatização do espaço público, o desmantelamento do "Estado social", a sociedade de mercado serraram (com seu próprio discurso ativo) o ramo sobre o qual repousava a social-democracia (assim como a gestão populista em alguns países da América Latina). Além disso, os partidos comunistas sofreram os efeitos da implosão da União Soviética e da erosão das bases sociais conquistadas nos anos 1930 ou na Liberação, sem ter ganhado novas raízes. Portanto, existe de fato o que se pode chamar de "um espaço" de radicalidade que se exprime diversamente na emergência de novos movimentos sociais e formações eleitorais (Linkspartei na Alemanha, Rifondazione na Itália, Respect na Grã-Bretanha, SSP na Escócia, Bloco de Esquerda em Portugal, coligação vermelho-verde na Dinamarca, extrema esquerda na França e na Grécia). É isso que dá base à atualidade das recomposições e dos reagrupamentos.

Mas esse "espaço" não é homogêneo nem vazio (newtoniano), o qual bastaria ocupar. É um campo de forças eminentemente instável, como foi demonstrado de maneira espetacular pela conversão, em menos de três anos, da Rifondazione, passando do movimentismo lírico, na época de Gênova e Florença[23], para a coligação governamental de Romano Prodi. Essa instabilidade advém do fato de as mobilizações sociais sofrerem mais derrotas do que conquistarem vitórias, e de sua ligação com a transformação do panorama da representação política se manter distendida. Na ausência de vitórias sociais significativas, e sem uma mudança real, a esperança do "mal menor" ("tudo menos Berlusconi – ou Sarkozy, ou Le Pen!") se transfere para o terreno eleitoral, em que o peso das lógicas institucionais permanece decisivo (na França, a do presidencialismo plebiscitário e de um siste-

---

[23] Ver o livro de Fausto Bertinotti, *Ces idées qui ne meurent jamais* (Paris, Le Temps des Cerises, 2001), e a apresentação crítica de suas teses (lançadas no Fórum Social Europeu de Florença) em Daniel Bensaïd, *Un Monde à changer*, cit.

ma eleitoral particularmente antidemocrático). É por isso que a simetria do justo meio (que já estava na moda sob Filipe, o Belo: cuidado com a direita, cuidado com a esquerda!) entre um perigo oportunista e um perigo conservador é enganadora: eles não têm o mesmo peso. Se devemos saber tomar decisões arriscadas (o exemplo mais extremo é decisão insurrecional de Outubro), o risco deve ser ponderado e as probabilidades, calculadas, para não se tornar simples aventureirismo. Já embarcamos, é preciso apostar – dizia um grande dialético. No entanto, quem aposta em corridas de cavalos sabe que uma aposta de 2 para 1 é insignificante, e que uma aposta de 1.000 para 1, embora possa pagar bem, é um ato de desespero. A margem é entre as duas. A audácia também tem suas razões.

A evolução da direita para a esquerda de correntes representadas pela Rifondazione ou pelo Linkspartei é frágil (ou mesmo reversível), simplesmente porque os efeitos das lutas sociais no campo da representação política são limitados. Essa evolução depende em parte da presença e do peso de organizações ou tendências revolucionárias. Para além de aspectos em comum muito gerais, as situações são muito diferentes, dependendo da história específica do movimento operário (por exemplo, se a social-democracia é totalmente hegemônica ou se subsistem partidos comunistas importantes) e da relação de forças dentro da esquerda: não se mudam aparelhos determinados não só pela ideologia, mas também por lógicas sociais, apenas sussurrando no ouvido dos dirigentes, mas modificando as relações de forças reais.

A perspectiva de uma "nova força" continua sendo uma fórmula algébrica atual (ela já o era para nós antes de 1989-1991 e continua a ser). Sua tradução prática não pode ser mecanicamente deduzida de fórmulas tão vagas e genéricas quanto o "partido amplo" ou os "reagrupamentos". Estamos apenas no início de um processo de recomposição. É importante abordá-lo com uma bússola programática e visão estratégica. Essa é uma das condições que nos permitirá descobrir mediações organizacionais necessárias e assumir riscos calculados, sem nos atirar de cabeça numa aventura impaciente e sem nos dissolver na primeira combinação efêmera que surgir.

As fórmulas organizacionais são, na verdade, muito variáveis, conforme se trate de um novo partido de massa (como o Partido dos Trabalhadores no Brasil nos anos 1980, caso pouco provável na Europa), de cisões minoritárias oriundas de uma social-democracia hegemônica, ou de partidos que no passado teríamos chamado de centristas (Rifondazione no início dos anos 2000), ou de uma frente de correntes revolucionárias (como em Portugal). Aliás, essa última hipótese é a mais provável em países como a França, onde as organizações (o Partido Comunista, a extrema esquerda) têm uma longa tradição e sua fusão no curto ou no médio prazo, sem a existência de um poderoso movimento social, é dificilmente concebível. Mas, em todo caso, a referência a uma base programática comum, longe de constituir um obstáculo identitário a recomposições futuras, é, ao contrário, sua própria condição. Ela permite a hierarquização das questões estratégicas e táticas (em vez do rompimento após a disputa eleitoral), a distinção da base política sobre a qual se congrega a organização das questões teóricas em aberto, a avaliação dos compromissos que fazem avançar e dos que fazem recuar, a modulação das formas de existência organizacional (tendência num partido comum, parte de uma frente etc.), dependendo dos parceiros e da flutuação de suas dinâmicas (da direita para a esquerda, da esquerda para a direita).

Assinalamos simplesmente para relembrar que questões candentes relacionadas a essa discussão não foram abordadas em reuniões anteriores, mas deveriam ter sido. Decidimos que o próximo encontro anual do Project K (em 2007) deverá tratar, além do debate sobre "classes, plebes, multidões", das forças sociais de organização, suas formas de organização e convergências estratégicas. Essa questão também tem relação, além da fórmula geral da frente única, com a questão das alianças e, portanto, com a avaliação da sociologia e das transformações dos partidos tradicionalmente qualificados de "operários", assim como da análise das correntes saídas das formações populistas, por exemplo, na América Latina.

ELOGIO DA POLÍTICA PROFANA COMO ARTE ESTRATÉGICA*

Daniel Bensaïd

A politização é interminável, ainda que não possa e não deva ser nunca total. Para que isso não se converta em truísmo ou trivialidade, é preciso reconhecer a consequência que se segue: cada avanço da politização obriga a reconsiderar, ou seja, a reinterpretar os fundamentos mesmos dos direitos, tal como haviam sido anteriormente calculados e delimitados [...]. Isso foi verdade em todas as lutas emancipatórias que permanecem e devem permanecer atuais, em todo o mundo, para homens e mulheres. Nada parece menos obsoleto quanto o ideal clássico de emancipação. É impossível tentar desqualificá-lo nos dias de hoje, seja de maneira grosseira, seja sofisticada, sem ao menos algum tipo de superficialidade ou a pior forma de cumplicidade. A verdade é que ele é ainda necessário, sem renunciar – ao contrário – a reelaborar o conceito de emancipação, libertação ou liberação, levando em conta as estruturas que descrevemos nesse momento.

Jacques Derrida

Os princípios são claros, e sua aplicação, incerta.

Guy Debord

É intencional, certamente, que em sinal de obscura cumplicidade este texto seja precedido de uma citação de Jacques Derrida. Essa é uma homenagem a certo Derrida, leitor heterodoxo de certo Marx, ele próprio pensador da incrível liberdade de ter de decidir o indecidível em um mundo sem Deus. "Tudo o que era sólido e estável se desmancha no ar, tudo o que era sagrado é profanado, e os homens são obrigados finalmente a encarar sem ilusões a sua posição social e as suas

---

* Texto originalmente publicado como epílogo do livro *Éloge de la politique profane* (Paris, Albin Michel, 2008). Tradução de Daniela Mussi e Verônica Gomes, publicada em *Outubro*, n. 20, 2012, p. 11-25. (N. E.)

relações com os outros homens", escrevia Marx no *Manifesto Comunista*[1]. De sagrada, a história se torna profana. A política também. Uma não pode mais caminhar sem a outra. Essa profanação foi um mergulho desencantado "nas águas geladas do cálculo egoísta"[2]; e uma libertação desiludida dos velhos sortilégios e demais feitiços místicos.

A exemplo das revoluções modernas, a política, "ao mesmo tempo que é uma exigência", é uma aventura incerta, privada dos alívios de uma transcendência qualquer; um campo minado de incertezas e dúvidas, em que fins e meios estão frequentemente desalinhados. Essa é a sua dignidade trágica[3]. Liberada dos decretos do céu, essa política profana é colocada hoje a uma dura prova. Corrobora-se assim o temor de que ela – e com ela nossa capacidade de escolher a humanidade que queremos nos tornar – venha a desaparecer completamente do mundo, em benefício de uma gestão prosaica das "necessidades" econômicas, da técnica comunicacional, do moralismo conservador ou da fria razão de Estado; e que o culto ao fato consumado termine por formar uma "simples humanidade de fato", uma humanidade simplesmente factual.

As retóricas pós-modernas são ao mesmo tempo o produto e o fermento dessas variações no clima da época. A apologia do líquido contra o sólido, o gosto pela miniatura em oposição à preocupação com a totalidade, a renúncia às grandes narrativas em benefício do anedótico e do *fait divers* acompanham, tal qual sombra ideológica, os ajustes liberais, a individualização dos salários e dos horários, a flexibilização da força de trabalho e a fluidez especulativa dos capitais. A retração da duração no instante, a febre do *zapping*, a inconstância caleidoscópica dos pertencimentos, as lufadas de revoltas esporádicas embaralham qualquer perspectiva estratégica. Na democracia de mercado, isomórfica à economia de mercado, os candidatos são cotados na bolsa de pesquisas, a comunicação prevalece sobre a visão, o como dizer sobre o como agir.

---

[1] Karl Marx e Friedrich Engels, *Manifesto Comunista* (trad. Álvaro Pina, São Paulo, Boitempo, 1998), p. 43.

[2] Ibidem, p. 42.

[3] "Considerada um enigma, quando a vemos como um arranjo de meios destinados à conquista ou conservação do poder, numa indiferença mais ou menos declarada quanto aos fins da moralidade, a política recupera a dignidade quando reconhecemos nela o lugar onde se inscrevem as significações elaboradas em todas as ordens de atividades, sob a forma de uma série de indícios que medem pelo conhecimento, pela previsão e pela decisão o campo do possível" (Claude Lefort, *Les Formes de l'histoire*, Paris, Folio, 2000, p. 307 [ed. bras.: *As formas da história*, trad. Luiz Roberto Salinas Fortes, 2. ed., São Paulo, Brasiliense, 1990]).

Se a política profana fosse a arte de fundar ou mudar um mundo, de produzir um futuro desimpedido dos decretos implacáveis do antigo oráculo, hoje estaríamos diante "do muro de impossibilidade de um futuro qualquer"[4]. Ao *"No futur!"* faz eco o *"No politics!"*. Essa decadência lembra a da cidade grega, evocada melancolicamente por Hegel:

> A imagem do Estado como produto da atividade do cidadão desapareceu da alma deste, a preocupação, a visão global do todo não ocupava mais a alma de ninguém, senão de um ou de alguns [...]. O grande objetivo proposto pelo Estado aos seus sujeitos era a utilidade no interior do Estado, e o objetivo que os sujeitos se propunham era a aquisição e o divertimento, ou a futilidade. Toda atividade, todos os fins eram remetidos agora ao individual; nenhuma atividade para o todo, para uma ideia. Cada qual trabalhava para si ou forçado para outro particular [...] toda liberdade política desapareceu; o direito do cidadão conferia apenas o direito à segurança da propriedade, a qual preenchia agora todo o seu mundo.[5]

Hoje, como ontem nas ruínas do entreguerras, tombam os políticos nos quais os oprimidos haviam depositado suas esperanças. E, como ontem, eles "agravam sua derrota ao trair suas próprias causas"[6]. Entra em cena, então, a procissão multicolorida de milagreiros, dos curandeiros, dos mercadores de felicidade doméstica climatizada; o imponente areópago dos economistas fatalistas e a barulhenta coorte dos mágicos doutrinários, que traçam no rastro do cometa os planos improváveis do melhor dos mundos possíveis; o coro ensurdecedor dos que acreditam — ou fingem acreditar — que o remédio para todos os males se encontra no comércio justo ou num sistema de garantias mútuas, que tornaria "a concorrência um benefício para todos". A esses saudosistas de uma harmonia imaginária Marx respondia que "Troia já não existe", e que a "justa proporção entre a oferta e a demanda [...] deixou de existir há muito": "As relações [sociais] não são relações do indivíduo com o indivíduo, mas do operário com o capitalista, do arrendatário com o proprietário fundiário etc. Suprimidas essas relações, estará suprimida a sociedade [...]"[7].

A viravolta das condições espaciais e temporais da política, de suas inscrições territoriais, assim como de seus ritmos de deliberação e decisão, ameaça — talvez provisoriamente — reverter a lógica de secularização característica daquilo que é

---

[4] Mario Tronti, *La Politique au crépuscule* (Paris, L'Éclat, 2000), p. 209.

[5] Georg W. F. Hegel, *Fragments de la période de Berne* (Paris, Vrin, 1987).

[6] Walter Benjamin, "Sur le concept d'histoire", em *Oeuvres III* (Paris, Gallimard, 2000).

[7] Karl Marx, *Miséria da filosofia* (trad. José Paulo Netto, São Paulo, Boitempo, 2017), p. 93-4.

180 CENTELHAS

evocado vagamente sob o nome "modernidade". A política profana tornaria a cair nas brumas do sagrado e retornaria ao regaço da teologia. É essa reversão que nos devem fazer temer as pregações de cruzada que apresentam a guerra global, "humanitária" ou "ética", como uma nova guerra santa. Ao contrário do que afirma a opinião jornalística, não se trata de uma guerra de outra época ou de velhos demônios, mas de um arcaísmo fincado no coração da modernidade agonizante. Esse é o perigo que nos espreita, a partir do momento que as classes se decompõem em massa e os povos em tribos.

A ideia de que a dominação global do capital tenha convertido em folclore a era da política profana inquieta autores diversos, aqui evocados. Em comum, têm a ideia de que a sociedade do espetáculo seria a fase atual, suprema e apoteótica, do fetichismo da mercadoria, e o simulacro, a fase suprema e o fim do espetáculo. *Game over*. Fim de jogo. Em seus ensaios sobre a dominação, Michel Surya leva a visão infernal dessa eternidade mercadológica às últimas consequências. A arte contemporânea, que "não pode mais ser realizada à margem do capital, que por sua vez não possui outra falsa saída senão aquela oferecida pela arte", completa inevitavelmente "a dominação em sua totalidade realizada". Daqui em diante, não existiria mais nada, "inclusive a arte, que não tenha no capital o meio para alcançar seus objetivos", nada que "pudesse contrapor-se à dominação"[8]. Surya está próximo, aqui, de certo Bourdieu no qual a recondução do *habitus* deixa às mulheres poucas chances de escapar da "dominação masculina". Esse círculo vicioso perfeito, essa reclusão da política na eterna reprodução do capital, caminha junto com o esvanecimento completo de seus heroicos atores. Daí a busca por um sujeito substituto, o trabalhador precarizado ou o "cognitariado" em Toni Negri, o trabalhador *sans papiers* em Alain Badiou. E a tentação de vingar-se das traições da história por meio de um esconderijo filosófico, e das decepções políticas por meio de consolos estéticos, éticos, ontológicos.

Alain Badiou, por sua vez, propõe uma definição sedutora da política como "ação coletiva organizada conforme quaisquer princípios e com o intuito de desenvolver no real as consequências de uma nova possibilidade reprimida pelo estado dominante das coisas"[9]. Opõe à "definição gerencial do possível" a política como revelação de sua presença histórica. Pretende "afirmar que aquilo que

---

[8] Michel Surya, *Portrait de l'intermittent du spetacle en supplétif de la domination* (Paris, Lignes, 2007), p. 28 e 38.

[9] Alain Badiou, "De quoi Sarkozy est-il le nom?", em *Circonstances 4* (Paris, Lignes, 2007), p. 12.

ELOGIO DA POLÍTICA PROFANA COMO ARTE ESTRATÉGICA   181

vamos fazer, e que existe para os agentes dessa gestão como impossível, não é senão a criação de uma possibilidade que antes passava despercebida". Contudo, ao colocar a criatividade da ação coletiva organizada sob a exigência de conformidade com alguns princípios, Badiou parece subordinar a política a uma lógica transcendental que a manteria distante das contaminações da opinião e do Estado. Está correto que a política dos oprimidos deva, vigilantemente, manter distância do Estado. Mas a própria distância é uma relação, e não uma exterioridade ou uma indiferença absoluta. Portanto, o fato de a verdade ser irredutível à opinião não implica que ambas sejam estrangeiras ou indiferentes entre si.

As seduções inoportunas do consumo e do divertimento suscitam, por outro lado, um fantasma de pureza e a ilusão de podermos nos subtrair das inevitáveis impurezas da política profana. Disso, sem dúvida, resultam os sinais de um desencantamento misantropo. Assim, Badiou difunde a hipótese de que, se a sociedade devesse se reduzir a uma coleção de indivíduos impulsionados por instintos animais, e se Sarkozy fosse o nome próprio dessa animalidade triunfante, a filosofia poderia – e deveria – "abandonar a besta humana ao seu triste fim"[10]. Badiou não se resigna (ainda) nessa hipótese a bater em retirada filosófica do mundo. Mas que possa vislumbrá-la é sinal de uma tentação: a tentação de renunciar à política, em vez de assumir suas contradições. É uma hipótese que resulta na antinomia radical que se afirma entre o filósofo e o sofista, entre a Arte autêntica e suas falsificações. A filosofia e a Arte autêntica, nesse caso, remetem à vontade de manter-se firme ao lado da verdade, sem se deixar aprisionar pela "temporalidade da opinião", que é também aquela das campanhas e dos calendários eleitorais; de permanecer, sem enfraquecer, ao lado do desinteresse que é próprio dos saberes científicos, diante das tentações de uma técnica subserviente ao interesse gerencial.

A estética, assim como a filosofia, torna-se então a outra solução concebível para a crise da política. Entre os oito pontos registrados em uma "tabela de princípios", Badiou apresenta "a arte como uma criação superior à cultura como consumo, caso seja contemporânea". Tal definição trai qualquer nostalgia de uma arte aurática que confirme a oposição intransigente de uma "música verdadeira" a uma "música para divertimento", relembrando a recusa de Adorno em reconhecer ao *jazz* qualquer dignidade musical. É difícil, contudo, decidir quem teria qualificação para identificar a autenticidade da música, se é possível uma "aristocracia" filosofante para tal. Vinculado também à incompatibilidade entre arte e mercadoria, Michel Surya

---

[10]   Idem, p. 136.

182 CENTELHAS

duvida que uma arte verdadeira ainda seja possível em tempos de dominação global: "A questão da autenticidade pertence ao tempo que a conjugação entre arte e dominação já revolucionou"[11]. Querer reapresentar essa questão seria ceder de outra maneira a uma dessecularização da arte, inscrita na crise da modernidade sob o mesmo título da dessecularização da história e da política. Se "toda arte" daqui em diante "permite, encoraja e fetichiza a dominação", e se nada mais pode se opor a essa dominação sem ser absorvido por ela, aquilo que ainda pode resistir "está fora da arte". Por ora, portanto, a dominação é "intransponível". Por ora? Até quando? Em quais condições ela poderia ser transposta? Sob qual condição a política poderia "ser retomada", como o fogo das cinzas?

Como se pretendesse evitar essa falta de esperança na política ou essa política da desesperança, Jacques Derrida argumenta, contra a corrente, que a politização que está por vir, a politização em movimento, é "interminável", interminavelmente associada ao conceito de emancipação, ou ao ideal emancipador, que certa vez assombrou as grandes heresias e, desde então, impulsiona a ideia moderna de revolução. Ele alerta: não é possível desistir sem culpa ou peso algum, sem ser conivente da pior maneira. Isso é permanentemente confirmado nos dias atuais. Fase final do fetichismo da mercadoria, a sociedade do espetáculo confirma, dia após dia, a validade desse aviso. Ceder, ainda que pouco, no que diz respeito ao conceito de emancipação é tornar-se cúmplice da pior forma possível, é aceitar os compromissos mais vis, é deixar-se confundir e, inevitavelmente, compactuar com o inaceitável.

Contudo, a politização – possivelmente no sentido dado por Walter Benjamin justamente a propósito da arte, de se opor à estetização totalitária da política para escrever a história a contrapelo – é sempre interminável, constantemente reiniciada, "ganha terreno com o machado afiado da razão sem olhar nem para a direita nem para a esquerda, a fim de evitar ser vítima do horror que atrai para as profundezas da mata selvagem". Inconciliável com a ordem irracional das coisas, uma sentinela messiânica que, decididamente, prefere as armas brancas necessárias aos combates do espírito, e qualquer um que reivindique libertar a terra "das árvores da loucura e do mito"[12].

Menos "militante", menos diretamente envolvido que Gilles Deleuze, Félix Guattari e Michel Foucault nos múltiplos combates do pós-1968, menos "políti-

---

[11] Michel Surya, *Portrait de l'intermittent du spetacle en supplétif de la domination*, cit., p. 41.

[12] Walter Benjamin, "Paris, capitale du XXe siècle", em *Le Livre des passages* (Paris, Cerf, 1986), p. 45 [ed. bras.: "Paris, capital do século XIX", em *Passagens*, trad. Irene Aron e Cleonice Paes Barreto Mourão, Belo Horizonte/São Paulo: Editora UFMG/Imesp, 2007].

ELOGIO DA POLÍTICA PROFANA COMO ARTE ESTRATÉGICA 183

co" aparentemente, Jacques Derrida parece ter percorrido nos anos 1980 e 1990 um caminho inverso dos demais, indo da metafísica para a política[13]. Atento ao relativo sem perder de vista o absoluto, às singularidades sem ceder no universal, move-se e trabalha na tensão permanente entre a condicionalidade do direito e a incondicionalidade da justiça, entre justiça divina e justiça mítica, entre senso comum e verdade, entre necessidade e contingência, entre acontecimento e história. Instalado na contradição. No lugar ao qual, precisamente, a política ascende. Onde ela se distingue do moralismo imaculado e da pureza cândida.

Você não quer mais as classes nem suas lutas? Você terá a plebe e as multidões anômicas. Você não quer mais o povo? Você terá bandos e tribos. Você não quer participar? Você terá o despotismo da opinião!

Assim como a política institucional com a qual se identificam, hoje os partidos políticos têm uma péssima reputação. A profissionalização da vida política, a burocratização das organizações, a confissão da impotência dos dirigentes de esquerda e de direita para combater o poder anônimo do mercado, fazem incidir sobre os partidos a suspeita legítima de carreirismo, corrupção e até mesmo inutilidade pura e simples. Eles aparecem como máquinas burocráticas voltadas para promoções e prebendas. Não obstante, a luta política é uma luta de partidos, quaisquer que sejam os símbolos ou logotipos com que se fantasiem. E ainda são a melhor garantia de independência diante do poder do dinheiro e do canto das sereias midiáticas. Uma política sem partidos, portanto, é tão inconcebível quanto uma cabeça sem corpo, ou um Estado-maior sem tropas, comandando no quadro-negro batalhas imaginárias entre exércitos fantasmas. Não só a luta dos partidos não é um obstáculo à democracia política, como é a sua condição, se não suficiente, ao menos necessária.

Na "democracia vendedora de opinião", ao contrário, os cidadãos tornam-se "pessoas", em número, mas sem conteúdo qualitativo. Sinal dos tempos, a pala-

---

[13] Essa homenagem ao Derrida pensador político pode surpreender quem o considera um metafísico puro. No entanto, ela parece amplamente justificada pela evolução da obra derridiana, e confirmada pela dedicatória que me enviou em 2001 com um de seus livros: "Caro Daniel Bensaïd, esta é apenas uma desculpa para lhe agradecer do fundo do coração (e no lugar de uma carta que não quero e não sei como escrever) pelo que você faz, pensa, escreve e é, por essa proximidade amigável que você demonstrou e que eu também sinto (mais do que nunca nesse *Résistances* que estou lendo). Nós viemos de tão longe, um e outro, e éramos muito distantes um do outro, mas isso era mais do que indispensável e no fundo necessário, esse elo do nosso encontro". Resultado de um encontro tardio, essa cumplicidade recíproca e pudica foi costurada com afinidades culturais e coincidências biográficas. Sem ignorar o que poderia nos separar, eu me permito dar-lhe um significado político.

184 CENTELHAS

vra se propagou no jargão jornalístico como rastilho de pólvora. Sem posição de classe, uniformemente cinza, essas "pessoas" são a matéria-prima para fabricar a opinião. Está na moda a relação simbiótica entre a massa anômica e o líder carismático. Alastair Campbell, *spin doctor* de Tony Blair, confessa sem complexos o segredo dessa pós-política sem política: "É sempre preciso pensar nesse eleitor que cria filhos, trabalha, viaja um pouco e às vezes se interessa por política, sem grandes pretensões. O que fazer para que esses eleitores escutem, entendam e compreendam? Essa é a questão estratégica". De vez em quando, casualmente, de forma intermitente, o eleitor, mais que o cidadão, escuta falar de política, da mesma forma que se interessa pelos resultados da loteria ou consome música ambiente enquanto empurra o carrinho no supermercado. A estratégia, segundo Alastair Campbell, reduz-se à demagogia: "Muita gente confunde objetivos e estratégia, estratégia e tática. Os objetivos são fáceis de determinar: ganhar as eleições. A estratégia é mais importante: compreender o que as pessoas querem para que isso aconteça. A tática vem depois"[14]. Isso requer "um sistema de pensamento homogêneo", pois as vozes dissonantes "embaralham a mensagem". Portanto, sempre que possível, é conveniente eliminar a contradição, a controvérsia, o conflito, que, no entanto, são a condição vital da pluralidade política.

Ao contrário da homogeneidade com que sonha Campbell, só existem políticas e partidos no plural. Um "partido único" é uma contradição em termos. Sem partidos, não existe política. O declínio dos partidos faz parte da anemia do espaço público, e vice-versa. As máquinas eleitorais que ainda mantêm o nome de "partido" são apenas o partido oligárquico dos eleitos, médias de opiniões e não coletivos atuantes, uma forma de neutralização da política. No entanto, é exatamente essa concepção que o *spin doctor* reivindica francamente e com certo cinismo: "O que incorporamos com Tony Blair é que o nosso interlocutor é sempre a opinião pública, não a mídia ou os partidos". A democracia naufraga no plebiscito permanente das enquetes. A luta de classes se dissolve na comunhão solene do pastor e do rebanho. É o grau zero da política como estratégia.

Ora, "os riscos profissionais do poder" e o perigo burocrático não são o resultado inevitável da "forma partido". Tendência indigesta das sociedades complexas contemporâneas, eles estão enraizados na divisão social do trabalho. Em plena revolução comunicacional, as burocracias informais da "sociedade líquida" não são menos temíveis que as burocracias institucionais da sociedade sólida. Assim

---

[14] Alastair Campbell, "La 'com' politique expliquée aux français", *Le Monde* (17 set. 2007).

ELOGIO DA POLÍTICA PROFANA COMO ARTE ESTRATÉGICA   185

como a democracia não é nem uma instituição nem uma coisa, mas "a ação que arranca continuamente dos governos oligárquicos o monopólio da vida pública", um partido é um ator coletivo que inventa permanentemente seus objetivos no calor da prática[15].

Desde que é pensada estrategicamente, dos *Discursos* de Maquiavel ao Marx de *O 18 de brumário* e *A guerra civil na França*, ou às considerações de Guy Debord sobre a arte da guerra, a política conspira com a história. Se "hoje prima sobre a história", como afirma Walter Benjamin, a política não abandonou, entretanto, o laço que as une. Sem perspectiva histórica, a política degenera no simples cálculo administrativo e no jogo de ambições. É a ruína de todo pensamento estratégico, o único capaz de equilibrar a ousadia da juventude e a prudência da experiência, a impaciência da ação e a lentidão do pensamento, assim como Maquiavel tentava inutilmente fazer diante do jovem público dos jardins Oricellari. Um movimento que sofre de um grave *deficit* de conhecimentos históricos, diz Debord, "não pode mais ser conduzido estrategicamente".

Que política se pode conceber sem história, a não ser uma gestão atemorizada por um presente voltado para si mesmo? E que história se pode imaginar sem invenção política do possível? A história não se escreve no condicional, com "se", mas os "possíveis lados" não alcançados contribuem para desvendar a intriga e iluminar as obscuridades. O colapso pós-moderno do horizonte histórico, a retração do tempo longo em torno de um presente sem passado nem futuro, contribuem inelutavelmente para a crise da razão estratégica, isto é, da política, que não é nem uma ciência da administração nem uma "tecnologia das instituições", mas uma arte das conjunturas propícias e da decisão. Por isso deve se colocar "exatamente do ponto de vista dos atores"[16].

A politização exigida por Derrida implica esse lado irredutível de aposta, "a coragem de um pensamento que sabe que só há correção, justiça e responsabilidade expondo-se a todos os riscos, além da certeza e da consciência tranquila"[17]. Assim como só se perdoa o imperdoável, só existe decisão indecidível, sem recurso à fiança dos ídolos divinos ou dos fetiches científicos. Diferentemente da utopia,

---

[15]   Jacques Rancière, *O ódio à democracia* (trad. Mariana Echalar, São Paulo, Boitempo, 2014), p. 121.

[16]   Guy Debord, *Oeuvres* (Paris, Gallimard, 2006), p. 1.783 e 1.804.

[17]   Jacques Derrida, *Force de loi* (Paris, Galilée, 1994), p. 122 [ed. bras.: *Força de lei*, trad. Leyla Perrone-Moisés, 2. ed., São Paulo, WMF Martins Fontes, 2010].

uma política estratégica consiste em ter uma mira (e não uma visão), em enxergar além, sem se acreditar já lá[18].

Diante da desregulação do mundo, vozes moderadas estão preocupadas com o divórcio entre o cidadão e o acionista, "vivendo em galáxias diferentes", ou com a esquizofrenia mortal que ameaça os assalariados condenados a se demitir como trabalhadores, em proveito de seus interesses como "pequenos acionistas" associados à prosperidade que se espera da empresa. Outras vozes se elevam para exigir novas formas de regulação entre o econômico e o social: "Apenas o retorno improvável da política (mas sob que formas e em que nível?) permitirá redescobrir os caminhos de um desenvolvimento mais equilibrado"[19]. No entanto, esse retorno que vislumbramos com tanta dificuldade é muito menos improvável que o desenvolvimento duradouro e pacífico do "capitalismo total".

Portanto, trata-se de, a partir do convite de Derrida, manter firme o conceito de emancipação, sem o qual não há nada além de deriva de cães mortos seguindo o curso da água. Mas também se trata de extrair todas as consequências da ideia, confirmada pela crise atual do direito internacional – que está indissoluvelmente associada à crise da ordem do Estado territorial –, segundo a qual um novo avanço da politização nos obriga a reconsiderar os fundamentos do direito e a "reelaborar o conceito de emancipação", ainda que para isso tenhamos de balbuciar um novo léxico. Para encontrar as palavras, teremos de romper o círculo vicioso do capital global e do fetichismo absoluto da mercadoria. Isso passa por práticas e lutas, por um novo ciclo de experiências, por uma atenção paciente às feridas da dominação, de onde pode surgir uma possibilidade intempestiva, pela preparação para "essa decisão excepcional que não pertence a nenhum *continuum* histórico", e é característica da razão estratégica.

---

[18] Profecia e Utopia são duas formas distintas ou contrárias de abordar o futuro: "Entre política e profecia existe um véu sutil de cumplicidade insondável: quando os sinais dos tempos estão ausentes, há uma crise da política. Quando estão presentes, mas a política não os entende, há uma crise histórica. Apenas quando os sinais estão presentes e a política os vê e assume é que se assiste a uma das raras épocas de mudança do mundo" (Mario Tronti, *La Politique au crépuscule*, cit., p. 212). Assim, não é coincidência que o Estado moderno, travando uma luta obstinada contra os profetas, quis se atribuir o controle e a gestão exclusivos do futuro. A governança pós-política demonstra uma pretensão semelhante.

[19] Jean Peyrelevade, *Le Capitalisme total* (Paris, Seuil, 2005), p. 10.

E DEPOIS DE KEYNES?*

Daniel Bensaïd

O velho mundo está morrendo

Depois de duas décadas entoando o hino da escola liberal de Chicago e de seus *social killers*, os jornais celebram o regresso de Keynes. De crise em crise, algumas de suas constatações desencantadas ainda são de uma atualidade perturbadora:

> O capitalismo internacional, hoje em decadência, nas mãos do qual nos encontramos depois da guerra, não é um sucesso. Ele não tem inteligência, beleza, justiça, virtude, e não cumpre as promessas que faz. Em suma, não gostamos dele e começamos a desprezá-lo. Mas quando nos perguntamos o que o substituirá, ficamos extremamente perplexos.[1]

É preciso dizer que, na Inglaterra arruinada do entreguerras, essa opinião lastimável sobre o capitalismo era bastante comum. Em 1926, no mesmo ano das grandes greves, quando Trótski analisou, em *Para onde vai a Inglaterra?*, a transferência transatlântica da liderança imperialista, G. K. Chesterton, como bom católico social nostálgico da pequena propriedade agrária e comercial, diagnosticou: "O sistema econômico atual, que designávamos como capitalismo ou outra forma, tornou-se um perigo prestes a tornar-se mortal". Acrescentava, muito antes da era de ouro dos *traders* e *subprimes*: "O problema do sistema financeiro é que ele é muito

---

* Tradução de Carla Luís, publicada em *Esquerda.net*, disponível em: <http://antigo. esquerda.net/content/view/14903/26>. Publicado originalmente com o título "Keynes, et après?", em *Contretemps*, 12 ago. 2009, disponível em: <www.contretemps.eu/keynes-et-apres/>. (N. E.)

[1] John Maynard Keynes, "L'autosuffisance nationale" (1932), em *La Pauvreté dans l'abondance* (Paris, Tel Gallimard, 2007), p. 203.

imaginativo; alimenta-se de coisas fictícias"[2]. Essa perplexidade se agravou com a falência das sociedades burocraticamente planificadas e das economias estatizadas. No entanto, o capitalismo internacional continua desprovido de inteligência e de beleza, e certamente é cada vez mais desprezível. Hoje, como ontem, o dogma liberal e "a filosofia política criada nos séculos XVII e XVIII para derrubar os reis e os prelados", transformaram-se num "leite para bebês que invadiu as maternidades"[3]. A pergunta "substituí-lo pelo quê?" é cada vez mais urgente – e angustiante.

As forças políticas que, como a social-democracia, pretenderam, desde a Segunda Guerra Mundial, cultivá-lo e embelezá-lo parecem ter perdido o fôlego. O que Keynes escreveu a propósito do liberalismo histórico aplica-se hoje, palavra por palavra, aos socialistas de mercado:

> Os objetivos políticos que mobilizavam os partidos no século XIX [podemos substituir por século XX] estão tão mortos quanto o cordeiro servido na semana passada, enquanto surgem perguntas sobre o futuro que ainda não encontraram lugar nos programas dos partidos aos quais elas se sobrepõem. [...] As razões positivas para ser liberal [podemos substituir por "social-democrata"] são bastante débeis hoje em dia. Muitas vezes, hoje, é mais um acaso de temperamentos ou recordações históricas, e não uma divergência política ou um ideal próprio, o que separa um jovem conservador progressista do liberal [do socialista] médio. Os velhos gritos de guerra ficaram na surdina ou foram silenciados.[4]

A prova: Kouchner, Besson, Jouyet, Rocard, e seguramente virão outros.

A medida miserável de um mundo miserável

Ao reduzir o valor de mercado de toda riqueza, de todo produto, de todo serviço ao tempo de trabalho socialmente necessário para sua produção, a lei do mercado visa medir o incomensurável, quantificar o inquantificável, atribuir a tudo um valor monetário. Como equivalente geral, o dinheiro tem também o poder mágico de tudo metamorfosear. Agente de uma tradução universal, "confunde e troca todas as coisas", é "o mundo invertido, a confusão e a troca de todas as qualidades naturais e humanas"[5].

---

[2]   G. K. Chesterton, *Plaidoyer pour une propriété anticapitaliste* (1926) (Paris, L'Homme Nouveau, 2009), p. 34 e 212.

[3]   John Maynard Keynes, "La fin du laisser-faire", em *La Pauvreté dans l'abondance*, cit., p. 69.

[4]   Idem, "Suis-je un libéral?", em *La Pauvreté dans l'abondance*, cit., p. 18-20.

[5]   Karl Marx, *Manuscritos econômico-filosóficos* (trad. Jesus Ranieri, São Paulo, Boitempo, 2004), p. 160.

Questão da atualidade: a que corresponde o salário de um professor-pesquisador universitário? Transformado em vendedor de prestações mercantis, presume-se que venda conhecimentos cujo valor mercantil deveria ser medido por procedimentos de avaliação (como a bibliometria quantitativa). Contudo, ele não vende um produto (um saber-mercadoria), mas recebe pelo *tempo* de trabalho socialmente necessário à produção e reprodução de sua força de trabalho (incluído o tempo de formação), uma remuneração financiada – até nova ordem – pela perequação fiscal. Trata-se somente do tempo despendido no laboratório ou do tempo passado diante da tela do computador (cronometrado por um relógio interno)? Ele para de pensar quando está lendo no metrô ou praticando seu *jogging*? "Entre o dinheiro e o saber, não há medida comum" (Aristóteles) – questão ainda mais espinhosa quando se considera que, hoje, a produção de conhecimentos é altamente socializada, dificilmente individualizável, e comporta uma enorme quantidade de "trabalho morto".

A crise atual é claramente uma crise histórica – econômica, social, ecológica – da lei do valor. A medida de todas as coisas pelo tempo de trabalho abstrato tornou-se, como previa Marx nos *Manuscritos de 1857*, uma medida "miserável" das relações sociais. "Não podemos gerir o que não sabemos medir", repete o sr. Pavan Sukhdev, ex-diretor do Deutsche Bank de Bombaim, a quem a Comissão Europeia encomendou um relatório para "fornecer um norte aos dirigentes do mundo", "atribuindo rapidamente um valor econômico aos serviços prestados pela natureza"[6]. No entanto, medir toda riqueza material, social, cultural, pela bitola única do tempo de trabalho socialmente necessário a sua produção é cada vez mais problemático, em razão do aumento da socialização do trabalho e de uma incorporação maciça do trabalho intelectual nesse trabalho socializado.

O tempo longo da ecologia não é o tempo curto das cotações da Bolsa! Atribuir um "valor econômico" (monetário) aos serviços da natureza vai de encontro ao problema espinhoso do denominador comum para os recursos naturais, para os serviços prestados às pessoas, para os bens materiais, para a qualidade do ar, da água potável etc. É necessário um outro padrão que não o tempo de trabalho, e um outro instrumento de medida que não o mercado, que seja capaz de avaliar a qualidade e as contrapartidas em longo prazo dos ganhos imediatos. Só uma democracia social poderia adequar os meios às necessidades, levar em conta a temporalidade longa e lenta dos ciclos naturais, e estabelecer os termos da escolha social que integram sua dimensão ecológica.

---

6   Laure Noualhat, "Sukhdev, très chère nature", *Libération*, 5 jan. 2009.

190　CENTELHAS

Saídas para a crise?

A crise atual, portanto, não é uma crise cíclica como as que o sistema sofre a cada dez ou doze anos. É uma crise histórica da lei do valor. O capitalismo manifesta nela não só a sua injustiça, mas também a sua face triplamente destrutiva: da sociedade, da natureza e, por consequência, do ser humano como ser natural socializado. E, apesar de isso desagradar aos profetas do fim da crise graças aos prodígios de um New Deal verde, é também uma crise das soluções imaginadas para superar as crises passadas. Em geral esquecemos que as poções keynesianas contribuíram para retomadas temporárias, mas que depois de uma curta calmaria (1934-1935) a economia teve uma recaída brutal (1937-1938). Foi necessário nada menos que uma guerra mundial para criar as condições do crescimento duradouro dos "trinta gloriosos". Também esquecemos em que condições supostamente se aplicavam as medidas de retomada preconizadas: colaboração de classe assumida por sindicatos relativamente poderosos no quadro legal do Estado-nação; e existência de reservas de acumulação de capital graças à dominação colonial das metrópoles imperialistas. Essas condições mudaram muito[7].

Para a eficácia de suas recomendações, Keynes desejava logicamente "reduzir ao máximo a interdependência entre as nações", ao invés de "elevá-la ao máximo". Estimava que "aumentar a autossuficiência nacional e o isolamento econômico facilitaria a [sua] tarefa"[8]. Desde então, a desregulação financeira e a abertura dos mercados impulsionaram essa interdependência no âmbito da mundialização, de forma que hoje o Estado-nação está enfraquecido e as relações contratuais são desprezadas.

Juntemos a isso o fato de que, ignorando soberbamente a exigência ambiental de níveis e limites, Keynes achava que podia apostar na abundância e no progresso ilimitados. Em 1928, estimava que "o problema econômico poderia ser resolvido ou estar em vias de resolução em cem anos" (ou seja, daqui a vinte anos). Estava convencido de que a humanidade havia atingido o ponto em que, "livre das preocupações econômicas", poderia consagrar-se inteiramente a dar conteúdo a sua liberdade. Com certo

---

[7]　Toni Negri defende que "hoje é impossível aplicar Keynes. O New Deal keynesiano implicava uma configuração institucional que exigia três condições: um Estado-nação capaz de desenvolver políticas econômicas nacionais independentes; a possibilidade de medir os salários e os lucros numa relação de redistribuição democraticamente aceita; relações industriais que permitiam uma dialética entre os interesses da empresa e os da classe trabalhadora dentro do quadro legal" (Toni Negri, "No New Deal is Possible", *Radical Philosophy*, n. 155, maio-jun. 2009).

[8]　John Maynard Keynes, "L'autosuffisance nationale", cit., p. 200.

tom profético evocando alguns textos de Marx, anunciava que "a usura e o bem-estar social" seriam os nossos deuses "ainda por algum tempo", mas eles nos guiavam inelutavelmente "para fora do túnel da necessidade em direção à luz do dia"[9].

No entanto, temperava essa visão entusiástica de um futuro luminoso atribuindo aos espíritos aflitos uma hipótese mais sombria: "Alguns cínicos concluirão que apenas a guerra pode pôr fim a uma grande crise. De fato, até hoje os governos consideram que apenas a guerra merece ser financiada em larga escala com empréstimos"[10]. Infelizmente, os cínicos é que estavam certos. *A fortiori*, embora seja bom evitar a ilusão da repetição, podemos prever que a saída da crise, caso se trate realmente de uma crise histórica do *software* capitalista, não depende necessariamente de sábias poções econômicas, mas supõe a redistribuição planetária das relações de forças entre classes à prova de acontecimentos políticos importantes.

O comunismo nos Estados Unidos?

Em 1935, enquanto Keynes trama meios de salvar o capitalismo do naufrágio em *Teoria geral*[11], o exilado Trótski entrega-se a um surpreendente exercício de ficção política sobre como seria o comunismo nos Estados Unidos[12]. Imagina que "o custo de uma revolução" em relação à riqueza nacional e à população seria "insignificante" se comparado ao da Revolução Russa. Preconiza uma transformação progressiva das relações sociais, mais pela persuasão do que pela coação: "Naturalmente, os sovietes estadunidenses criariam suas próprias empresas agrícolas gigantes, como escolas de coletivismo voluntário. Os agricultores poderiam facilmente calcular se é de seu interesse permanecer como elos isolados ou se unir à corrente pública". O mesmo método seria utilizado para convencer o pequeno comércio e a pequena indústria a entrar para a organização nacional da indústria. Graças ao controle de matérias-primas, crédito e encomendas, essas indústrias "poderiam ser mantidas solventes até a sua integração gradual e sem coação no sistema econômico socializado".

---

[9] Idem, "Perspectives économiques pour nos petits-enfants", em *La Pauvreté dans l'abondance*, cit., p. 112 e 117.

[10] Ibidem, p. 184.

[11] Idem, *Théorie générale de l'emploi, de l'intérêt et de la monnaie* (Paris, Payot, 1969) [ed. bras.: *A teoria geral do emprego, do juro e da moeda* (trad. Mário R. da Cruz, 13. reimp., São Paulo, Atlas, 2007].

[12] Leon Trótski, "Le communisme aux Etats Unis" (1935), em *Oeuvres* (Paris, EDI, 1979), t. 5.

192 CENTELHAS

Rechaçando a ideia de que a industrialização acelerada da União Soviética constituiria um modelo, Trótski afirma que a questão era outra nos Estados Unidos. Eles seriam capazes de elevar consideravelmente o nível de consumo popular desde o início de sua renovação econômica:

> Vocês estão preparados como nenhum outro país. Em nenhum outro lugar o estudo do mercado interno atingiu um nível tão elevado como nos Estados Unidos. Esse estudo foi feito por seus bancos, por seus trustes, seus homens de negócios, por seus negociantes, por seus agentes comerciais, por seus agricultores. Seu governo vai abolir todos os segredos comerciais, vai fazer a síntese de todas as descobertas realizadas pelo lucro privado e vai transformá-las num sistema científico de planificação econômica. Para isso, seu governo vai encontrar apoio nas amplas camadas de consumidores educados, capazes de exercer seu espírito crítico. Através da combinação das indústrias-chave nacionalizadas, das empresas privadas e da cooperação democrática dos consumidores, vocês desenvolverão rapidamente um sistema de extrema flexibilidade para a satisfação das necessidades da população. Esse sistema não será governado pela burocracia nem pela polícia, mas pelo duro pagamento em dinheiro. O todo-poderoso dólar terá um papel essencial no funcionamento de seu sistema soviético. É um grande erro confundir "economia planificada" e "moeda dirigida". Sua moeda deve atuar como regulador que medirá o sucesso ou o fracasso de sua planificação.

O discurso é incontestavelmente marcado por um entusiasmo produtivista irredutível e pelas ilusões do progresso. É tão notável que sublinha que o socialismo, num país desenvolvido, poderia muito bem se ajustar à combinação de formas diversas de propriedade e reduzir consideravelmente a dimensão do aparelho administrativo e burocrático. Longe das robinsonadas da eliminação por decreto de qualquer medida monetária, enfatiza o papel essencial da moeda como regulador por um longo período de transição:

> Só depois que o socialismo começar a substituir o dinheiro pelo controle administrativo é que se poderá abandonar uma moeda-ouro estável. Então o dinheiro não será mais do que um pedaço de papel comum, como os bilhetes de bonde ou de teatro. Com o desenvolvimento do socialismo, esses pedaços de papel vão desaparecer naturalmente, e o controle do consumo individual – seja monetário, seja administrativo – vai deixar de ser necessário, uma vez que haverá abundância de tudo para todos!

Este último recurso à hipótese (ou curinga) da abundância (compartilhada por Keynes e Trótski em sua insensibilidade ecológica) remete a abolição de qualquer medida monetária da riqueza transacionada a um futuro indeterminado. Trótski se apressa a especificar que "esse tempo ainda não chegou, se bem que os Estados

Unidos devem alcançá-lo antes de qualquer outro país; até lá, o único meio de chegar a esse estágio de desenvolvimento é conservando um regulador e um padrão eficazes para o funcionamento do sistema". De fato, esclarece, "em seus primeiros anos de existência, a economia planificada, mais do que o capitalismo à moda antiga, precisa de uma moeda saudável". Aludindo especificamente a Keynes, rejeita a ideia de que a manipulação monetária possa ser a solução milagrosa para as contradições e crises do capitalismo: "O professor que pretende regular todo o sistema econômico atuando sobre a unidade monetária é como um homem que queira levantar os dois pés do chão ao mesmo tempo".

Nesse breve artigo, Trótski repete várias vezes que "os Estados Unidos não vão imitar os nossos métodos burocráticos". Na Rússia "a carestia de bens de primeira necessidade gerou uma luta encarniçada por um pedaço de pão ou um corte de tecido a mais". A burocracia "surgiu dessa luta como um conciliador, um tribunal arbitral todo-poderoso". Os Estados Unidos, ao contrário, não teriam dificuldade de fornecer ao povo "todo o necessário para viver", já que "suas necessidades, gostos e hábitos jamais tolerarão que a renda nacional seja repartida pela burocracia". Quando a sociedade estiver organizada de maneira que produza para a satisfação das necessidades e não para o lucro privado, "a população inteira se distribuirá em novas formações que vão lutar entre si e impedir que uma burocracia presunçosa lhes imponha seu domínio". Esse pluralismo seria uma garantia contra "a crença no burocratismo", graças a "uma prática da democracia, da forma mais flexível de governo que jamais existiu". Obviamente, essa organização não pode "fazer milagres", mas vai permitir que eles resistam ao "monopólio político de um partido único, que na Rússia se transformou em burocracia e gerou a burocratização dos sovietes".

À planificação burocrática e aos ucasses da coletivização ditados de cima para baixo, Trótski opõe a vitalidade do debate contraditório no espaço público, onde se exercem as liberdades democráticas de organização, reunião e expressão. Recupera assim as teorias de Rosa Luxemburgo defendidas na famosa crítica contida em *A Revolução Russa*, a ardente efervescência revolucionária que "cria esse clima político leve, vibrante, receptivo, que permite às ondas da opinião pública, ao pulso da vida popular, agir instantaneamente e milagrosamente sobre as instituições representativas"[13]. Trótski é ainda mais preciso:

---

[13] Rosa Luxemburgo, "La Révolution Russe", em *Oeuvres* (Paris, Maspero, 1971), t. 2 [ed. bras.: *A Revolução Russa*, trad. Isabel Maria Loureiro, Petrópolis, Vozes, 1991].

Um plano de desenvolvimento econômico de um ano, cinco anos ou dez anos; um projeto para a educação nacional; a construção de uma nova rede de transportes; a transformação da agricultura, um programa para o melhoramento do equipamento técnico e cultural da América Latina; um programa para as comunicações estratosféricas, a eugenia... São assuntos para controvérsias, para lutas eleitorais vigorosas e debates apaixonados na imprensa e nas reuniões públicas.

Isso porque a América socialista "não imitará o monopólio da imprensa, tal como o exerceram os chefes da burocracia da União Soviética". A nacionalização de tipografias, fábricas de papel e meios de distribuição significaria simplesmente "que não seria permitido ao capital decidir que publicações devem ser liberadas, se devem ser progressistas ou reacionárias, 'secas' ou 'molhadas', puritanas ou pornográficas".

Essa visão certamente comporta algumas ilusões, em especial pela insensibilidade ecológica quanto às perspectivas de um socialismo de abundância num país desenvolvido. No entanto, não deixa de fornecer indicadores interessantes à luz da primeira experiência de revolução social e contrarrevolução burocrática.

Capitalismo utópico...

Em 1926, Chesterton já afirmava que, "para salvar a propriedade", era necessário "distribuí-la de forma quase tão rigorosa e completa como fez a Revolução Francesa". Seu "distributismo", que defende o restabelecimento da pequena propriedade contra o monopólio e o ressurgimento das guildas contra os trustes, ilustra abundantemente seu "socialismo pequeno-burguês", tão reacionário quanto utópico ("Sistema corporativo na manufatura e economia patriarcal no campo: eis suas últimas palavras"), evocado pelo *Manifesto Comunista*[14]. Em 1935, diante da grande crise, John Maynard Keynes ainda procura a melhor forma de salvar cientificamente o capitalismo, enquanto o exilado Leon Trótski tenta imaginar um socialismo democrático para além do capitalismo. Diante da grande crise dos anos 1930, ambos, ainda que por caminhos diferentes, têm em comum a confiança no progresso e em seu horizonte de abundância, e a fé na ciência econômica e na ciência social. O primeiro se esforça para refundar o capitalismo, regulando-o e moralizando-o, mas anuncia lucidamente que, em caso de fracasso, não haverá

---

[14] Karl Marx e Friedrich Engels, *Manifesto Comunista* (trad. Álvaro Pina, São Paulo, Boitempo, 1998), p. 62.

outra saída senão a guerra civil e a guerra generalizada. O segundo vê na superação comunista a única saída para a decomposição da sociedade burguesa, mas, de revolução traída em revolução fracassada, pressente cada vez mais claramente a catástrofe anunciada, a ponto de considerar explicitamente a eventualidade de um judeicídio.

Em *A teoria geral*, Keynes considera urgente que o capitalismo seja moralizado: "Muito agrada aos milionários construir mansões para nelas morar em vida e pirâmides para abrigar seus despojos na morte, ou, lamentando os pecados cometidos, construir catedrais e fazer doações a mosteiros ou missões estrangeiras, mas a época em que a abundância do capital se opõe à abundância da produção pode ter terminado". "Contudo, não é razoável aceitar que uma comunidade sensata aceite sujeitar-se a tais expedientes."[15]

Para ele, "o desaparecimento do rentista ou do capitalista sem profissão", parasitários, teria a vantagem de não exigir "nenhuma revolução"[16]. Seria apenas necessário "seguir nas duas direções ao mesmo tempo": estimular o investimento e ao mesmo tempo aplicar "todos os tipos de medidas adequadas a aumentar a propensão ao consumo". Porque "nada impede de aumentar o investimento e, ao mesmo tempo, elevar o consumo não só ao nível que, no estado atual da propensão ao consumo, corresponde ao fluxo crescente de investimento, mas a um nível ainda mais elevado"[17]. Para isso, seria necessário "atribuir a órgãos centrais alguns poderes de direção que hoje estão em grande parte nas mãos da iniciativa privada", respeitando ao mesmo tempo "um largo domínio da atividade econômica". Certamente, "a ampliação das funções do Estado, necessária ao ajuste recíproco da tendência ao consumo e do incentivo ao investimento, pareceria a um publicista do século XIX, ou a um financista estadunidense dos dias atuais, uma terrível infração aos princípios individualistas". No entanto, essa seria "a única forma de evitar a destruição completa das instituições econômicas atuais"[18].

Para quem confia nos veredictos provisórios do duvidoso tribunal da história, Keynes parece ter tido ganho de causa. No entanto, foi à custa de uma guerra mundial, possibilitada por um crescimento excepcional devido em parte à reconstrução e às novas relações de forças (sociais e geopolíticas), que os "com-

---

[15] John Maynard Keynes, *Théorie générale*, cit., p. 236.

[16] Ibidem, p. 391.

[17] Ibidem, p. 338.

[18] Ibidem, p. 394.

promisses" ou "pactos" sociais dos "trinta gloriosos" se tornaram possíveis[19]. Mas eles acabaram corroendo as taxas de lucro, e a contrarreforma liberal iniciada no fim dos anos 1970 não teve outro fim senão restaurar a rentabilidade do capital e desembaraçar sua acumulação das limitações keynesianas. Restabelecer esses imperativos seria voltar ao ponto de partida e reencontrar as contradições às quais as políticas liberais do último quarto de século tentaram escapar.

Supor que a harmonia entre o incentivo à propensão ao consumo (e os meios de satisfazê-la) e o incentivo ao investimento é realizável, garantindo uma taxa de lucro ou uma eficácia marginal do capital atraentes, é imaginar um mundo tão improvável quanto um arco-íris incolor. Esse é o discurso ideológico do capitalismo utópico. Keynes parece acreditar que o capital especulativo financeiro é um tumor que deve ser extraído do corpo saudável do capital produtivo: "Assim, algumas categorias de investimento são regidas menos pelas previsões verossímeis dos empreendedores de profissão do que pela previsão média das pessoas que operam na Bolsa, tal como é expressa pela variação das ações". E indigna-se: é "como se um rendeiro, depois de dar uma olhada no barômetro na refeição da manhã, pudesse decidir, entre dez e onze horas, retirar seu capital da exploração agrícola e, alguns dias depois, decidisse reinvestir nela"[20]. De fato, "a maioria dos especuladores profissionais preocupa-se bem menos em fazer no longo termo previsões exatas do rendimento esperado de um investimento ao longo de toda a sua vida do que adivinhar antes do grande público as mudanças futuras da base convencional de avaliação". Essas "flutuações do dia a dia" têm "uma influência exagerada e até mesmo absurda" sobre o mercado[21].

Esse absurdo, porém, não é uma desregulação do capitalismo realmente existente, mas sua própria essência: a autonomização da esfera financeira e o fetiche do "dinheiro que gera dinheiro" por partenogênese não são excrescências patológicas, mas fenômenos inerentes à lógica interna da acumulação de capital. Do mesmo modo, o "princípio hereditário" do capitalismo patrimonial, no qual Keynes via "o germe da decadência", "não é mais do que a forma jurídica necessária da acumulação e da transmissão privadas do capital"[22]. A "abolição da herança" (dos grandes meios de produção, comunicação e troca), o terceiro dos dez pontos

---

[19]   Ou, para Keynes, "a eficácia marginal do capital", determinante essencial das crises cíclicas. Ver John Maynard Keynes, *Théorie générale*, cit., p. 326 e 398.

[20]   John Maynard Keynes, *Théorie générale*, cit., p. 166.

[21]   Ibidem, p. 171-2.

[22]   Idem, "Suis-je un libéral?", cit., p. 21.

programáticos do *Manifesto Comunista*, é indissociável de uma mudança radical das relações de propriedade.

...socialismo utópico...

Saber se existe vida além do capitalismo, e a que se assemelha um modelo alternativo da sociedade, é correr o risco de embarcar em especulações utópicas, abstraindo as incertezas da luta de classes e as relações de forças políticas. Preocupado em encontrar alternativas o mais concretas possível à lógica do mercado, Thomas Coutrot propõe "a afirmação, por parte da sociedade civil, de contrapoderes que possam pressionar o Estado e o Capital, e a construção direta de forças econômicas alternativas, ou seja, o controle cidadão sobre a economia solidária"[23]. O "cerco do poder do capital numa guerra de posições em que a economia solidária e o controle cidadão combinam suas conquistas para se constituir progressivamente em alternativa à hegemonia capitalista no campo econômico". "Desenha-se — se colocarmos entre parênteses a questão dos direitos de propriedade — um modelo não capitalista de organização econômica, o modelo de autogestão não salarial com a socialização dos mercados"[24].

Esse "modelo", estabelecido à custa de um estranho "parêntese" dos direitos de propriedade, e baseado na aposta num "cerco" progressivo ao poder capitalista que permita afirmar uma alternativa no campo político, vai ao encontro da tradição dos socialismos utópicos. Na medida em que põe entre parênteses a questão da política e do poder (supostamente neutralizado pelo cerco), ele aposta na superioridade da razão sobre a desrazão mercantil. A luta de classes realmente existente não é uma competição de racionalidade. Não se pode passar "progressivamente, numa transição pacífica, de um direito (o direito de propriedade) a outro (o direito à existência). Entre dois direitos conflitantes, relembra sobriamente Marx, "é a força que decide". É por isso que a superação dos "socialismos utópicos" não reside, como levou a crer uma tradução infeliz, num "socialismo científico", mas numa estratégia revolucionária capaz de articular o fim e os meios, o objetivo e o movimento, a história e o acontecimento. Portanto, não se trata de pôr fogo na fogueira do futuro, mas de trabalhar nas misérias do presente para explorar as pistas de mundos

---

[23] Stathis Kouvelakis (org.), *Y a-t-il une vie après le capitalisme?* (Pantin, Le Temps des Cerises, 2009), p. 89.

[24] Ibidem, p. 99.

198   CENTELHAS

possíveis para além do capital. A luta política determina os caminhos e às vezes impõe respostas imprevistas. Para esboçar os contornos de um outro mundo necessário, que se trata justamente de tornar possível, dispomos de indicações que não são apenas invenções doutrinárias, mas ensinamentos tirados da experiência passada dos movimentos sociais e dos acontecimentos revolucionários.

...e alternativa revolucionária

É possível outro mundo? Dizer que a saúde, os saberes, os seres vivos não estão à venda, ou que universidades e hospitais não são empresas, é colocar a questão da superação/enfraquecimento das relações e categorias mercantis: "É necessário cercar a lógica salarial do mercado, por dentro pela transformação do trabalho, por fora pela extensão de uma renda garantida em espécie sob a forma de uma extensão da gratuidade coerente com a redução drástica dos tempos de trabalho. A recuperação do tempo livre livremente atribuído é a forma mais eficaz de reduzir a esfera do mercado a um mínimo"[25]. A desmercantilização das relações sociais não se reduz a uma oposição entre o pago e o gratuito. Imersa numa economia de mercado concorrencial, uma gratuidade enganadora (financiada pela publicidade) pode servir de máquina de guerra contra uma produção paga de qualidade. É o que mostra a multiplicação dos jornais gratuitos em detrimento de um trabalho de informação e investigação que tem custos.

Podemos imaginar domínios de troca direta – não monetária – de bens de uso ou serviços personalizados. Mas esse "paradigma do dado" não pode ser generalizado, a não ser que haja um retorno a uma economia autárquica de troca. Ora, toda sociedade de troca alargada e de divisão social complexa do trabalho requer uma contabilidade e um modo de redistribuição das riquezas produzidas. Por consequência, a questão da desmercantilização é indissociável das formas de apropriação e das relações de propriedade. É a privatização generalizada do mundo – ou seja, não apenas dos produtos e dos serviços, mas dos saberes, dos seres vivos, do espaço, da violência – que faz de todas as coisas, inclusive da força humana de trabalho, uma mercadoria vendável. Assistimos assim, em grande escala, a um fenômeno comparável ao que se produziu no início do século XIX com uma ofensiva total contra os direitos consuetudinários dos pobres: a privatização e a mercantilização

---

[25]   Michel Husson, "L'hypothèse socialiste", em Stathis Kouvelakis (org.), *Y a-t-il une vie après le capitalisme?*, cit., p. 49. Ver também Paul Airès (org.), *Viv(r)e la gratuité: une issue au capitalisme vert* (Villeurbanne, Golias, 2009).

dos bens comuns e a destruição metódica das solidariedades tradicionais (de família e vizinhança na época, dos sistemas de proteção social nos dias atuais)[26].

As controvérsias sobre a propriedade intelectual dizem muito a esse respeito:

> A menor ideia capaz de gerar uma atividade recebe um preço, como no mundo do espetáculo, onde não existe intuição ou projeto que não esteja imediatamente protegido pelo *copyright*. Corrida à apropriação, tendo em vista o lucro. Não compartilhamos: capturamos, apropriamo-nos, traficamos. Chegará o dia em que será impossível arriscar um enunciado qualquer sem descobrir que já foi devidamente protegido e submetido a um direito de propriedade.[27]

Com a adoção em 1994 do Acordo Trips (em português, Acordo sobre Aspectos dos Direitos de Propriedade Intelectual Relacionados ao Comércio), no âmbito dos acordos da Rodada Uruguai (de onde saiu a Organização Mundial do Comércio), os governos dos grandes países industrializados conseguiram impor o respeito mundial às patentes. Anteriormente, não só a validade das patentes não era reconhecida em nível mundial, como cinquenta países negavam expressamente a possibilidade de patentear uma substância e reconheciam apenas as patentes sobre processos de fabricação.

Desde os anos 1970 assistimos a uma absolutização dos direitos de propriedade plena, a uma formidável apropriação privada do conhecimento e das produções intelectuais e artísticas em geral pelas multinacionais. A informação tornou-se uma nova forma de capital e o número de patentes registradas a cada ano aumentou exponencialmente (156 mil em 2007). Só a Monsanto, a Bayer e a Basf registraram 532 patentes sobre genes de resistência à seca. Existem empresas (denominadas "*trolls*") que compram carteiras de patentes para atacar na justiça, por falsificação, produtores cuja atividade utiliza um conjunto de conhecimentos inextrincavelmente combinados. Nova forma de cercamento contra o livre acesso ao saber, a corrida às patentes gera uma verdadeira "bolha de patentes".

Ela permite a patenteação de variedades de plantas de cultivo ou animais de criação, além de substâncias de um ser vivo, e assim embaralha a distinção entre invenção e descoberta. Isso abre as portas para a pilhagem neoimperialista por apropriação de saberes zoológicos ou botânicos tradicionais. O problema não é

---

[26] Ver a apresentação de Daniel Bensaïd em Karl Marx, *Os despossuídos: debates sobre a lei referente ao furto de madeira* (trad. Nélio Schneider e Mariana Echalar, São Paulo, Boitempo, 2017).

[27] Marcel Hénaff, "Comment interpréter le don", *Esprit*, fev. 2002.

que a patenteação de sequências de DNA seja um atentado à diviníssima Criação, mas que a explicação de um fenômeno natural possa ser objeto de um direito de propriedade. A descrição de uma sequência genética é um saber, não um fazer. Ora, no início patentes e direitos autorais tinham como contrapartida uma obrigação de divulgação pública do saber em questão. Essa regra foi contornada inúmeras vezes (sobretudo em nome do segredo militar), mas Lavoisier não patenteou o oxigênio, nem Einstein a teoria da relatividade ou Watson e Crick a dupla hélice do DNA. Desde o século XVII a divulgação total favoreceu as revoluções científicas e técnicas; hoje, a parte dos resultados divulgada vem diminuindo, enquanto aumenta a parte confiscada por patente para ser vendida ou gerar renda.

Em 2008, a Microsoft anunciou que ia disponibilizar os dados de seus principais programas e autorizar sua utilização gratuita para desenvolvimentos não comerciais. O gerente jurídico da Microsoft, Marc Mossé, esclareceu de imediato numa entrevista à *Mediapart*, que não se tratava de uma contestação da propriedade intelectual, mas apenas de uma "demonstração de que a propriedade intelectual pode ser dinâmica". Diante da concorrência do *software* livre, os *softwares* comerciais foram forçados a se adaptar parcialmente à lógica da gratuidade, cujo fundamento é a contradição crescente entre a apropriação privada de bens comuns e a socialização do trabalho intelectual que começa com a prática da linguagem.

No passado, o açambarcamento privado das terras foi defendido em nome da produtividade agrária, cujo aumento visava erradicar a escassez e a fome. Hoje, a nova onda de "cercamentos" tem como pretexto, por sua vez, a corrida à inovação e a urgência alimentar mundial. Mas enquanto o uso da terra é "mutuamente exclusivo" (aquilo de que uma pessoa se apropria a outra não pode utilizar), o uso de conhecimentos e saberes não tem rival: o bem não se extingue com o uso que é feito dele, quer se trate de uma sequência genética ou de uma imagem digitalizada. Do monge copista ao correio eletrônico, passando pela impressão ou fotocópia, o custo de reprodução não parou de baixar. Por isso é que, para justificar a apropriação privada, hoje se invoca o estímulo à pesquisa, mais do que a utilização do produto.

Freando a difusão da inovação e seu enriquecimento, a privatização contradiz as pretensões do discurso liberal sobre os benefícios da concorrência. Ao contrário, o princípio do *software* livre comporta, a seu modo, o caráter fortemente cooperativo do trabalho social que nele se encontra cristalizado. O monopólio do proprietário é contestado não mais em nome da virtude inovadora da concorrência, como era pelos liberais, mas como entrave à livre cooperação. A ambivalência do termo inglês *free* aplicado ao *software* faz gratuidade rimar com liberdade.

Como na época dos "cercamentos", os atuais expropriadores dizem proteger os recursos naturais e favorecer a inovação. A resposta dada em 1525 pela carta dos camponeses alemães rebelados continua atual:

> Nossos senhores se apropriaram dos bosques, e se o homem pobre necessita de alguma coisa, tem de a comprar pelo dobro do preço. Nossa opinião é de que todos os bosques devem tornar a ser propriedade da comunidade, e que seja mais ou menos livre a qualquer pessoa da comunidade pegar madeira nos bosques sem pagar por ela. Deve-se apenas instruir uma comissão eleita pela comunidade para esse fim. Assim se impedirá a exploração.[28]

Sete hipóteses estratégicas

1. A condição primeira da emancipação social, que determina tanto a transformação da noção de trabalho como as condições da prática concreta da democracia, é a desmercantilização da força de trabalho. Ela implica a divisão dos tempos de trabalho e a garantia do direito ao emprego para todos e todas, começando por uma redução drástica do tempo de trabalho. Em 1919, mal a guerra havia terminado, Lênin recomendou aos comunistas alemães a adoção de uma jornada de seis horas. Keynes leva essa audácia a ponto de conceber, para uma sociedade capaz de domesticar sua húbris, "postos de três horas por dia ou quinze horas por semana", pois "três horas por dia seriam mais do que suficientes para satisfazer o velho Adão que existe na maioria de nós"[29]. Em *A teoria geral*, reconhece que, "no momento atual, a maioria das pessoas prefere um aumento de salário a um aumento de lazer", e que "não se pode obrigar os que preferem um aumento de salário a desfrutar de um aumento de lazer". Mas, ontem como hoje, a questão (que Keynes não faz) é saber por que tantos indivíduos preferem trabalhar mais para ganhar mais num trabalho alienado a apertar o cinto para ter um tempo considerado livre, mas igualmente alienado e vazio. A experiência das 35 horas, com flexibilidade e compensação salarial, traria elementos de resposta edificantes. Uma divisão do tempo de trabalho que garanta direito ao emprego e, na ausência deste, renda digna significa a extensão do salário socializado para além dos sistemas atuais de proteção social e, por consequência, o desaparecimento do trabalho forçado e da força assalariada explorada.

---

[28] Citado em Karl Kautsky, *La Question agraire* (Paris, Giard & Brière, 1900), p. 25.

[29] John Maynard Keynes, *La Pauvreté dans l'abondance*, cit., p. 139.

2. O multiplicador de Keynes, que supostamente asseguraria uma dinâmica tendendo ao pleno emprego, associa o incentivo ao investimento e o incentivo à "propensão ao consumo". Mas consumir o quê e como? Mais de um século antes, Marx havia trazido à luz a lógica intrínseca da sociedade de consumo:

> Cada homem especula sobre como criar no outro uma *nova* carência, a fim de forçá-lo a um novo sacrifício, colocá-lo em nova sujeição e induzi-lo a um novo modo de *fruição* [...]. Com a massa dos objetos cresce, por isso, o império (*das Reich*) do ser estranho ao qual o homem está submetido, e cada novo produto é uma nova *potência* da recíproca fraude e da recíproca pilhagem. [...] A *quantidade* de dinheiro se torna cada vez mais seu único atributo *poderoso*; assim como ele reduz todo o seu ser à sua abstração, reduz-se ele em seu próprio movimento a ser *quantitativo*. A *imoderação* e o *descomedimento* tornam-se a sua verdadeira medida...[30]

A resposta a essa falta de medida consiste em encontrar uma medida humana que oponha a satisfação razoável das necessidades sociais à corrida ilimitada à fruição.

É provavelmente com isso que sonham algumas correntes que reivindicam o decrescimento. Mas se, como constata Henri Lefebvre, existe "crescimento sem desenvolvimento", deve existir um desenvolvimento preferido pelas forças produtivas e pela riqueza social, qualitativamente diferente do crescimento produtivista indexado à indiferença ecológica da corrida ao máximo lucro imediato. É por isso que Jean-Marie Harribey prefere falar de desaceleração, em vez de decrescimento[31]. Trata-se de mudar radicalmente, mediante a discussão democrática, os critérios do desenvolvimento social, e não de impor a todos, por uma ecologia ou expertise autoritária, o ascetismo e a frugalidade. O que importa é que a própria ideia de um desenvolvimento "sustentável", preocupada com as condições naturais de reprodução da espécie que somos, exige (quaisquer que sejam as problemáticas interpretações a que possa se prestar a noção de durabilidade) uma temporalidade longa, incompatível com a arbitragem instantânea e de visão curta do mercado. A gestão dos recursos não renováveis (em particular as escolhas no que tange a produção e consumo de energia), bem como as mudanças climáticas, as consequências da poluição dos oceanos, do armazenamento de resíduos nucleares, do desmatamento, exigem decisões e escolhas de planejamento em longo prazo cujo alcance ultrapassa de longe a duração de um mandato eletivo.

---

[30] Karl Marx, *Manuscritos econômico-filosóficos*, cit., p. 139.

[31] Jean-Marie Harribey, "Sept propositions pour une économie", em Stathis Kouvelakis (org.), *Y a-t-il une vie après le capitalisme?*, cit.

3. Keynes defendia a necessidade de fortalecer a intervenção pública para conter os excessos e extravasamentos mortíferos do *laisser-faire*. Mas perpetuava uma divisão estrita entre política e economia, entre Estado e mercado: "Afora a necessidade de uma direção central para manter a correspondência entre a propensão ao consumo e o incentivo ao investimento, não existe hoje mais razão do que no passado para socializar a vida econômica". Para subordinar (e não suprimir) o mercado às necessidades sociais e aos imperativos ecológicos, é necessário "reencastrar" a economia no conjunto complexo das relações sociais, ou seja, tornar a economia verdadeiramente política. Esse é o sentido da planificação autogestionária e democrática: não uma técnica racional de gestão, mas uma concepção diferente das relações sociais, que oponha a solidariedade social ao cálculo egoísta, o bem comum, o serviço público e a apropriação social à privatização do mundo e à concorrência impiedosa de todos contra todos.

4. Keynes reconhece que uma "socialização bastante ampla do investimento se revelará o único meio de assegurar aproximadamente o pleno emprego, o que não quer dizer que se devam excluir os compromissos e fórmulas de todo tipo que permitem ao Estado cooperar com a iniciativa privada"[32]. Em tempos de escândalos financeiros e poderes públicos salvando bancos sem contrapartidas, essa proposta parece quase subversiva. No entanto, ela é bastante sensata. Um serviço público de crédito e seguro seria o meio de orientar o investimento, organizar a reconversão progressiva dos setores industriais ecologicamente problemáticos e em dificuldades (como a indústria automobilística), levar a cabo uma grande transição energética e, de forma mais geral, submeter a economia às prioridades sociais democraticamente determinadas. A socialização do investimento através de um monopólio bancário público é uma das condições necessárias (e não suficientes) para um desenvolvimento sustentável planejado e baseado numa pluralidade de formas de propriedade social (serviços públicos, bens comuns, setor cooperativo de economia solidária) que não implicaria a supressão do mercado, mas sua subordinação à democracia política e social. Sob essa perspectiva, a moeda, assim como Trótski a concebia em seu artigo sobre os Estados Unidos, continuaria a desempenhar um papel contábil, pois, a não ser que se postule a abundância, os preços continuariam insubstituíveis para avaliar a fração de trabalho social contido nos bens e nos serviços. Mas a condução política da economia não repousaria somente sobre a propriedade social dos grandes meios de produção, comunicação

---

[32] John Maynard Keynes, *Théorie générale*, cit., p. 391.

e troca: ela requereria o controle público da ferramenta monetária pelo Banco Central e uma política fiscal fortemente redistributiva[33].

5. Em *O Estado e a revolução*, Lênin afirma que a democracia política, e não a simples gestão administrativa e burocrática, é a única que se mostra superior aos cálculos em curto prazo do mercado para utilizar e repartir da melhor maneira as riquezas, a partir de uma determinação coletiva das necessidades sociais e sua hierarquia. Para certos marxistas, para os quais o direito à autodeterminação das nações oprimidas era irrealizável sob o capitalismo e supérfluo sob o socialismo, ele responde de antemão:

> Semelhante raciocínio, pretensamente espirituoso, mas de fato falso, poderia repetir-se a respeito de *qualquer* instituição democrática, incluindo o modesto vencimento dos funcionários, porque um democratismo até as últimas consequências é impossível no capitalismo, e no socialismo toda a democracia *definhará*. [...] O desenvolvimento da democracia *até o fim*, a procura das *formas* desse desenvolvimento, sua comprovação *na prática* etc., tudo isso é uma das tarefas integrantes da luta pela revolução social. Tomado em separado, nenhum democratismo dá o socialismo, mas na vida o democratismo nunca será "tomado em separado"; antes, será "tomado juntamente com", exercerá sua influência também na economia, impelirá *sua* transformação, sofrerá a influência do desenvolvimento econômico etc.[34]

A nova sociedade deve inventar-se sem manual de instruções, na experiência prática de milhões de homens e mulheres. Um programa partidário não oferece, a esse respeito, mais do que "grandes cartazes indicando a direção" e, mesmo assim, esses cartazes terão apenas um caráter indicativo, de sinalização e advertência, mais do que um caráter prescritivo. O socialismo não pode ser imposto de cima. É claro que ele "pressupõe uma série de medidas coercivas contra a propriedade etc.", mas se "podemos decretar o aspecto negativo, a destruição", o mesmo não acontece com "o aspecto positivo, a construção: terra nova, mil problemas". Para resolver esses problemas é necessária a mais ampla liberdade, a mais ampla atuação da população. Ora, a liberdade "é sempre, ao menos, a liberdade daquele que pensa de modo diferente". O que desmoraliza é o terror, não a liberdade: "Sem eleições gerais, sem liberdade ilimitada de imprensa e reunião, sem luta de

---

[33] "Quando a política fiscal é deliberadamente usada como meio de se obter uma divisão mais justa dos lucros, ela contribui mais para aumentar a propensão ao consumo" (John Maynard Keynes, *Théorie générale*, cit., p. 111).

[34] Vladimir I. Lênin, *O Estado e a revolução: a doutrina do marxismo sobre o Estado e as tarefas do proletariado na revolução* (trad. Edições Avante! e Paula Almeida, São Paulo, Boitempo, 2017), p. 102-3.

opinião livre, a vida se estiola em todas as instituições públicas, vegeta, e a burocracia se mantém como o único elemento ativo".

Essas advertências de Rosa Luxemburgo adquirem retrospectivamente todo o seu sentido. Desde 1918 ela temia que medidas de exceção, temporariamente justificáveis, se tornassem regra, em nome de uma concepção puramente instrumental do Estado como aparelho de dominação de uma classe sobre outra. Nesse caso, a revolução se contentaria apenas em fazê-lo mudar de mãos:

> Lênin diz que o Estado burguês é um instrumento de opressão da classe operária, o Estado socialista um instrumento de opressão da burguesia. Que, de certa forma, ele é apenas um Estado capitalista invertido. Essa concepção simplista omite o essencial: para que a classe burguesa possa exercer sua dominação, não é necessário ensinar e educar politicamente a massa popular, pelo menos não além de certos limites estritamente estabelecidos. Para a ditadura proletária, esse é o elemento vital, o alento sem o qual ela não pode existir.[35]

Foram necessárias as duras lições da contrarrevolução burocrática para que Trótski tirasse, em *A revolução traída*, as primeiras conclusões sobre a necessidade de uma rigorosa independência de partidos e sindicatos em relação ao Estado e ao pluralismo político:

> Na verdade, as classes são heterogêneas, marcadas por antagonismos internos, e somente atingem seus fins pela luta das tendências, agrupamentos e partidos. Como uma classe é feita de múltiplas frações, a mesma classe pode formar vários partidos. Da mesma forma, um partido pode se apoiar em frações de várias classes. Não encontraremos, em toda a história política, um só partido que represente toda uma classe, a não ser que se tome uma ficção policial por realidade.[36]

Essas palavras decisivas reconhecem e fundam em princípio (muito antes de Bourdieu) uma autonomia do campo político irredutível a um simples reflexo das classes sociais.

6. Ao contrário do que diz a lenda reacionária, que apresenta o projeto comunista como a negação ou o sacrifício do indivíduo à coletividade anônima, seus pioneiros o conceberam como "uma associação em que o livre desenvolvimento de cada um é a condição do livre desenvolvimento de todos". Se a emancipação coletiva é inconcebível sem o desenvolvimento individual, nem por isso é um prazer solitário.

---

[35] Rosa Luxemburgo, "La Révolution Russe", cit., p. 82.

[36] Leon Trótski, *La Révolution trahie* (Paris, Minuit, 1963), p. 177 [ed. bras.: *A revolução traída*, trad. M. Carvalho e J. Fernandes, São Paulo, Centauro, 2008].

Ainda que afirme desenvolver o indivíduo, o liberalismo encoraja o cálculo egoísta na concorrência de todos contra todos, ou seja, um individualismo sem individualidade nem personalidade, fabricado pelo conformismo publicitário. A liberdade proposta a cada um não é a do cidadão, mas a de consumir com a ilusão de poder escolher produtos formatados. A apologia do risco e a cultura do mérito servem de álibi para políticas de individualização e destruição das solidariedades por meio da individualização dos salários, do tempo de trabalho, dos riscos (diante da saúde, da velhice ou do desemprego); para a individualização das relações contratuais contra as convenções coletivas e a lei geral; para a eliminação das normas coletivas, sob o pretexto de um melhor reconhecimento das trajetórias individuais.

Quando o Partido Socialista coloca a questão do indivíduo entre as prioridades de sua reflexão sobre o seu projeto, não faz mais do que correr atrás da mistificação liberal. Supostamente capaz de preencher um vazio ideológico e fazer os indivíduos substituírem as classes sociais, o tema inunda cada vez mais a novilíngua socialista e participa de uma emulação retórica com seus usos sarkozistas: propriedade individual, sucesso individual, segurança individual etc. Essa exploração ideológica da questão individual nos desvia de aspirações bastante legítimas de nossas sociedades. O desenvolvimento das capacidades e das possibilidades de cada um é um critério de progresso bem mais convincente do que desempenhos industriais "ecocidas". Não obstante, não somos obrigados a opor classes e indivíduos. Reconhecer um lugar decisivo à oposição entre capital e trabalho não nos obriga a renunciar às necessidades pessoais de desenvolvimento pessoal, reconhecimento e criatividade. O capitalismo afirma satisfazê-las, mas na verdade encerra essas necessidades nos limites estreitos do conformismo mercantil e do condicionamento comercial, acumulando frustrações e decepções.

Valorizar a individualidade ou o "singular plural" é, ao contrário, reforçar a crítica ao capitalismo, não afastar-se dela. De fato, como fazer para que o apelo à iniciativa e à responsabilidade individuais não ceda perante a submissão às lógicas de dominação, se não há uma redistribuição da riqueza, dos poderes e dos meios culturais? Como democratizar as possibilidades de realização de cada um sem essa distribuição, associada a medidas específicas de ação positiva contra as desigualdades naturais ou sociais? A sociedade capitalista suscita invejas, necessidades, desejos que é incapaz de satisfazer. Gera aspirações sociais e culturais que o reino do capital não pode satisfazer para a grande maioria das pessoas. Para se desenvolver, o indivíduo moderno precisou das solidariedades sociais (legislação trabalhista, seguridade social, aposentadoria, estatuto salarial, serviços públicos).

São essas as solidariedades que as contrarreformas liberais querem destruir, em proveito de uma selva competitiva impiedosa.

7. Diante da brutalidade da crise e da explosão do desemprego, vozes se erguem para propor medidas protecionistas, começando por "um protecionismo europeu". Em nome de uma "necessária correspondência dos espaços econômicos e sociais", Emmanuel Todd tornou-se seu grande defensor[37]. O objetivo não seria rechaçar as importações, como Carlos Martel rechaçou os árabes em Poitiers e Michel Jobert tentou rechaçar os videocassetes japoneses em 1982, mas "criar condições para um aumento dos salários", de modo que a oferta crie localmente sua própria demanda. A hipótese de um encadeamento virtuoso, pelo qual a retomada da renda seria suficiente para aumentar a procura interna, a qual, por sua vez, recuperaria a produção, está ligada a uma lei dos mercados tão ilusória como a de Say e Ricardo.

A questão não é de princípio ou doutrina. Proteger? Mas proteger o quê, contra quem, e como? Se a Europa começasse a adotar critérios sociais de convergência em matéria de emprego, renda, proteção social, direito do trabalho, se começasse a harmonizar os impostos, então poderia legitimamente adotar medidas protecionistas não dos interesses egoístas de industriais e financistas, mas dos direitos e conquistas sociais. Poderia fazer isso de forma seletiva e gradual, propondo como contrapartida aos países do Sul acordos de desenvolvimento solidário em matéria de imigração, cooperação técnica e comércio justo. Sem isso, um protecionismo de ricos teria como principal efeito despejar os efeitos negativos da crise nos países mais pobres. Por outro lado, é uma grande ingenuidade imaginar que uma medida de proteção alfandegária é suficiente para gerar automaticamente uma melhoria e uma homogeneização das condições sociais europeias, como se fosse tecnicamente neutra em meio a uma luta de classes exacerbada pela crise. Os trabalhadores teriam os inconvenientes das barreiras burocráticas e alfandegárias sem as vantagens sociais.

Se, como afirma Todd, esse protecionismo fosse desejado majoritariamente por jovens e operários, então não tardaria a se tornar "preferência nacional" (ou europeia) – e o "Produzamos europeu!" se converteria em "Trabalhemos europeu!" (da mesma forma que a Frente Nacional só precisou acrescentar ao lema "Produzamos francês" o "com os franceses"!) –, ou não resistiria muito tempo a sua impopularidade. Já vimos que, apesar dos discursos oficiais contra o protecionismo, a tentação da "preferência nacional" ganhou força com as manifestações na Inglaterra e na Irlanda contra os trabalhadores imigrantes poloneses e outros: "Compre ame-

---

[37] Emmanuel Todd, *Après la démocratie* (Paris, Gallimard, 2008).

ricano!" em Nova York, ou "Trabalhe inglês!" em Londres. Desse protecionismo chauvinista à xenofobia é apenas um passo. Tanto mais quando esses trabalhadores (12 milhões de ilegais nos Estados Unidos e cerca de 8 milhões na União Europeia) tendem a servir de "variáveis de ajuste" em tempos de crise, seja por expulsões em massa (aplicando-se a "preferência nacional" na contratação), seja por pressão sobre os salários (tolerando-se um vasto mercado negro de trabalho)[38].

Evidentemente todas essas hipóteses são incompatíveis com as lógicas concorrenciais e com as restrições institucionais do mercado mundial. Pô-las em prática significa assumir sua contestação.

Diante da brutalidade da crise e da aflição dos reformistas sem reformas, algumas medidas contidas na velha caixa keynesiana podem parecer de uma audácia quase revolucionária. A ponto de se entrever a possibilidade de uma aliança estratégica entre os reformistas keynesianos e os comunistas revolucionários. É perder de vista o essencial. Quando os sobreviventes de uma esquerda reformista vislumbram uma alternativa keynesiana europeia ao liberalismo, é possível fazer juntos um trecho do caminho, se eles estiverem realmente dispostos a lutar para sair dos tratados europeus em vigor, criar normas sociais europeias em matéria de salário, emprego, proteção social e direito ao trabalho, promover uma harmonização fiscal fortemente redistributiva ou socializar os meios de produção e de troca necessários à construção de serviços públicos europeus em matéria de energia, transportes e telecomunicações. Mas isso implicaria uma política diametralmente oposta ao que vêm fazendo há um quarto de século todos os governos de esquerda na Europa – nos quais a maioria deles teve ativa participação.

Supondo que encontremos reformistas suficientemente determinados a seguir esse caminho, poderíamos lutar lado a lado por objetivos comuns, e essas mobilizações poderiam desencadear uma dinâmica social que fosse além dos objetivos iniciais. Mas isso não significaria uma síntese harmoniosa entre o keynesianismo e o marxismo. Como projeto político de conjunto, e não como soma de medidas parciais, o programa de Keynes, altamente proclamado, é salvar o capital de seus próprios demônios. O de Marx é derrubá-lo.

---

[38] Defendendo um protecionismo não autárquico (no *Le Monde Diplomatique* de março de 2009), Jacques Sapir o define como uma condição necessária para recuperar a procura pela revalorização salarial. No entanto, toma o cuidado de precisar que esse protecionismo seletivo não visa a todos os países que pagam baixos salários, mas somente "aqueles onde a produtividade converge com os nossos níveis e que não adotam políticas sociais e ecológicas igualmente convergentes".

A ECOLOGIA NÃO PODE SER DISSOLVIDA NA MERCADORIA*

Daniel Bensaïd

O renascimento da ecologia crítica vem contribuindo, há meio século, para desfazer a crença em um fim redentor da história, em que a humanidade, reconciliada consigo mesma, saboreia eternamente a plenitude do tempo recuperado. As interrogações de hoje elucidam as de ontem e permitem compreender melhor a gênese de uma crítica ecológica da ordem estabelecida. Entretanto, o próprio termo *ecologia*, criado a partir do modelo das disciplinas científicas da segunda metade do século XIX, permanece vago. Às vezes designa uma ciência dos seres vivos, às vezes uma ética da relação entre a humanidade e seu ambiente natural, às vezes uma nova economia, às vezes uma política de gestão ou transformação do mundo.

A condição ecológica da espécie humana

1. Marx concebe as relações de produção ao mesmo tempo como relações da humanidade com a natureza e relações, mediadas pelo trabalho, dos seres humanos entre si. Nos *Manuscritos econômico-filosóficos*, a natureza é concebida como "o corpo inorgânico do homem". Provido de forças naturais vitais, o ser humano é um ser limitado e dependente, como as plantas e os animais. Essa dependência irredutível com relação a sua determinação primeira se exprime na necessidade natural, ponto de partida de todo sistema de necessidades. A finitude humana se faz lembrar pela experiência da falta. Esse ser natural é também um ser natural humano. Nele, a natureza é superada sem ser abolida. O fetichismo da mercadoria

---

* Publicado originalmente como "L'écologie n'est pas soluble dans la marchandise", na revista *Contretemps*, n. 4, 2002, p. 44-54. Tradução de José Correa Leite. (N. E.)

não somente transforma as relações sociais em coisas, como degrada o natural em "bestial": as necessidades compulsivas unilaterais determinadas pelo capital possuem o homem, ao invés de ele as possuir. Essa abordagem desemboca na crítica da economia política como campo de racionalidade parcelar. A capacidade do corpo humano de produzir um sobretrabalho remete, em última análise, ao "fato extraeconômico" de o homem não precisar de todo o seu tempo para produzir os bens necessários a sua simples reprodução. Essa exuberância do trabalho vivo excede o estrito cálculo econômico e rompe a camisa de força da medida do mercado.

2. A noção de metabolismo ou troca orgânica, que já aparece nos *Manuscritos econômico-filosóficos*, remete a uma lógica da vida irredutível à causalidade mecânica e anuncia a ecologia nascente. Inspirado nos trabalhos de Liebig sobre a química orgânica, na filosofia da natureza de Schelling e no materialismo naturalista, Marx considera a troca orgânica entre o homem e a natureza pelo "fogo vivo" do trabalho como "nó estratégico do ser social"[1]. Sua abordagem, contudo, opõe-se à tradição da "teologia natural" e ao naturalismo romântico. A via aberta pelos *Manuscritos econômico-filosóficos* e pelas *Teses sobre Feuerbach** resulta, dez anos mais tarde, nos desenvolvimentos magistrais dos *Manuscritos de 1857-1858* sobre a reprodução ampliada do capital e a produção de novas necessidades, donde resulta a "exploração de toda a natureza para descobrir novas propriedades úteis das coisas"[2]. Com a produção capitalista propriamente dita:

> a natureza torna-se puro objeto para o homem, pura coisa da utilidade; deixa de ser reconhecida como poder em si; e o próprio conhecimento teórico das suas leis autônomas aparece unicamente como ardil para submetê-la às necessidades humanas, seja como objeto de consumo, seja como meio de produção.[3]

3. O turbilhão em que produção e circulação das mercadorias se arrastam mutuamente tem como consequência, portanto, "a exploração de toda a natureza". O termo não é fortuito. Sob o tacão do capital desencadeia-se um processo de dessacralização da natureza que, sob a forma alienada do desencantamento, prefigura

---

[1] André Tosel, "Philosophie de la praxis et ontologie de l'être social", em Georges Labica (org.), *Idéologie, symbolique, ontologie* (Paris, CNRS, 1987).

* Em Karl Marx e Friedrich Engels, *A ideologia alemã* (trad. Rubens Enderle, Nélio Schneider e Luciano Cavini Martorano, São Paulo, Boitempo, 2007). (N. E.)

[2] Karl Marx, *Grundrisse* (trad. Mario Duayer e Nélio Schneider, São Paulo/Rio de Janeiro, Boitempo/Editora da UFRJ, 2011), p. 333.

[3] Ibidem, p. 334.

uma secularização da existência humana liberada de seus pesadelos místicos. Levado por esse entusiasmo prometeico, Marx vê a socialização integral das relações humanas como uma influência civilizadora do capital. Todavia, ele não cai numa apologia cega do Progresso. A determinação das necessidades pelo trabalho alienado e pela reificação mercantil faz delas necessidades mutiladas. O progresso não é condenado como tal; o que é visado é o seu caráter unilateral e abstrato, pois todos os progressos resultantes das descobertas da ciência e da técnica que enriquecem o capital e não o trabalhador "aumentam unicamente o poder objetivo sobre o trabalho"[4]. Todo progresso na agricultura capitalista tende, assim, a "saquear não só o trabalhador, mas também o solo"[5], e todo progresso temporário no aumento da fertilidade tende a esgotar as fontes dessa fertilidade. De maneira mais geral, a produtividade do trabalho está "vinculada a condições naturais" cujo rendimento diminui à medida que ela aumenta; donde um movimento contraditório entre as diferentes esferas: aqui progresso, lá retrocesso. Aparecem então "sintomas de decadência" que ultrapassam os horrores do Baixo Império Romano:

> máquinas dotadas de maravilhosas capacidades de abreviar e tornar mais fecundo o trabalho humano provocam a fome e o esgotamento do trabalhador. As fontes de riqueza descobertas se transformam por um estranho feitiço em fontes de privação. As conquistas da arte parecem ter sido adquiridas ao preço das qualidades morais [...] Todas as nossas invenções e todos os nossos progressos parecem dotar as forças materiais de vida intelectual, enquanto reduzem a vida humana a uma força material bruta.*

4. Essa lucidez pré-ecológica parece ser desmentida por um otimismo antropológico pertinaz. Tributários de seu tempo, Marx e Engels não admitiam a hipótese dos limites naturais, descartando tanto as questões demográficas como as questões da termodinâmica. Apesar de reconhecer os limites sociais que o capitalismo criava para si próprio, recusavam o argumento dos "limites naturais", que oferecia um álibi apologético à economia política dominante e uma desculpa para pregar o ascetismo aos explorados e oprimidos. Seria inútil opor, com citações escolhidas, um Marx "anjo verde" a um Marx "demônio produtivista". Os dois coexistem e às vezes brigam entre si, pois não podem escapar ao espírito do tempo. A própria noção de ecologia e seu objeto específico aparecem pouco a pouco

---

[4] Ibidem, p. 241.

[5] Idem, *O capital*, Livro I (trad. Rubens Enderle, São Paulo, Boitempo, 2013), p. 573.

* Friedrich Engels, *Dialectique de la nature* (Paris, Éditions Sociales, 1997) [ed. bras.: *Dialética da natureza*, Rio de Janeiro: Paz e Terra, 1979]. (N. E.)

nos trabalhos de Liebig sobre a química orgânica, de Lineu sobre a morfologia dos organismos, de Lyell sobre a geologia, de Fraas sobre a flora e o clima, de Darwin e Wallace sobre a evolução. O termo aparece, pelas mãos de Ernst Haeckel, em 1866, no momento em que Marx termina o livro I de *O capital*. Quinze anos mais tarde, o socialista ucraniano Serguei Podolínski tenta harmonizar a teoria do sobretrabalho e as teorias físicas, apresentando a hipótese de uma relação recíproca entre fluxos energéticos e formas de sociedade. Ele se orienta para uma interpretação energética da produtividade do trabalho, convencido de que o corpo humano é um formidável conversor de energia, capaz não somente de transformar o calor em trabalho, mas também de transformar o trabalho nas forças físicas necessárias à satisfação das necessidades. Ele evoca, em consequência, a ideia de "balanços energéticos".

5. Embora considere essas descobertas "muito importantes", Engels rejeita suas consequências econômicas: Podolínski termina se perdendo, "porque, querendo encontrar uma prova científica do socialismo, mistura a física à economia". A desconfiança de Engels visa as extrapolações religiosas suscitadas pela teoria da entropia sobre uma morte térmica do universo que lembra o juízo final. Ele responde com um credo cosmológico sobre a eternidade da matéria. Viola, assim, sua própria recomendação de admitir a validade dos conhecimentos científicos apenas em seus campos específicos de aplicação: a química ou a biologia são "exclusivamente geocêntricas, previstas somente para a Terra". A segunda crítica de Engels visa a confusão entre ciência física e crítica social, a tradução abusiva da economia na linguagem da física pelo uso equivocado da noção de "trabalho". Ele insiste, em oposição, na distinção entre determinação social e determinação natural, ciência social e ciência natural. Em suma, critica Podolínski por confundir a noção física do trabalho como medida do movimento (herdada dos trabalhos de Coriolis, Navier e Coulomb), com seu conceito social. Ao contrário de sua má reputação, Engels tem plena consciência das ambivalências do progresso: "Não nos gabemos demais de nossas vitórias sobre a natureza. [...] Cada progresso na evolução orgânica é também um recuo, porque, fixando uma evolução unilateral, exclui a possibilidade de evolução em muitas outras direções [...] Diante da natureza como da sociedade, considera-se no modo de produção atual apenas o resultado mais próximo", em detrimento da duração e do longo prazo.

6. Em relação às pistas de Marx e às intuições de Podolínski, a contrarrevolução burocrática dos anos 1930 na União Soviética marca uma ruptura. Após a Revo-

A ECOLOGIA NÃO PODE SER DISSOLVIDA NA MERCADORIA   213

lução de Outubro, os trabalhos de Vernádski, Gausse, Kacharov e Stantchínski desenvolveram uma perspectiva ecológica ligada à "transformação do modo de vida". Em 1933, esse esforço estava destruído. A euforia produtivista da coletivização forçada, as iniciativas faraônicas de industrialização acelerada, do frenesi stakhanovista e da urbanização brutal eram incompatíveis com as inquietudes de uma ecologia crítica. Ao contrário da teoria stalinista da "construção do socialismo em um só país", o ecossocialismo teria levado a pensar o desenvolvimento da economia soviética dentro dos limites do meio ambiente mundial. Também teria exigido procedimentos democráticos nas escolhas de crescimento, em contradição absoluta com o confisco burocrático do poder.

Ecologia: uma nova economia?

7. A noção de ecossistema surgiu durante a Segunda Guerra Mundial e inaugurou a era da ecologia moderna, destacando o laço entre a mundialização da economia e a tomada de consciência de uma ecologia-mundo. É evidente hoje que o modelo de crescimento e consumo dos países mais ricos não é generalizável para todo o planeta. Quando as temporalidades sociais da história humana regida pela acumulação de capital se apartam da temporalidade dos ciclos de reprodução natural, a crise ecológica se torna inevitável. Os danos infligidos às condições ecossistêmicas atingem patamares de irreversibilidade. Os conflitos entre a lógica econômica (do capital) e a lógica ecológica remetem ao divórcio entre essas temporalidades: a ritmada pelos ciclos do capital e a do armazenar e despender energia. O capital vive um dia de cada vez, sem se preocupar com o dia seguinte. Somente uma burocracia despótica é capaz de rivalizar com a gestão de visão curta do capital. A economia mercantil é uma bolha de racionalidade parcial, funcionando em detrimento da racionalidade ampliada da biosfera. O modo de produção e consumo está em questão. Crises sociais e ecológicas estão estreitamente imbricadas. A ecologia tem razões que a loucura do capital ignora. Portanto, não podemos confiar a saúde ecológica do planeta aos mecanismos de regulação do mercado, ainda que seja um "mercado verde". A crítica da ecologia política requer, ao contrário, uma revisão radical das relações recíprocas entre natureza e sociedade, entre ciência e política. Que história estamos escrevendo? Que planejamento dos recursos e projetos é compatível com o desenvolvimento sustentável? Que processo democrático é capaz de romper as leis cegas do mercado para decidirmos isso?

214 CENTELHAS

8. Entre a lógica mercantil, segundo a qual o tempo de trabalho é a medida de todas as coisas, e a relação social com as condições naturais de reprodução no tempo e no espaço, não há termo comum. A linguagem da biosfera não é traduzível em linguagem monetária do mercado. A percepção da economia mercantil como um sistema fechado implica uma divisão entre fatores internos e externos. As "externalidades" são tratadas, nesse caso, como falhas ou anomalias em relação a um ideal de concorrência perfeita.

As tentativas de internalização se contentam em levar em conta as perturbações avaliadas por critérios mercantis, e não os danos permanentes na biosfera numa escala de tempo de longa duração.

Contra as tentativas de uma economia social ou moral, a racionalidade concorrencial e a maximização do lucro levam os empreendedores a externalizar os custos e internalizar os benefícios. Ora, a definição extraeconômica de uma norma ambiental se refere não a uma arbitragem mercantil, mas a uma arbitragem política capaz de integrar o longo prazo nas escolhas.

A incomensurabilidade entre valores mercantis e valores ecológicos mostra os limites históricos do modo de produção capitalista. Foi o que Marx entreviu nos *Manuscritos de 1857-1858*, quando previu que a redução do trabalho a uma pura abstração quantitativa e a crescente integração do trabalho intelectual à produção acabariam por fazer do "roubo de tempo de trabalho alheio", sobre o qual repousa a riqueza atual, um "fundamento miserável" prejudicial ao desenvolvimento humano potencial[6]. A medida em tempo de trabalho se tornaria incapaz de avaliar as gigantescas forças sociais criadas. Essa desmedida do mundo e sua base "miserável" trazem com elas o desregramento geral tanto das relações sociais como das relações entre a sociedade e as condições naturais de sua reprodução.

Ecologia: uma ética da natureza?

9. Não podemos evitar a questão do vínculo entre a relação predatória da natureza e a relação social de exploração. Esses fenômenos são estranhos um ao outro, comparados por uma analogia ilegítima? Ou são estreitamente imbricados? A história das ciências e das técnicas, da industrialização e da urbanização capitalistas, favorece a segunda hipótese. Do mesmo modo que a exploração do trabalho assalariado pelo capital faz da força de trabalho uma mera mercadoria ou um mero

---

6   Idem, *Grundrisse*, cit., p. 22.

A ECOLOGIA NÃO PODE SER DISSOLVIDA NA MERCADORIA   215

fator de produção, a exploração desenfreada de uma natureza oferecida gratuitamente faz desta última um "mero objeto para o homem" e "um mero assunto de utilidade". No entanto, uma nova dialética dos tempos sociais pede um diálogo entre a política, concebida como uma arte do presente, e a ética, concebida como uma "mensageira do futuro" no presente. Não se trata somente de prevenir os danos irreparáveis que podemos infligir ao nosso nicho ecológico, mas de determinar a humanidade que queremos nos tornar.

10. Enquanto as doutrinas religiosas de salvação recomendam o sacrifício do presente às promessas do futuro, o hedonismo mercantil e o apetite consumista sacrificam o futuro ao presente alegando desistir de um progresso infinito. A esse *carpe diem* ecologicamente suicida, Hans Jonas opôs um princípio da responsabilidade que seria "o complemento moral da constituição ontológica do nosso ser temporal". Deduziu disso uma "heurística do medo" que seria a antecipação prática da ameaça que a fuga adiante produtivista faz pesar sobre a espécie humana. Trata-se, sem mais nem menos, de "preservar para o homem a integridade de seu mundo e de sua essência contra o abuso de seu poder". Porque a obrigação de existir é, para a humanidade, "incondicional". A consciência do perigo não provoca um pânico patológico, mas um "medo espiritual", ligado à capacidade de se preocupar com a salvação ou desgraça das gerações futuras. Essa responsabilidade para com os descendentes e os herdeiros generaliza o modelo da responsabilidade educativa dos pais para com os filhos. Essa preocupação com o futuro distante levou Jonas a se opor ao "estilo revolucionário", tentando jogar o "tudo ou nada" na incerteza do acontecimento e na oposição entre alternativas simples. A responsabilidade obedece à cautela necessária exigida por uma "profecia da desgraça", incorporando a suas previsões "o futuro mais distante" e "todo o planeta". Porque as escolhas de hoje têm um "alcance causal incomparável", diante do qual o conhecimento projetado se torna impotente.

11. A questão que se coloca, então, é saber que força deve representar o futuro no presente. Estabelecendo o primado do futuro sobre o presente e da ética sobre a política, Jonas define o dever a partir de uma doutrina ontológica do ser, e não de uma teoria social da ação. Seu novo imperativo categórico é enunciado em nome da universalidade incondicional do ser: "Aja de modo que os efeitos de sua ação sejam compatíveis com a permanência de uma vida autenticamente humana na Terra". Mas quem decide os critérios seculares dessa autenticidade retomando sub-repticiamente o pressuposto de uma natureza humana original que deveria ser restaurada ou recuperada? Flertando com o jargão heideggeriano da autenticidade, Jonas não escapa da alternativa radical entre uma ontologia normativa e a determinação histórica dos valores imanentes às relações sociais. As "apostas do agir" não são resolvidas, disse ele, na incerteza de engajamento político. Elas estão sob a garantia do "imperativo ontológico, segundo o qual a ideia de homem proíbe definitivamente de se jogar o "tudo ou nada" com a humanidade; porque a ideia do homem que deve advir não será concebida pelo homem tal como ele é", e seria ilusório pretender "alinhar pensamento e vontade". Assim, o princípio da responsabilidade se define claramente contra o princípio da esperança, como uma ética antiutópica.

12. Trata-se, portanto, de reconsiderar, nas novas condições da ciência e da tecnologia, o controle do poder sobre o poder, do domínio sobre o domínio, da expertise sobre a expertise. Por não considerar a questão do ponto de vista da luta de classes e da aposta na competência democrática dos incompetentes, Jonas é tentado a recorrer a uma elite esclarecida, "responsável por nós". Não se trata de simples derrapagem fortuita, mas de um desenvolvimento lógico através do qual o princípio da responsabilidade se transforma em um princípio de autoridade (parental), no qual o elitismo autoritário do moralista e do cientista assume o lugar do paternalismo pedagógico. Disso resultam várias tentações que afligem a ecologia moral. Em primeiro lugar, uma tentação religiosa, porque "sem recurso à religião" não é fácil, admite Jonas, fundamentar na razão o imperativo da escolha em favor das gerações futuras; a heurística moderada do medo exigiria um fervor que, sem "um novo movimento religioso de massa", é inconcebível. Em segundo lugar, uma tentação despótica, baseada no uso da autoridade competente, "porque apenas uma elite pode assumir ética e intelectualmente a responsabilidade pelo futuro". Por último, uma tentação consoladora, que minimiza as misérias imediatas para melhor exercer a ética da responsabilidade ao abrigo das intimações conflituosas do dia a dia: a heurística do medo justifica a resignação perante as misérias do presente como um mal menor e contribui para despolitizar a ecologia, na medida em que fetichiza uma "ecologia pura".

13. A ética ecológica de Jonas acaba flertando, assim, com o fundamentalismo da "ecologia profunda". Em nome de uma obrigação incondicional para com um futuro que é ventríloquo (exprimindo-se pela voz de sábios e sacerdotes), ele torna o presente indecifrável e busca refúgio em uma transcendência cuja rejeição seria, em sua opinião, "o erro mais colossal da história".

A ECOLOGIA NÃO PODE SER DISSOLVIDA NA MERCADORIA   217

Ao contrário do novo imperativo categórico de Jonas, uma ética da ecologia (ou uma ecologia ética) só pode ser uma ética imanente e dialógica, inscrita na tensão entre o futuro e o presente, entre a humanidade futura e a humanidade presente. A responsabilidade política da escolha não desapareceria em benefício dos vereditos da ciência ou de qualquer fetiche divinizado, ainda que seja o da natureza ou o da espécie, apartados de suas condições sociais e históricas de existência. É preciso defender a biodiversidade? Sim. Mas por quê exatamente? Em razão da preferência estética pela diferença em relação à uniformidade? Pelo respeito à vida sacralizada em todas as suas formas? Esse respeito absoluto deve se aplicar somente ao reino animal ou ser estendido ao reino vegetal? Onde começa e onde termina a vida em um ecossistema? Essas questões revelam as possíveis derivas de um fundamentalismo verde que mistura imprudentemente critérios filosóficos, religiosos, estéticos e sociais.

14. O desaparecimento dos dinossauros pode ter sido uma das condições do desenvolvimento da espécie humana. Podemos imaginar um dinossauro ecologista defendendo a biodiversidade de seu tempo, o *status quo* de seu universo e a sobrevivência de sua espécie: ele faria de tudo para impedir as mudanças que tornaram possível o aparecimento do Homem. Ele teria privado o mundo de nossa improvável bizarrice.

A determinação em preservar as condições de reprodução de uma espécie terrivelmente predadora como a nossa impede o surgimento de formas inéditas de vida. Não concedendo nenhum privilégio à espécie humana, uma ecologia naturalista radical deveria logicamente ser indiferente aos argumentos que favorecem a sobrevivência da espécie e a solidariedade entre gerações. Deveria até mesmo temer a intervenção do artefato humano, capaz de distorcer a regulação natural da qual fazem parte também as catástrofes e as epidemias.

Esse paradoxo é apenas aparente. De fato, é em referência a nossa modesta escala humana e a sua limitada temporalidade histórica que intervém o único argumento racional convincente em favor da preservação da biodiversidade existente contra os perigos de uma evolução de consequências imprevisíveis. Sim, porque a biodiversidade também tem uma história. Por que se privar das surpresas da evolução, a não ser precisamente porque somos da espécie humana e agimos de forma egoísta?

O princípio da precaução contra os riscos de nossa extinção está ligado a um argumento antropocêntrico que confere um estatuto privilegiado a nossa humilde raça. A ecologia social é necessariamente uma ecologia humanista secular. Sem qualquer nostalgia do sagrado, está ligada simplesmente a uma ética espinosana e afirma o direito da espécie de perseverar legitimamente em seu ser. O naturalismo radical, ao contrário, é suspeito de resquícios politeístas e fantasmagorias pagãs.

15. Há uma clara oposição entre uma ecologia política e humanista e uma ecologia naturalista e anti-humanista. A divisão acontece com base no fato de sabermos se o ser humano pode ser considerado um componente precioso da biodiversidade ou se é apenas mais uma espécie entre outras cujo destino nos é indiferente. Respondemos à questão ao nos esforçarmos para preservar nosso nicho espaçotemporal. Na escala humana, essa resposta associa estreitamente a crise ecológica à crise social. Só uma ecologia humanista pode, de fato, escapar ao efeito desmobilizador de uma ecologia apocalíptica. Diante dos desastres ecológicos anunciados, é pela experiência do laço concreto entre luta social e ecologia crítica que podemos mobilizar e reunir as forças necessárias e afastar os perigos que nos ameaçam.

Ecologia: uma ciência política?

16. A ecologia é uma ciência, uma política, uma ciência política? O jogo das definições é arriscado. Para Alain Lipietz, ecologia científica "evidenciaria os limites da atividade de transformação do mundo pelos seres humanos". A ecologia política se alimentaria dessa ciência para criticar o culto da produtividade. Portanto, o termo *ecologia* designaria tanto "uma ciência social como um movimento social"[7]. Essa pretensão de fundar uma política com base na autoridade da expertise científica tem antecedentes inquietantes. A ciência corre o risco de se subordinar aos caprichos da política e a política, de fugir de suas responsabilidades em nome do veredito científico. Jean-Paul Deléage enfatiza, ao contrário, que a ecologia política não deve se fundamentar na ciência, ainda que seja uma ciência ecológica. Contra as confusões e pretensões da ecologia de ditar cientificamente uma política, trata-se de fazer o que foi feito no passado pela economia: uma crítica da ecologia política na perspectiva de uma política ecológica.

17. Em 1993, Alain Lipietz proclamou peremptoriamente o advento de um "novo paradigma", destronando o paradigma dominante na crítica social da luta de classes e do socialismo: "o paradigma verde, na medida em que engloba as aspirações emancipadoras do movimento operário e as estende ao conjunto das relações entre os seres humanos e entre eles e a natureza".

---

[7] Alain Lipietz, *Qu'est-ce que l'écologie politique?* (Paris, La Découverte, 1999).

A ECOLOGIA NÃO PODE SER DISSOLVIDA NA MERCADORIA   219

O primado do paradigma verde justificaria, obviamente, a pretensão política dos partidos verdes a um "futuro papel de direção cultural" da sociedade. Assim, volta pela janela a ideia de uma vanguarda esclarecida e autoproclamada (em nome da competência científica!) que se pensou ter sido enxotada pela porta. Desde então, Lipietz ampliou a abordagem, perguntando-se se a ecologia política define um "pacote de valor" distinto daquele dos liberais, dos socialistas, dos comunistas, e se é capaz de fornecer novas respostas às perguntas que se colocam para toda a sociedade. Sua resposta é categórica: sim!

O núcleo programático deduzido do novo paradigma repousa sobre dois pilares: o antiprodutivismo e o antiestatismo. À primeira vista legítimos, esses dois "antis" revelam-se problemáticos quando examinados de perto. Mesmo que se conheçam os estragos do produtivismo burocrático em Tchernóbil ou no Mar de Aral, o produtivismo hoje realmente dominante está organicamente ligado à lógica interna da acumulação do capital.

O antiprodutivismo do nosso tempo é anticapitalista ou não é. Dessa forma, o paradigma ecológico aparece como inseparável do paradigma social determinado pelas relações de produção existentes. Quanto ao antiestatismo, assim como no caso do antiprodutivismo, não basta para fundamentar uma nova política. Porque há muitas maneiras de se opor ao estatismo e a seu centralismo burocrático: do não Estado dos libertários ao Estado *light* dos liberais, passando pela perspectiva do definhamento do Estado e da socialização de suas funções – o que exige um aumento da produtividade, uma redução do tempo de trabalho forçado, uma transformação da divisão do trabalho... portanto, certo desenvolvimento das forças produtivas!

18. Na medida em que incorpora novos conhecimentos científicos, leva em conta novas temporalidades sociais, introduz problemáticas de limites e limiares, a ecologia crítica não pode se dar o luxo de recorrer ao cômodo curinga da abundância, que permitiria não ter de arbitrar e escolher, a pretexto de que tudo se tornará possível e compatível amanhã talvez, ou no mais tardar depois de amanhã. Seria o fim da política. Os limites, se algum dia puderem ser superados, ainda permanecerão um longo tempo entre nós. E a política é uma arte de limites, a arte de ceder para melhor resistir. Não há, portanto, uma ecologia política única, dedutível de uma ciência infalível, mas ecologias políticas: uma ecologia fundamentalista, pronta a sacrificar a humanidade à teologia natural; uma ecologia dogmática e despótica, assentada em certezas científicas discutíveis; uma ecologia reformista e politiqueira, voltada para o *lobby* institucional; uma ecologia crítica e radical, ainda em sua infância. Essa ecologia subversiva, popular e militante, irrigando o conjunto dos movimentos sociais, sindicais e associativos, não pode se desenvolver sem superar as indefinições teóricas da ecologia atual, ignorando as questões da propriedade e do planejamento, essenciais quando se trata da gestão sustentável dos recursos naturais, da produção e do ordenamento do espaço, da política de transportes ou da cidade. Um desenvolvimento sustentável e controlado passa pela derrubada da ditadura dos mercados e pela subordinação da lógica econômica ao imperativo ecossocial.

LAUDATO SI': UMA ENCÍCLICA ANTISSISTÊMICA*

Michael Löwy

A "encíclica ecológica" do papa Francisco é um acontecimento de importância planetária do ponto de vista religioso, ético, social e político. Considerando-se a enorme influência mundial da Igreja católica, é uma contribuição crucial para o desenvolvimento de uma consciência ecológica crítica. Foi recebida com entusiasmo pelos verdadeiros defensores do meio ambiente, mas suscitou preocupação e até rejeição em religiosos conservadores, representantes do capital e ideólogos da "ecologia de mercado". Trata-se de um documento de grande riqueza e complexidade, que propõe uma nova interpretação da tradição judaico-cristã, um rompimento com o "sonho prometeico de domínio do mundo" e uma reflexão profundamente radical sobre as causas da crise ecológica. Em vários aspectos, por exemplo, na inseparável associação do "clamor da terra" e do "clamor dos pobres", percebe-se que a Teologia da Libertação – em particular a do ecoteólogo Leonardo Boff – foi uma de suas fontes de inspiração.

Nas breves notas a seguir, vou enfatizar uma dimensão da encíclica que explica as resistências que encontro no *establishment* econômico e midiático: seu caráter *antissistêmico*.

---

* Texto escrito originalmente em espanhol e publicado como "Laudato si': una encíclica anti-sistémica", em *Éxodo*, n. 130, out. 2015 (disponível em: <www.exodo.org>). Tradução de Ricardo Lísias, publicada na revista *Peixe-Elétrico*, n. 3, nov. 2015, p. 31-5. Uma versão modificada – da qual se aproveitou a divisão em subtítulos – foi publicada em francês sob o título "Une encyclique 'anti-systémique'", em *Démocratie*, n. 11, nov. 2016, p. 10-3. (N. E.)

Um sistema perverso

Para o papa Francisco, os desastres ecológicos e a mudança climática não resultam simplesmente de comportamentos individuais – mesmo que eles tenham sua função –, mas dos *atuais modelos de produção e consumo*. Bergoglio não é um marxista, e a palavra "capitalismo" não aparece na encíclica... Mas fica claro que, para ele, os dramáticos problemas ecológicos da nossa época resultam "das engrenagens da atual economia globalizada" – engrenagens que constituem um *sistema global*, um "*sistema de relações comerciais e de propriedade estruturalmente perverso*" (grifos nossos).

Quais são, para Francisco, essas características "estruturalmente perversas"? Antes de tudo, elas fazem parte de um sistema em que predominam "os interesses limitados das empresas" e "uma racionalidade econômica questionável", uma *racionalidade instrumental* que tem como único objetivo a maximização dos ganhos. Mas "o princípio da maximização dos lucros, que tende a isolar-se de qualquer outra coisa, é uma distorção conceitual da economia: se a produção aumenta, não importa que isso se dê à custa dos recursos futuros ou da saúde do meio ambiente". Essa distorção, essa perversidade ética e social, não é típica de um país em especial, mas é, segundo as palavras de Francisco, o produto do "*sistema mundial atual*, em que predominam uma especulação e uma busca de renda financeira que tendem a ignorar todo o contexto e os efeitos que isso tem sobre a dignidade humana e o meio ambiente. Assim, está claro que a degradação do meio ambiente e a degradação humana e ética estão intimamente ligadas" (grifos nossos).

A obsessão pelo crescimento ilimitado, o consumismo, a tecnocracia, o domínio absoluto das finanças e a deificação do mercado são outras características perversas do sistema. Sua lógica destrutiva reduz tudo ao mercado e ao "cálculo financeiro dos custos e dos benefícios". Mas sabemos que o meio ambiente "é um desses bens que os mecanismos do mercado não são capazes de defender ou promover adequadamente". O mercado é incapaz de levar em conta valores *qualitativos*, éticos, sociais, humanos ou naturais, ou seja, "valores que excedem o cálculo".

O poder "absoluto" do capital financeiro especulativo é um elemento fundamental do sistema, como a recente crise bancária revelou. O comentário da encíclica é contundente e desmistificador:

> [...] salvação dos bancos a todo custo, fazendo a população pagar o preço, sem a decisão firme de revisar e reformar o sistema, reafirma um domínio absoluto das finanças que não tem futuro e só poderá gerar novas crises depois de uma cura

longa, custosa e apenas aparente. A crise financeira de 2007-2008 era uma oportunidade para o desenvolvimento de uma nova economia, mais atenta aos princípios éticos, e para uma nova regulação da atividade financeira especulativa e da riqueza fictícia. Mas não houve reação que levasse a se repensar os critérios obsoletos que continuam a reger o mundo.

Essa dinâmica perversa do sistema global que continua "a reger o mundo" está na base do fracasso de todos os encontros mundiais sobre o meio ambiente: "Há muitos interesses particulares, e muito facilmente o interesse econômico consegue prevalecer sobre o bem comum e manipular a informação para que seus projetos não sejam afetados". Enquanto predominarem os imperativos dos poderosos grupos econômicos:

> podemos esperar apenas declarações superficiais, ações filantrópicas isoladas, ou mesmo esforços para mostrar sensibilidade em relação ao meio ambiente, quando na realidade qualquer tentativa das organizações sociais de mudar as coisas será vista como um transtorno provocado por utopistas românticos ou como um obstáculo que se deve ultrapassar.

A irresponsabilidade dos responsáveis

A encíclica desenvolve, nesse contexto, uma crítica radical à irresponsabilidade dos "responsáveis", das elites dominantes, dos oligarcas que têm todo o interesse em preservar o sistema, em relação à crise ecológica:

> Muitos dos que têm mais recursos e poder econômico ou político parecem se esforçar bastante para mascarar os problemas ou ocultar os sintomas, tratando apenas de reduzir certos impactos negativos da mudança climática. Mas muitos sintomas indicam que esses efeitos serão cada vez piores se mantivermos os atuais modelos de produção e consumo.

Confrontados com o dramático processo de destruição do equilíbrio ecológico do planeta, e com a ameaça sem precedente da mudança climática, o que propõem os governos e os representantes internacionais do sistema (Banco Mundial, FMI etc.)? Eles recorrem ao "desenvolvimento sustentável", um conceito onipretensioso que perdeu grande parte do seu sentido, um verdadeiro *flatus vocis*, como diriam os escolásticos da Idade Média. Francisco não tem nenhuma ilusão quanto a essa mistificação tecnocrática:

> O discurso do crescimento sustentável é muitas vezes um recurso de distração e expiação que absorve valores do discurso ecológico na lógica das finanças e da tecnocracia;

a responsabilidade social e ambiental das empresas se reduz em geral a uma série de ações de marketing e imagem.

Os métodos concretos propostos pela oligarquia tecnofinanceira – como os "mercados de carbono" – são perfeitamente ineficazes. A crítica mordaz que o papa Francisco faz a essa falsa solução é um dos principais argumentos da encíclica. Nesse contexto, ele cita uma resolução da Conferência Episcopal Boliviana:

> A estratégia de compra e venda de "créditos de carbono" pode dar lugar a uma nova forma de especulação, e não servir para reduzir a emissão global de gases poluentes. Esse sistema parece ser uma solução rápida e fácil, com aparência de certo comprometimento com o meio ambiente, mas não implica de forma alguma uma mudança radical à altura das circunstâncias. Ao contrário, pode tornar-se um meio de sustentar o sobreconsumo de certos países e setores.

Passagens como esta explicam o pouco entusiasmo que os círculos "oficiais" e os partidários da "ecologia de mercado" (ou do "capitalismo verde") demonstraram pela *Laudato si'**...

Um apelo à mudança profunda

Sempre associando a questão ecológica com a social, Francisco insiste na necessidade de medidas radicais e mudanças profundas para enfrentar esse duplo desafio. O principal obstáculo é a natureza "perversa" do sistema: "A mesma lógica que dificulta a tomada de decisões drásticas para inverter a tendência ao aquecimento global não permite que se cumpra o objetivo de erradicar a pobreza".

Embora o diagnóstico de *Laudato si'* sobre a crise ecológica seja de uma clareza e coerência impressionantes, as ações que propõe são limitadas. É verdade que muitas de suas sugestões são úteis e necessárias, como promover "formas de cooperação ou organização comunitária que defendam os interesses dos pequenos produtores e protejam os ecossistemas locais da depredação". Outro elemento importante na encíclica é o reconhecimento da necessidade de se pôr "limites razoáveis" ao crescimento nas sociedades mais desenvolvidas, e até "retroceder antes que seja tarde demais". Em outras palavras, "chegou a hora de aceitar certo

---

* Papa Francisco, *Laudato si'*, 24 maio 2015, disponível em: <http://w2.vatican.va/content/francesco/pt/encyclicals/documents/papa-francesco_20150524_enciclica-laudato-si.html>. (N. E.)

decrescimento em algumas partes do mundo, disponibilizando recursos para um crescimento saudável em outras".

Mas são precisamente essas "medidas radicais" que nos faltam, como indica Naomi Klein em seu último livro (*Tudo pode mudar**). Ela propõe romper, antes que seja tarde demais, com as energias fósseis (carbono, petróleo); vamos deixar que continuem embaixo da terra. É difícil imaginar uma transição que supere as estruturas perversas de produção e consumo que conhecemos hoje sem termos um conjunto de iniciativas anti-*establishment* que contestem a propriedade privada. As multinacionais do setor de combustíveis fósseis (BP, Shell, Total etc.) são um exemplo. É verdade que o papa fala da necessidade de "grandes estratégias capazes de deter eficazmente a degradação do meio ambiente e incentivem uma cultura de cuidado que impregne toda a sociedade", mas esse aspecto estratégico é pouco desenvolvido na encíclica.

Por uma cultura ecológica

Partindo da ideia de que "o atual sistema mundial é insustentável", Bergoglio busca uma alternativa global que ele chama de "cultura ecológica":

> [uma mudança que] não pode ser reduzida a uma série de respostas urgentes e parciais aos problemas que estão aparecendo em torno da poluição, da degradação do meio ambiente e do esgotamento das reservas naturais [...] Deveria ser um olhar diferente, um pensamento, uma política, um programa educativo, um estilo de vida e uma espiritualidade que oponham resistência ao avanço do paradigma tecnocrata.

Mas há poucas indicações de uma nova economia, de uma nova sociedade, que correspondam a essa cultura ecológica. Não estamos pedindo que o papa adote o ecossocialismo, mas sua alternativa para o futuro é muito abstrata.

O papa Francisco toma para si a "opção preferencial pelos pobres" das igrejas latino-americanas. A encíclica coloca isso claramente, como um imperativo planetário:

> Nas condições atuais da sociedade mundial, em que há tantas injustiças e há cada vez mais pessoas marginalizadas, privadas dos direitos humanos fundamentais, o princípio do bem comum se torna imediata, lógica e inevitavelmente um apelo à solidariedade e uma opção preferencial por nossos irmãos e irmãs mais pobres.

---

*   Trad. Ana Cristina Pais, Lisboa, Presença, 2014. (N. E.)

Mas na encíclica os pobres não aparecem como atores de sua própria libertação, embora esse seja o elemento mais importante da Teologia da Libertação. As lutas dos pobres, dos camponeses e dos indígenas em defesa das florestas, da água, da terra, contra as multinacionais e as empresas agrícolas, são um dos temas ausentes do *Laudato si'*. Francisco organizou recentemente um encontro com movimentos sociais, o primeiro da vida bimilenar da Igreja católica, um evento de importância histórica. Por outro lado, a encíclica faz poucas alusões aos movimentos sociais, que são justamente os principais atores da luta contra a mudança climática: Via Campesina, Climate Justice, Fórum Social Mundial etc.

Como Bergoglio destaca na encíclica, a tarefa da Igreja certamente não é substituir os partidos políticos, propondo um programa de transformação social. Com sua análise antissistêmica da crise, *Laudato si'* apresenta a questão social indissociavelmente ligada à proteção do meio ambiente, ao "clamor dos pobres" e ao "clamor da terra". Desse ponto de vista, é um convite inestimável à reflexão e à ação indispensáveis para salvar a natureza e a humanidade da catástrofe.

FORÇAS DO COMUNISMO*
Daniel Bensaïd

Num artigo de 1843 sobre "os progressos da reforma social no continente", o jovem Engels (de apenas vinte anos) via o comunismo como "uma conclusão necessária que somos obrigados a tirar a partir das condições gerais da civilização moderna". Um comunismo lógico, em suma, produto da revolução de 1830, quando os operários "regressam às fontes vivas e amparam-se vivamente no comunismo de Babeuf".

Para o jovem Marx, em contrapartida, esse comunismo não passava ainda de uma "abstração dogmática", uma "manifestação original do princípio do humanismo". O proletariado nascente tinha "se jogado nos braços dos doutrinários de sua emancipação", das "seitas socialistas" e dos espíritos confusos que "divagam em humanistas" sobre "o milênio da fraternidade universal" como "abolição imaginária das relações de classe". Antes de 1848, esse comunismo espectral, sem programa específico, assombrava a época sob formas "mal delineadas" de seitas igualitárias ou devaneios icarianos.

Já a superação do ateísmo abstrato implicava um novo materialismo social, que nada mais era que o comunismo: "Do mesmo modo que o ateísmo, como negação de Deus, é o desenvolvimento do humanismo teórico, o comunismo, como negação da propriedade privada, é a reivindicação da verdadeira vida humana". Longe de qualquer anticlericalismo vulgar, esse comunismo era "o desenvolvimento de um humanismo prático", pelo qual não se tratava somente de combater

---

* "Puissances du communisme" foi o último artigo escrito por Daniel Bensaïd para a revista *Contretemps* (n. 4, set. 2009), da qual foi um dos fundadores. O título deu o mote para conferências que juntaram vários intelectuais europeus em 22 e 23 de janeiro de 2010, em Paris, em torno de uma questão-chave: "De que o comunismo é nome hoje?". Tradução de Eduardo Velhinho, publicada em *Esquerda*, Lisboa, n. 37, jan. 2010, p. 18-20, e também no site das Edições Combate, disponível em: <www.combate.info/fors-do-comunismo>. (N. E.)

a alienação religiosa, mas também a alienação e a miséria social reais, das quais nasce a necessidade de religião.

Da experiência fundadora de 1848 à da Comuna, o "movimento real" tendendo à abolição da ordem estabelecida tomou forma e força, dissipando as "obsessões sectárias" e ridicularizando "o tom de oráculo da infalibilidade científica". Em outras palavras, o comunismo, que foi primeiro um estado de espírito ou um "comunismo filosófico", encontrou sua forma política. Em um quarto de século, cumpriu sua transformação: de seus modos filosóficos e utópicos à forma política enfim encontrada da emancipação.

1. As palavras da emancipação não saíram incólumes dos tormentos do século passado. Podemos dizer, como os animais da fábula, que não morreram todas, mas foram gravemente atingidas. Socialismo, revolução e anarquia não tiveram melhor sorte que o comunismo. O socialismo foi cúmplice do assassinato de Karl Liebknecht e Rosa Luxemburgo, das guerras coloniais e das colaborações governamentais, a ponto de perder todo o conteúdo à medida que ganhava extensão. Uma campanha ideológica metódica chegou a identificar, aos olhos de muitos, a revolução com a violência e o terror. Mas de todas as palavras carregadas de grandes promessas e sonhos progressistas, a palavra "comunismo" foi a que mais sofreu prejuízos por sua captura pela razão burocrática de Estado e sua submissão à empresa totalitária. Todavia, resta saber se, de todas essas palavras melindradas, ainda há alguma que valha a pena reparar e pôr de novo em ação.

2. Para isso, é necessário pensar o que se tornou o comunismo no século XX. A palavra e a coisa não poderiam permanecer fora do tempo e das provas históricas às quais foram submetidas. Aos olhos da maioria, o uso maciço do título de comunista para designar o Estado liberal autoritário chinês pesará muito mais, e por muito tempo, do que os frágeis rebentos teóricos e experimentais de uma hipótese comunista. A tentação de se furtar a um inventário histórico crítico levaria a reduzir a ideia comunista a "invariantes" atemporais, a transformá-la num sinônimo das ideias indeterminadas de justiça ou emancipação, e não na forma específica da emancipação em tempos de dominação capitalista. A palavra perde em precisão política o que ganha em extensão ética ou filosófica. Uma das questões cruciais é saber se o despotismo burocrático é a continuação legítima da Revolução de Outubro ou o fruto de uma contrarrevolução burocrática, comprovada não somente por processos, expurgos e deportações em massa, mas também pelas reviravoltas dos anos 1930 na sociedade e no aparelho de Estado soviético.

FORÇAS DO COMUNISMO   229

3. Não se inventa um novo léxico por decreto. O vocabulário se forma ao longo do tempo e por meio de usos e experiências. Ceder à identificação do comunismo com a ditadura totalitária stalinista seria capitular diante de vencedores provisórios, confundir a revolução com a contrarrevolução burocrática e, assim, excluir o capítulo das bifurcações, o único aberto à esperança. Isso seria cometer uma injustiça irreparável para com os vencidos, todas e todos os quais, anônimos ou não, viveram apaixonadamente a ideia comunista e a mantiveram viva contra caricaturas e falsificações. Desonra aos que deixaram de ser comunistas ao deixar de ser stalinistas e só foram comunistas enquanto foram stalinistas[1]!

4. De todas as formas de nomear "o outro", necessário e possível, do imundo capitalismo, a palavra "comunismo" é a que conserva mais sentido histórico e carga programática explosiva. É a que evoca melhor o comum da partilha e da igualdade, o compartilhamento do poder, a solidariedade oposta ao cálculo egoísta e à concorrência generalizada, a defesa dos bens comuns da humanidade, naturais e culturais, a extensão de um domínio de gratuidade (desmercantilização) dos serviços aos bens de primeira necessidade, contra a predação generalizada e a privatização do mundo.

5. É também o nome de uma medida da riqueza social diferente daquela da lei do valor e da avaliação mercantil. A concorrência "livre e não falseada" repousa sobre "o roubo de tempo de trabalho alheio". Pretende quantificar o inqualificável e reduzir à sua miserável comum medida pelo tempo de trabalho abstrato a incomensurável relação da espécie humana com as condições naturais de sua reprodução.

O comunismo é o nome de um outro critério de riqueza, de um desenvolvimento ecológico qualitativamente diferente da corrida quantitativa ao crescimento. A lógica da acumulação do capital exige não somente a produção para o lucro, em vez de para as necessidades sociais, mas também "a produção de novo consumo", o alargamento constante do círculo do consumo "pela criação de novas necessidades e pela criação de novos valores de uso": donde "a exploração de toda a natureza" e "a exploração da terra em todos os sentidos". Essa desmedida devastadora do capital embasa a atualidade de um ecocomunismo radical.

6. A questão do comunismo, no *Manifesto Comunista*, é em primeiro lugar a da propriedade: os "comunistas podem resumir sua teoria numa única expressão:

---

[1]   Ver Dionys Mascolo, *À la Recherche d'un communisme de pensée* (Paris, Fourbis, 2000), p. 113.

230 CENTELHAS

supressão da propriedade privada"[2] dos meios de produção e troca, que não deve ser confundida com a propriedade individual dos bens de uso. Em "todos esses movimentos", eles "colocam em destaque, como questão fundamental, a questão da propriedade, qualquer que seja a forma, mais ou menos desenvolvida, de que esta se revista"[3]. Sobre os dez pontos que concluem o primeiro capítulo, sete dizem respeito às formas de propriedade: a expropriação da propriedade fundiária e a destinação da renda fundiária às despesas do Estado; a instauração de uma fiscalidade fortemente progressiva; a supressão da herança dos meios de produção e de troca; o confisco dos bens dos emigrados rebeldes; a centralização do crédito num banco público; a socialização dos meios de transporte e a instauração de uma educação pública e gratuita para todos; a criação de fábricas nacionais e o desbravamento de terras incultas. Todas essas medidas tendem a estabelecer o controle da democracia política sobre a economia, a primazia do bem comum sobre o interesse egoísta, do espaço público sobre o espaço privado. Não se trata de abolir toda forma de propriedade, mas a "propriedade privada de hoje, a propriedade burguesa", "o modo de apropriação" fundado na exploração de uns pelos outros.

7. Entre dois direitos, o dos proprietários a se apropriar dos bens comuns e o dos despossuídos à existência, "*é a força que resolve*", disse Marx. Toda a história moderna da luta de classes, da guerra camponesa na Alemanha às revoluções sociais do último século, passando pelas revoluções inglesa e francesa, é a história desse conflito. Ele se resolve pela emergência de uma legitimidade oponível à legalidade dos dominantes. Como "forma política enfim encontrada da emancipação", como "abolição" do poder de Estado, como realização da república social, a Comuna ilustra a emergência dessa nova legitimidade. Sua experiência inspirou as formas de autoemancipação e autogestão populares surgidas nas crises revolucionárias: conselhos operários, sovietes, comitês de milícias, cordões industriais, associações de vizinhos, comunas agrárias, que tendem a desprofissionalizar a política, modificar a divisão social do trabalho e criar as condições do desaparecimento do Estado como corpo burocrático separado.

8. Sob o reino do capital, qualquer progresso aparente tem sua contrapartida de retrocesso e destruição. Ele consiste *in fine* "em mudar a forma de servidão". O

---

[2]   Karl Marx e Friedrich Engels, *Manifesto Comunista* (trad. Álvaro Pina, São Paulo, Boitempo, 1998), p. 52.

[3]   Ibidem, p. 69.

comunismo exige outra ideia e outros critérios, diferentes do rendimento e da rentabilidade monetária. A começar pela redução drástica do tempo de trabalho forçado e pela mudança da própria noção de trabalho: não haverá desenvolvimento individual no lazer ou no "tempo livre" enquanto o trabalhador continuar alienado e mutilado no trabalho. A perspectiva comunista exige também uma mudança radical da relação entre o homem e a mulher: a experiência da relação entre os gêneros é a primeira experiência da alteridade e, enquanto subsistir essa relação de opressão, todo ser diferente, por sua cultura, cor ou orientação sexual, será vítima de formas de discriminação e dominação. O progresso autêntico reside, enfim, no desenvolvimento e na diferenciação das necessidades, das quais a combinação original fará de cada um e cada uma um ser único, cuja singularidade contribui para o enriquecimento da espécie.

9. O *Manifesto Comunista* concebe o comunismo como "uma associação na qual o livre desenvolvimento de cada um é a condição para o livre desenvolvimento de todos"[4]. Ele aparece assim como a máxima de um livre desenvolvimento individual que não se pode confundir nem com as miragens de um individualismo sem individualidade submetido ao conformismo publicitário, nem com o igualitarismo grosseiro de um socialismo de quartel. O desenvolvimento das necessidades e capacidades singulares de cada um e cada uma contribui para o desenvolvimento universal da espécie humana. Reciprocamente, o livre desenvolvimento de cada um e cada uma implica o livre desenvolvimento de todos, porque a emancipação não é um prazer solitário.

10. O comunismo não é nem uma ideia pura nem um modelo doutrinário de sociedade. Não é o nome de um regime estatal, tampouco de um novo modo de produção. É o do movimento que ultrapassa/suprime permanentemente a ordem estabelecida. Mas é também o objetivo que, surgido desse movimento, orienta-o e permite, contra as políticas sem princípio, as ações sem seguimento e as improvisações cotidianas, determinar o que nos aproxima do objetivo e o que nos afasta. Nessa qualidade, é não um conhecimento científico do objetivo e do caminho, mas uma hipótese estratégica reguladora. Nomeia indissociavelmente o sonho irredutível de um outro mundo de justiça, igualdade e solidariedade; o movimento permanente que visa à derrubada da ordem existente em tempos de capitalismo; e a hipótese que orienta esse movimento na direção de uma mudança radical das

---

[4] Ibidem, p. 59.

relações de propriedade e poder, longe das acomodações com um mal menor que seria o mais curto caminho para o pior.

11. A crise social, econômica, ecológica e moral de um capitalismo que não vai mais longe que seus próprios limites senão à custa de uma desmedida e de um desatino crescentes, ameaçando ao mesmo tempo a espécie e o planeta, põe na ordem do dia "a atualidade de um comunismo radical", como invoca Benjamin diante dos perigos do entreguerras.

BIBLIOGRAFIA

ABENSOUR, Miguel. Walter Benjamin entre mélancolie et révolution. Passages Blanqui. In: WISMANN, Heinz (org.). *Walter Benjamin et Paris*. Paris, Cerf, 1986.

ABENSOUR, Miguel; PELOSSE, Valentin. Posface. In: BLANQUI, Auguste. *Instructions pour une prise d'armes: l'éternité par les astres, hypothèse astronomique et autres textes*. Org. Miguel Abensour e Valentin Pelosse, Paris, Tête de Feuilles, 1972.

AIRÈS, Paul (org.). *Viv(r)e la gratuité: une issue au capitalisme vert*. Villeurbanne, Golias, 2009.

ANDERSON, Perry. *Les Antinomies de Gramsci*. Paris, PCM, s. d. [ed. bras.: *As antinomias de Gramsci*, trad. Juarez Guimarães e Felix Sanchez, São Paulo, Joruês, 1986].

BADIOU, Alain. De quoi Sarkozy est-il le nom?. In: _____. *Circonstances 4*. Paris, Lignes, 2007.

BENJAMIN, Walter. Anmerkungen. In: _____. *Gesammelte Schrifen*. Frankfurt, Suhrkamp, 1981. v. I, 3.

_____. Berliner Kindhteit um Neunzenhundert. In: _____. *Gesammelte Schrifen*. Frankfurt, Suhrkamp, 1981. v. IV, 1 [ed. bras.: *Rua de mão única: infância berlinense 1900*, trad. João Barrento. Belo Horizonte, Autêntica, 2013].

_____. Eduard Fuchs: Collector and Historian (1936). *New German Critique*, n. 5.

_____. *Oeuvres*. Paris, Gallimard Folio, 2000. t. III.

_____. *Paris, capitale du XIXe siècle: le livre des passages*. Paris, Cerf, 1998 [ed. bras.: Paris, capital do século XIX. In: _____. *Passagens*, trad. Liene Aron e Cleonice Paes Barreto Mourão, São Paulo/Belo Horizonte, Imprensa Oficial/Editora da UFMG, 2007].

_____. Johann Jakob Bachofen (1935). In: _____. *Gesammelte Schriften*. Berlim, Suhrkamp, 1977. v. II, t. 1.

_____. O surrealismo. O último instantâneo da inteligência europeia. In: _____. *Magia e técnica, arte e política*, trad. Sérgio Paulo Rouanet, 7. ed., São Paulo, Brasiliense, 1994.

_____. Sur le concept d'histoire. In: _____. *Oeuvres*. Paris, Gallimard, 2000. v. III.

_____. Zentralpark. In: _____. *Charles Baudelaire*. Frankfurt, Suhrkamp, 1980.

234 CENTELHAS

BENSAÏD, Daniel. *La Discordance des temps: essais sur les crises, les classes, l'histoire.* Paris, Passion, 1995.

_____. *Le Pari mélancolique: métamorphoses de la politique, politique de la métamorphose.* Paris, Fayard, 1997.

_____. *Stratégies et partis.* Paris, La Brèche, 1987.

_____. *Un Monde* à *changer.* Paris, Textuel 2003.

_____. Apresentação. In: MARX, Karl. *Os despossuídos: debates sobre a lei referente ao furto de madeira.* Trad. Nélio Schneider e Mariana Echalar, São Paulo, Boitempo, 2017.

_____. Préface. In: Marx, Karl. *Les Crises du capitalisme.* Paris, Démopolis, 2009.

BERTINOTTI, Fausto. *Ces Idées qui ne meurent jamais.* Paris, Le Temps des Cerises, 2001.

BLANQUI, Auguste. *Écrits sur la Révolution.* Apres. Arno Munster, Paris, Galilée, 1977.

_____. *La Critique sociale.* Paris, Alcan, 1886. v. I.

_____. Aux Clubs démocratiques de Paris (1848). In: _____. *Écrits sur la Révolution.* Apres. Arno Munster, Paris, Galilée, 1977.

_____. Contre le positivisme. In: _____. *Instructions pour une prise d'armes: l'éternité par les astres, hypothèse astronomique et autres textes.* Org. Miguel Abensour e Valentin Pelosse. Paris, Tête de Feuilles, 1972.

_____. Contre le progrès. In: _____. *Instructions pour une prise d'armes: l'éternité par les astres, hypothèse astronomique et autres textes.* Org. Miguel Abensour e Valentin Pelosse. Paris, Tête de Feuilles, 1972.

_____. Discours à la Société des Amis du Peuple (1832). In: _____. *Textes choisis.* Org. V. P. Volguine, Paris, Éditions Sociales, 1955.

_____. Lettre à Maillard (1852). In: _____. *Textes choisis.* Org. V. P. Volguine, Paris, Éditions Sociales, 1955.

_____. Lettre de Blanqui à la rédaction des *Veillées du Peuple* (1850). In: _____. *Écrits sur la Révolution.* Apres. Arno Munster, Paris, Galilée, 1977.

_____. Qui fait la soupe doit la manger (1834). In: _____. *La Critique sociale.* Paris, Alcan, 1886.

BLOCH, Ernst. *Droit naturel et dignité humaine.* Paris, Payot, 1976.

_____. *Atheismus im Christentum. Zur Religion des Exodus und des Reichs.* Frankfurt, Suhrkamp, 1968.

_____. *Das Prinzip Hoffnung.* Frankfurt, Suhrkamp, 1959.

BOLTANSKI, Luc; Chiapello, Ève. *Le Nouvel esprit du capitalisme.* Paris, Gallimard, 1999 [ed. bras.: *O novo espírito do capitalismo,* trad. Ivone C. Benedetti, São Paulo, WMF Martins Fontes, 2009].

BONFIGLIOLI, Chiara; BUDGEN, Sébastien (orgs.). *Planète altermondialiste.* Paris, Textuel, 2006.

BOURDIEU, Pierre. *Contre-feux.* Paris, Liber-Raisons d'Agir, 1998 [ed. bras.: *Contrafogos: táticas para enfrentar a invasão neoliberal,* trad. Lucy Magalhães. Rio de Janeiro, Zahar, 2011].

BIBLIOGRAFIA 235

BROSSAT, Alain. *Aux origines de la révolution permanente: la pensée politique du jeune Trotski.* Paris, Maspero, 1974.

BUCK-MORSS, Susan. *The Dialectic os Seeing.* Walter Benjamin and the Arcades Project. Cambridge, MIT Press, 1989.

CALLINICOS, Alex. *An Anti-Capitalist Manifesto.* Cambridge, Polity Press, 2003.

CAMPBELL, Alastair. La "com" politique expliquée aux français. *Le Monde,* 17 set. 2007.

CHESTERTON, G. K. *Plaidoyer pour une propriété anticapitaliste.* Paris, L'Homme Nouveau, 2009.

D'ESPEZEL, Dubech. *Histoire de Paris.* Paris, Payot, 1926.

DEBORD, Guy. *Oeuvres.* Paris, Gallimard, 2006.

DERRIDA, Jacques. *Force de loi.* Paris, Galilée, 1994 [ed. bras.: *Força de lei,* trad. Leyla Perrone-Moisés. 2. ed., São Paulo, WMF Martins Fontes, 2010].

_____. *Spectres de Marx.* Paris, Galilée, 1993.

DEUTSCHER, Isaac. *Trotski, le prophète armé.* Paris, Julliard, 1962. t. 1 [ed. bras.: *Trotski, o profeta armado,* trad. Valtensir Dutra. 3. ed., Rio de Janeiro, Civilização Brasileira, 2005].

DÍAZ-SALAZAR, Rafael. *El proyecto de Gramsci.* Barcelona, Anthropos, 1991.

DOCKÈS, Pierre; ROSIER, Bernard. *Rythmes économiques, crises et changement social: une perspective historique.* Paris, Maspéro/La Découverte, 1983.

DOMMANGET, Maurice. *Blanqui.* Paris, EDI, 1979.

ENGELS, Friedrich. *Anti-Dühring.* Trad. Nélio Schneider, São Paulo, Boitempo, 2015.

_____. Contribution to the History of Primitive Christianity. In: MARX, Karl; ENGELS, Friedrich. *On Religion.* Londres, Lawrence and Wishart, 1960.

_____. Feuerbach and the End of Classical German Philosophy. In: FEUER, Louis S. (org.). *Marx and Engels: Basic Writings on Politics and Philosophy.* Londres, Fontana, 1969 [ed. port.: *Ludwig Feuerbach e o fim da filosofia clássica alemã.* 3. ed., Lisboa, Estampa, 1975].

_____. On Materialism. In: FEUER, Louis S. (org.). *Marx and Engels: Basic Writings on Politics and Philosophy.* Londres, Fontana, 1969.

_____. Prefácio. In: MARX, Karl. *As lutas de classes na França.* Trad. Nélio Schneider, São Paulo, Boitempo, 2012.

_____. The Peasant War in Germany. In: FEUER, Louis S. (org.). *Marx and Engels: Basic Writings on Politics and Philosophy.* Londres, Fontana, 1969.

FRANQUI, Carlos. *Journal de la Révolution cubaine.* Paris, Seuil, 1976.

GALEANO, Eduardo. El tigre azul e nuestra tierra prometida. In: _____. *Nosotros decimos no.* Cidade do México, Siglo XXI, 1991. [ed. bras.: *Nós dizemos não,* trad. Eric Nepomuceno, 3. ed., Rio de Janeiro, Revan, 1992].

GARRONE, Alessandro Galante. *Philippe Buonarotti et les révolutionnaires du XIXe siècle.* Paris, Champ Libre, 1975.

GEFFROY, Gustave. *L'Enfermé.* Paris, Crès, 1926. v. I.

GERAS, Norman. *The Legacy of Rosa Luxemburg.* Londres, New Left Books, 1976.

GOLDMANN, Lucien. *Le Dieu caché*. Paris, Gallimard, 1955.

GOLLWITZER, Helmut. Marxistische Religionskritik und christlicher Glaube. In: _____ et al. *Marxismusstudien*. Tübingen, Verte Folge, 1962.

GRAMSCI, Antonio. *Il materialismo storico*. Roma, Editori Riuniti, 1979.

_____. *Selections from the Prison Notebooks*. Londres, New Left Books, 1971.

_____. Carlo Péguy ed Ernesto Psichari. In: _____. *Scritti giovanili 1914*-1918. Turim, Einaudi, 1958.

_____. I moventi e Coppoletto. In: _____. *Sotto la Mole*. Turim, Einaudi, 1972.

GUEDJ, Denis. Ces mathématiques vendues aux financiers. *Libération*, 10 dez. 2008.

HARRIBEY, Jean-Marie. Sept propositions pour une économie. In: KOUVELAKIS, Stathis (org.). *Y a-t-il une vie après le capitalisme?* Pantin, Le Temps des Cerises, 2009.

HEGEL, Georg W. F. *Fragments de la période de Berne*. Paris, Vrin, 1987.

HÉNAFF, Marcel. Comment interpréter le don. *Esprit*, fev. 2002.

HORKHEIMER, Max. Gedanke zur Religion. In: _____. *Kritische Theorie*. Frankfurt, S. Fischer, 1972.

HUSSON, Michel. L'hypothèse socialiste. In: KOUVELAKIS, Stathis (org.). *Y a-t-il une vie après le capitalisme?* Pantin, Le Temps des Cerises, 2009.

KAUTSKY, Karl. *Der Kommunismus in der deutschen Reformation*. Stuttgart, Dietz, 1921.

_____. *La Question agraire*. Paris, Giard & Brière, 1900.

_____. *Thomas More und seine Utopie*. Stuttgart, Dietz, 1890.

_____. *Vorläufer des neueren Sozialismus. Erster Band. Kommunistische bewegungen im Mittelalter*. Stuttgart, Dietz, 1913.

KEYNES, John Maynard. *Théorie générale de l'emploi, de l'intérêt et de la monnaie*. Paris, Payot, 1969 [ed. bras.: *A teoria geral do emprego, do juro e da moeda*, trad. Mário R. da Cruz. 13. reimp., São Paulo, Atlas, 2007].

_____. L'autosuffisance nationale (1932). In: _____. *La Pauvreté dans l'abondance*. Paris, Tel Gallimard, 2007.

_____. La fin du laisser-faire. In: _____. *La Pauvreté dans l'abondance*. Paris, Tel Gallimard, 2007.

_____. Perspectives économiques pour nous petits-enfants. In: _____. *La Pauvreté dans l'abondance*. Paris, Tel Gallimard, 2007.

_____. Suis-je un libéral? In: _____. *La Pauvreté dans l'abondance*. Paris, Tel Gallimard, 2007.

KOUVELAKIS, Stathis. Le retour de la question politique. *Contretemps*, n. 14, 2005.

_____ (org.). *Y a-t-il une vie après le capitalisme?* Pantin, Le Temps des Cerises, 2009.

LEFORT, Claude. *Les Formes de l'histoire*, Paris, Folio, 2000 [ed. bras.: *As formas da história: ensaios de antropologia política*, trad. Luiz Roberto Salinas Fortes. 2. ed., São Paulo, Brasiliense, 1990].

LÊNIN, Vladímir I. *Oeuvres complètes*. Moscou, [s. ed., s. d.]. v. 28.

BIBLIOGRAFIA 237

_____. *Que faire?* Paris, Seuil, 1966 [ed. port.: *Que fazer?* Trad. Edições Avante! In: *Obras escolhidas em seis volumes.* Lisboa, Avante!, 1986, t. 2.]

_____. *O Estado e a revolução.* Trad. Edições Avante! e Paula Almeida. São Paulo, Boitempo, 2017.

_____. Socialism and Religion (1905). In: _____. *Selected Works.* Moscou, Progrès, 1972. v. 10.

LIPIETZ, Alain. *Qu'est-ce que l'écologie politique?* Paris, La Découverte, 1999.

LÖWY, Michael. Religion, Utopia and Countermodernity: The Allegory of the Angel of History in Walter Benjamin. In: _____. *On Changing the World.* Atlantic Highlands, Humanities, 1993.

_____. Revolution against Progress: Walter Benjamin's Romantic Anarchism. *New Left Review,* n. 152, 1985.

LUXEMBURGO, Rosa. La Révolution Russe. In: _____. *Oeuvres.* Paris, Maspero, 1971. t. 2 [ed. bras.: *A Revolução Russa,* trad. Isabel Maria Loureiro. Petrópolis, Vozes, 1991].

_____. Organisationsfragen der russichen Sozialdemokratie. *Die Neue Zeit,* n. 22, 1903-1904.

_____. Kirche und Sozialismus. In: _____. *Internationalismus und Klassenkampf.* Neuwied, Luchterhand, 1971.

MANDEL, Ernest. *La Crise.* Paris, Champs Flammarion, 1978. [ed. bras.: *A crise do capital,* trad. Juarez Guimarães e João Machado Borges, São Paulo/Campinas, Ensaio/Editora da Unicamp, 1990].

_____. *Long Waves of Capitalist Development.* 2. ed. rev., Londres, Verso, 1995.

MARIÁTEGUI, José Carlos. *Defesa do marxismo.* Trad. Yuri Martins Fontes, São Paulo, Boitempo, 2011.

_____. El hombre y el mito (1925). In: _____. *El alma Matinal.* Lima, Amauta, 1971.

MARRAMAO, Giacomo. *O político e as transformações.* Trad. Antonio Roberto Bertelli. Belo Horizonte, Oficina dos Livros, 1990.

MARX, Karl. *As lutas de classes na França.* Trad. Nélio Schneider, São Paulo, Boitempo, 2012.

_____. *Crítica da filosofia do direito de Hegel.* Trad. Rubens Enderle e Leonardo de Deus, São Paulo, Boitempo, 2005.

_____. *Crítica do Programa de Gotha.* Trad. Nélio Schneider, São Paulo, Boitempo, 2012.

_____. *Grundrisse.* Trad. Mario Duayer e Nélio Schneider, São Paulo/Rio de Janeiro, Boitempo/Editora da UFRJ, 2011.

_____. *Manuscritos econômico-filosóficos.* Trad. Jesus Ranieri, São Paulo, Boitempo, 2004.

_____. *Manuscrits de 1857-1858.* Paris, Éditions Sociales, 1980. v. 1.

_____. *Manuscrits de 1861-1863.* Paris, Éditions Sociales, 1980.

_____. *Miséria da filosofia.* Trad. José Paulo Netto, São Paulo, Boitempo, 2017.

_____. *O capital,* Livro I. Trad. Rubens Enderle, São Paulo, Boitempo, 2013.

_____. *O capital,* Livro II. Trad. Rubens Enderle, São Paulo, Boitempo, 2014.

_____. *O capital,* Livro III. Trad. Rubens Enderle, São Paulo, Boitempo, 2017.

238 CENTELHAS

_____. *Théories sur la plus-value*. Paris, Éditions Sociales, 1976. v. 2.

MARX, Karl; ENGELS, Friedrich. *A ideologia alemã*. Trad. Rubens Enderle, Nélio Schneider e Luciano Cavini Martorano, São Paulo, Boitempo, 2007.

_____; _____. *Manifesto Comunista*, trad. Álvaro Pina, São Paulo, Boitempo, 1998.

MASCOLO, Dionys. *À la recherche d'un communisme de pensée*. Paris, Fourbis, 2000.

MAUROY, Pierre. Indispensable Internationale Socialiste. *Le Monde*, 27 maio 1998.

MCLELLAN, David. *Marxism and Religion*. Nova York, Harper and Row, 1987.

NEGRI, Toni. No New Deal is Possible. *Radical Philosophy*, n. 155, maio-jun. 2009.

NIETZSCHE, Friedrich. *Vom Nutzen und Nachteil der Historie für das Leber.*. Stuttgart, Reclan, 1982 [ed. bras.: *Segunda consideração intempestiva: da utilidade e desvantagem da história para a vida*, trad. Marco Antônio Casanova. Rio de Janeiro, Relume Dumará, 2003].

OEHLER, Dolf. *Ein Höllenstruz der Alten Welt. Zur Selbstforschung der Moderne nach dem Juni 1848*. Frankfurt, Suhrkamp, 1988.

_____. *Pariser Bilder I (1830-1848):* Antibourgeois Aesthetik bei Baudelaire, Daumier und Heine. Frankfurt, Suhrkamp, 1979) [ed. bras.: *Quadros parisienses: estética antiburguesa em Baudelaire, Daumier e Heine (1830-1848)*. Trad. José Marcos Macedo e Samuel Titan Jr., São Paulo, Companhia das Letras, 1997].

NOUALHAT, Laure. Sukhdev, très chère nature. *Libération*, 5 jan. 2009.

ORTEGA, Humberto. La stratégie de la victoire. (Entrevista concedida a Marta Harnecker.)

PACHUKANIS, Evguiéni B. *Teoria geral do direito e marxismo*. Trad. Paula Vaz de Almeida, São Paulo, Boitempo, 2017.

PARIS désert: lamentations d'un Jérémie haussmannisé. Paris, 1868.

PASSERINI, Luisa. "Utopia" and Desire. *Thesis Eleven*, n. 68, 2002. p. 12-22.

PEYRELEVADE, Jean. *Le Capitalisme total*. Paris, Seuil, 2005.

RANCIÈRE, Jacques. *O ódio à democracia*. Trad. Mariana Echalar, São Paulo, Boitempo, 2014.

ROCHEFORT-TURQUIN, Agnès. *Socialistes parce que Chrétiens*. Paris, Cerf, 1986.

SCHMITT, Carl. *La Dictature*. Paris, PUF, 1990.

SURYA, Michel. *Portrait de l'intermittent du spectacle en supplétif de la domination*. Paris, Lignes, 2007.

TODD, Emmanuel. *Après la démocratie*. Paris, Gallimard, 2008.

TOSEL, André. Philosophie de la praxis et ontologie de l'être social. In: LABICA, Georges (org.). *Idéologie, symbolique, ontologie*. Paris, CNRS, 1987.

TRONTI, Mario. *La Politique au crépuscule*. Paris, L'Éclat, 2000.

TRÓTSKI, Leon. *1905*. Paris, Minuit, 1969.

_____. *La Révolution trahie*. Paris, Minuit, 1963 [ed. bras.: *A revolução traída*, trad. M. Carvalho e J. Fernandes, São Paulo, Centauro, 2008].

_____. *Nos Tâches politiques*. Paris, Pierre Belfond, 1970.

_____. *Staline*. Paris, Grasset, 1948.

BIBLIOGRAFIA 239

_____. *The First Five Years of the Communist International*. Nova York, Pioneer, 1945. v. 1.

_____. Bilan et perspectives. In: _____. *1905*. Paris, Minuit, 1969.

_____. Cours nouveau (1923). In: _____. *Les Bolchevicks contre Staline* (1923-1928). Paris, IVᵉ Internationale, 1957.

_____. Le communisme aux États-Unis (1935). In: _____. *Oeuvres*. Paris, EDI, 1979. t. 5.

_____. Vorwort zur deutschen Ausgabe. In: _____. *Die permanente Revolution*. Berlim, Aktion, 1930, II.

_____. *Révolution, lutte armée et terrorisme*. Paris, L'Harmattan, 2006.

VOLGUINE, V. P. Les idées politiques et sociales de Blanqui. In: BLANQUI, Auguste. *Textes choisis*. Org. V. P. Volguine. Paris, Éditions Sociales, 1955.

WOHLFARTH, Irving. Smashing the Kaleidoscope. In: STEINBERG, Michael (org.). *Walter Benjamin and the Demands of History*. Ithaca, Cornell University Press, 1996.

WOLIN, Richard. *Walter Benjamin:* An Aesthetic of Redemption. Nova York, Columbia University Press, 1982.

XIV Congrès Mondial de la Quatrième Internationale. *Inprecor*, fev. 1996.

Detalhe da primeira página da edição n. 18, de 10 de março de 1902, do jornal Искра/ Iskra [A Centelha], o primeiro periódico do Partido Operário Social-Democrata Russo (POSDR).

Publicado em 2017, ano do centenário da Revolução Russa e dos 115 anos da formulação do projeto de programa do POSDR pelos integrantes da redação do Iskra, este livro foi composto em California FB, corpo 10,5/14,5, e impresso em papel Avena 80 g/m² pela gráfica Rettec, com tiragem de 1.500 exemplares.